TOD

Transit-Oriented Development

대중교통지향적 도시개발론(TOD)

- 이론과 정책 -

정봉현·오은열

maronie

저자 소개

정봉현

서울대학교 환경대학원 도시계획학 석사
영국 셰필드대학교 대학원 도시지역계획학 박사, 교통물류전공
전남대학교 경영대학 경제학부 (지역개발학전공) 교수 역임
현 전남대학교 경제학부 명예교수
현 한국지방행정연구원 자문위원

오은열

전남대학교 대학원 도시계획학 석사
전남대학교 대학원 도시·지역개발학 박사, 도시개발·교통 지리정보체계(GIS-T)전공
현 성결대학교 도시디자인정보공학과 교수

대중교통지향적 도시개발론(TOD)

- 이론과 정책 -

인 쇄 2023년 2월 24일
발 행 2023년 2월 28일

저 자 정봉현·오은열
발행인 정성택

발행처 마로니에
등 록 1981. 5. 21. 제53호
주 소 61186 광주광역시 북구 용봉로 77
전 화 (062) 530-0571～2
영업부 (062) 530-0573
팩 스 (062) 530-0579
홈페이지 http://www.cnup.co.kr
이메일 cnup0571@hanmail.net

값 15,000 원

ISBN 978-89-6849-964-7 (93320)

Transit-Oriented Development

- Theory and Policy -

Bonghyun Jeong (Dr.)
Professor Emeritus, Chonnam National University

Eunyeol Oh (Dr.)
Professor, Sungkyul University
Republic of Korea

maronie

■ 저자의 말

도시는 인간의 정치·경제·사회적인 활동이 중심이 되는 공간이며, 인구 집중으로 인해 비교적 인구 및 인구밀도가 높은 지역이다. 도시가 하나의 조직체로 성립되기 위해서는 시민, 활동, 토지와 시설 등 구성 요소가 결합되고 상호 작용한다. 도시에서 교통과 토지이용은 매우 밀접한 관련성을 가지며 서로 동태적으로 영향을 준다. 도시에서 교통시설 및 수단의 처리용량을 도외시한 도시개발은 오늘날 여러 가지 교통 문제를 유발한다.

지금까지 도시는 승용차 등 개인교통수단 위주로 개발되어 승용차 이용의 생활화를 촉진하며 도시를 외연적으로 확산시켰다. 승용차 위주의 도시구조는 교통혼잡, 과다한 유류소비, 교통사고 증가 및 환경오염 심화 등 다양한 도시문제를 야기하고 있다. 이러한 교통문제를 개선하기 위하여 승용차 이용을 억제하고 대중교통 이용을 활성화하는 방안 등 시행하고 있으나 그 효과는 미비한 상황이다. 이것은 도시개발 과정에서 근본적으로 대중교통수요를 안정적으로 확보할 수 있는 토지이용체계 및 도시구조를 구비하지 못하기 때문이다.

TOD Transit-Oriented Development(대중교통지향적 도시개발)는 토지이용과 연계하여 대중교통 이용 활성화를 실현할 수 있는 현실적인 도시개발 방안이다. TOD는 토지이용과 교통의 연계론에 입각하여 도시철도역 등 대중교통시설이 잘 갖추어진 지점을 중심으로 고밀도의 복합용도 도시개발이다. 즉, 대중교통, 자전거, 도보 등을 이용하여 주거·상업지역에 대한 접근성을 높이고 대중교통 이용수요를 극대화하며 도시의 교외확산추세를 완화하는 효과를 가지게 된다. 한국에서는 신도시 개발 및 기성 시가지 정비사업에서 추진하는 사례들이 있으나, 이에 대한 종합적인 연구와 적용이 미흡한 실정이다.

상기한 배경 하에, 저자들은 TOD의 중요성을 인식하여 대학에서 강의하고 연구하였다. 서적은 저자들의 TOD에 대한 답사자료, 교육경험과 연구결과를 토대로 집필하였다. 서적의 주요내용들은 제1장 대중교통지향적 도시개발(TOD) 개요, 제2장 TOD 관련 이론, 제3장 도시개발의 중요 내용, 제4장 역세권 개발 관련기법 TOD, 제5장 신도시 개발과 평가, 제6장 대중교통지향적 도시구조, 제7장 국내외 TOD 적용사례, 제8장 TOD 유사정책 및 사례, 제9장 TOD의 미래정책 방향 등으로 구성되어 있다. 서적이 관련 학부 및 대학원 과정에서 강의교재로 이용되고, 연구자에게 전문지식을 제공하며 TOD정책의 수립에 조금이라도 도움이 되길 희망한다.

서적을 집필한 후에 돌이켜보면, 아직도 부족하고 미진한 내용이 많다. 다소 부족한 내용은 추후 지속적인 연구와 노력으로 수정하고 보완할 작정이다. 독자 여러분의 귀중한 고견과 질책은 언제든지 환영한다. 여기에 많은 관련 전문가들의 소중한 연구내용들이 참조되었으나, 체계 면에서 상세히 기술하지 못한 점은 양해하길 부탁드린다. 마지막으로 본 서적을 출간하도록 인도하여 주신 하나님께 모든 영광을 돌리고, 격려와 도움을 주신 관계자분에게 진심으로 감사드린다.

2023년 2월

정봉현·오은열

■ 차 례

제1장

대중교통지향적 도시개발(TOD) 개요

TOD(대중교통지향적 도시개발)의 개념과 등장 배경을 파악한다. 이를 기초로 TOD 개념의 발전내용과 계획요소의 등장 동향을 개괄적으로 알아보고 TOD의 입지유형을 설명한다.

1.1. TOD의 개념과 배경

TOD의 개념

TOD Transit-Oriented Development(대중교통지향적 도시개발)는 대중교통지향적인 도시공간구조를 형성하기 위한 도시개발전략 중의 하나이다. 이는 주로 토지이용을 고밀·복합화함으로써 대중교통 결절점의 중심성을 확보하는 것이다. 또한 대중교통을 중심으로 한 교통체계와 토지이용상 고밀개발을 통하여 도시공간구조의 효율성과 쾌적성을 도모하는 계획의 개념이다.

원래 TOD의 구체적인 개념은 TOD는 미국 캘리포니아 출신의 건축가 피터 칼숍 Peter Calthrope[1]에 의해 처음 주창되었다. 1993년 Peter Calthrope가 자신의 저서인 「The Next American Metropolis : Ecology, Community and the American Dream」을 통하여 처음 제안하였다. 미국에서는 'Smart Growth'와 '살기 좋은 지역사회 Livable Communities'정책을, 국내에서는 '녹색성장 Green Growth'이라는 정책을 화두로 하여 TOD에 대한 필요성이 강조되어 왔다. 최근 복합적인 토지이용과 대중교통친화적인 교통체계를 가진 도시를 구현하고자 노력하고 있다.

1 Peter Calthrope은 샌프란시스코에서 활동한 건축가, 도시계획가이자 토지이용계획가로서 신도시주의(New Urbanism)의 창시자이다. Calthrope은 도시계획 및 지역사회개발에 있어 환경을 중시한 접근에 많은 기여를 했다. 그의 저서 "The Next American Metropolis: Ecology, Community and the AMERICAN Dream"에서 처음으로 TOD에 관한 광범위한 개념적 지침을 제시하였다.

TOD의 핵심은 대도시권에서 대중교통 결절점(버스정류장, 도시철도역)을 중심으로 하는 조밀도시 형태의 복합용도 도시개발이다. TOD는 제2차 세계대전 이후 도시의 평면적인 확산과 자동차 위주의 도시개발로 대변되는 미국의 교외화 현상이 다음 세대의 바람직한 도시개발 대안이 될 수 없다는 인식이 있었다. 이러한 인식 하에 대중교통 정류장으로부터 보행거리 내에 복합용도 커뮤니티를 개발하고 민감한 생태지역은 보전하는 새로운 도시개발 개념이다.

TOD는 'Pedestrian Pocket'으로 일컬어지며, 철도역, 버스정류장 등 대중교통 거점을 중심으로 국지적인 고밀개발을 추구하여 대중교통 수단의 접근거리를 단축시킴으로써 대중교통 이용률을 제고하고 대중교통 인프라에 대한 투자를 효과적으로 추진하는 도시개발방법이다. 즉, TOD는 승용차 의존적인 도시에서 탈피하여 대중교통이용에 역점을 둔 도시개발 방식이다. 이는 지속가능한 개발의 개념에 근거하며, 압축도시Compact city의 한 형태인 도시마을Urban Village을 조성하는 방법으로서 분산적 집중개발이다.[2]

TOD는 스마트성장Smart Growth, 신도시주의, 입지효율적 개발 등에서 추구하는 새로운 토지이용계획의 방법이다. TOD 도시개발에서 추구하는 토지이용계획의 특징을 나열할 수 있다.

- 철도역과 버스정류장 주변은 고밀도 상업 및 주거시설 개발
- 중심지와 인접한 지역에 상대적으로 고밀도의 주거시설, 외곽에는 상대적으로 저밀도의 주거시설을 배치
- 외곽에는 저밀도의 대규모 단독주택 입지
- 도보접근이 가능한 반경 400~800m의 대중교통지향적 근린지역 형성 등

2 경기개발연구원(2001), p.103.

따라서 TOD는 대중교통체계가 잘 정비된 도심지구를 중심으로 고밀개발을 추구하고, 외곽지역에는 저밀도의 개발을 추구하는 방식이다.

TOD를 정립한 Peter Calthrope은 'TOD를 광역적인 성격의 철도체계를 따라 전략적 관점에서 중·고밀의 주택이나 공적용도의 보완, 고용, 소매와 서비스 등이 혼재되어 개발이 집중된 형태'라고 정의했다. 대중교통 결절점과 중심상업지역으로 구성되는 구심점에서 평균반경(거리 약 600m, 시간 약 10분 내외의 도보거리)의 거리 내에 주거·상업·업무·오픈스페이스·공공시설 등을 혼합한 형태이다.

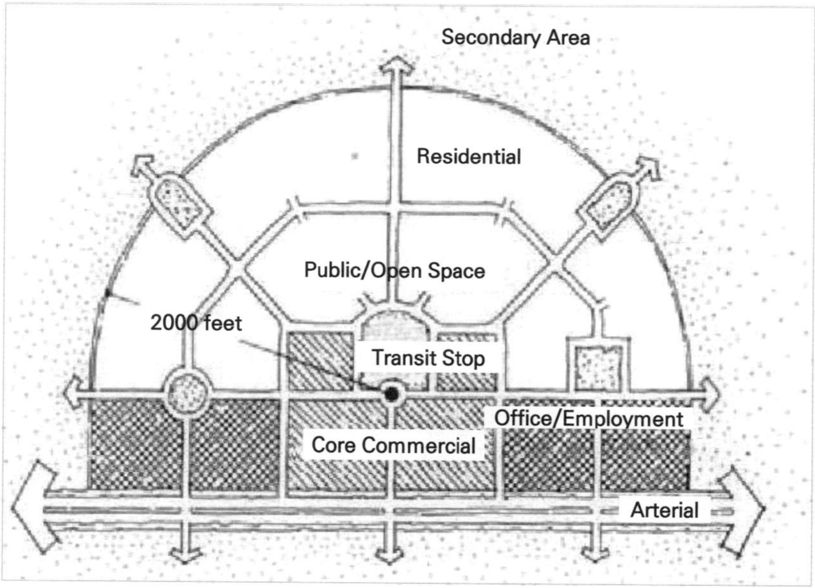

그림 1.1. TOD(대중교통지향적 도시개발) 개념도

자료 : Peter Calthrope(1993)

TOD의 기본 방향은 대중교통 결절점을 중심으로 공적 공간과 중심상업시설을 근거리에 배치하고, 주거용도는 원거리 지역에 기본으로 개발하되, 간선도로의 연접지역은 업무용도로 개발하는 것이다. Peter Calthrope(1993)의 TOD 연구 이후에 많은 연구자들이 TOD 개념을 정립했다. 일반적으로는 대중교통 정류장 및 철도역을 중심으로 반경 약 400~800m(0.25~0.5마일) 공간을 고밀도·복합용도High density·Mixed use로, 도보·자전거 친화적Friendly walking·bicycle 공간으로 개발하는 도시계획 및 교통계획으로 설명되고 있다.

교통결절점의 개발 반경을 0.5마일(약 800m) 이내로 규정한 이유는 일반적인 보행자들의 도보거리를 적용하였기 때문이다. 대중교통 결절지점 부근은 고밀도로 개발하고 결절지점과 멀어질수록 저밀도 확산형태로 개발한다. 이는 대중교통에 대한 접근성을 극대화하는 개발기법으로 적용해야 하기 때문이다.

표 1.1. TOD 개념

근거	내용	년도
Salvesen	• 역사 주변의 토지이용용도를 다양하게 활용	1996년
Bernick and Cervero	• 대중교통역사를 중심으로 공공공간을 포함한 지역 주민의 연결 공간 조성 • 그리스 아고라의 현대버전과 같이 다양한 기능을 한 장소에서 이루어질 수 있도록 함	1997년
Boarnet and Crane	• 철도역 인근 주거용지의 개발 또는 고밀화	1998년
Maryland Department of Transportation	• 버스 및 철도 등 대중교통을 이용하여 이동 가능한 거리에 주거, 업무, 쇼핑, 공공용도의 고밀도의 복합적 환경 조성	2000년
California Department of Transportation	• 주거, 업무 및 쇼핑통행을 도보로 이동이 가능하도록 고밀도로 개발	2001년
Still	• 대중교통 역사 인근 거주자의 승용차 의존도 감소를 목적으로 용도혼합 지역사회 조성	2002년

자료 : 성현곤·김영국·이주연(2012)

⌘ TOD의 등장배경

1980년대에 TOD는 미국에서 부상하기 시작하여 지난 20여 년간 경험을 통하여 도시설계의 개념 도입과 부동산개발의 주요 전략으로 인식 및 진화되었다. 미국에서 TOD는 초기에는 도시확산Urban sprawl에 따른 교통혼잡과 환경의 질적 저하 등 도시문제에 대응하기 위하여 토지이용과 교통 간 연관성을 증대시켰다. 다시 말해, TOD는 토지의 고밀화와 복합용도화가 1인승 차량의 이용을 억제하는 효과가 있다는 것을 바탕으로 했다.

TOD는 대중교통 및 비동력 교통수단 위주의 도시개발을 통하여 점차 증가하는 교통수요를 궁극적으로 관리하고자 했다. TOD 전략은 1980년대 이후에 미국에서 급증하게 된 경전철을 비롯한 도시철도 건설과 연관을 맺으면서 철도역 중심의 고밀화와 복합용도의 도시개발 개념으로 진전되었다. 당시에 주요 관점은 고밀도 복합용도개발이 대중교통의 이용을 유도하고, 승용차 통행수요를 억제할 수 있다는 것이었다. 그러나 구체적으로 근린주구 단위에서 토지이용과 교통 관계를 규명하는 단계에 이르지는 못했다.

Peter Calthrope은 1993년 토지이용과 교통 간 관계를 근린주구 단위에서 논의하기 시작했고, 도시설계적 요소를 구체적으로 도입했다. 그는 '협소한 도시블럭, 격자형 도로체계, 보행이 용이한 도시환경 등의 도시설계적 요소를 고밀도의 복합용도 토지이용형태에 가미하여 통행발생을 억제하고 대중교통이용을 제고할 것'을 제안했다. 그의 연구를 시발점으로 하여 토지이용의 개발밀도Density, 복합적 토지이용Diversity, 도시설계Design의 3가지 요인이 통행패턴을 구성하는 개별적 요소들인 통행목적, 통행빈도, 통행발생량, 통행수단 등에 영향을 미침으로써 TOD는 지속가능한 개발전략으로 인식되었다.

현재 미국에서도 TOD 개념에 대한 보편적인 공감대가 형성되지는 않았다. 하지만, 토지이용과 교통 간 연관성을 강조하는 측면에서 TOD는 도시계획차원에서 중요한 의미를 갖고 있다. TOD는 대중교통 결절점 주변에 고밀도 복합용도의 도시개발을 유도하여 승용차 이용을 대중교통과 비동력 교통수단으로 유도하는 장기적, 국지적인 교통수요 관리 정책이다.

고밀화된 토지이용Compactness, 보행·자전거 친화적인 도시환경Pedestrian and cycle-friendly environments, 정류장·정거장 주변의 공적 공간Public and civic spaces near stations, 근린주구 중심의 정류장·정거장Stations as community hubs 등 TOD 계획요소가 승용차 이용을 억제하는 효과가 있다.

1.2. TOD 개념의 발전

근자에 들어 TOD의 개념을 보다 광범위하게 정의하고 적용하는 움직임이 활발히 진행되고 있다. 첫째, TOCTransit-Oriented Corridor(대중교통회랑)으로, 개별 지구단위 개발을 넘어 대중교통망을 토대로 개발 범위를 선(線)적으로 확장하여 추진하자는 개념이다. 둘째, 기성시가지에도 TOD 적용을 포괄하는 개념인 TOCTransit-Oriented Communities(대중교통공동체)로서, 신도시 개발에 중점을 두고 TOD를 통해 기성시가지의 도시재생을 대중교통 위주로 추진한다. 셋째, TOD와 녹색도시주의의 결합으로 녹색 도시재생 전략으로서의 의미도 포함되어 있다.

TOC Transit-Oriented Corridor (대중교통회랑)

TOC는 승용차 의존적인 도시공간구조를 회피하기 위해서 노면 대중교통(BRT, LRT, Tram 등)결절점 주변반경 400~600m 지역의 토지이용을 중·고밀도로 복합화하고 보행 및 자전거 친화적인 대중교통 중심 생활권을 회랑형으로 조성하는 도시·교통 통합개발방식이다.

TOC는 도시공간구조적인 개발효과를 극대화하기 위해 기존 TOD의 거점개발 방식을 대중교통노선 전체로 확대하는 개념이다. 대중교통회랑 주변의 보행지역 경제 활성화를 위하여 대중교통체계를 가능한 노면형으로 제한한다. 회랑 주변지역의 토지이용은 TOC가 가로 중심의 선형 계획적인 개발특성을 갖고 있음을 고려하여 개별 입지특성에 적합하도록 중·고밀도로 개발한다.

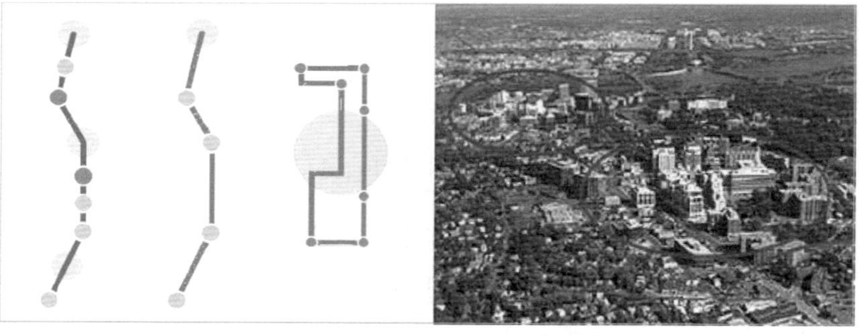

그림 1.2. TOCS 개발유형 예시도 및 미국 Arlington 기능 연계형 TOCs 구축

자료 : 성현곤·김영국·이주연(2012)

TOCs Transit-Oriented Communities (대중교통마을)

TOCs는 사람들에게 승용차 운행을 자제하도록 유도하면서, 도보·자전거 및 대중교통 이용을 권장할 수 있는 설계를 기반으로 계획된 지역이다. 이 개념은 대중교통망과 결절점을 중심으로 하여 도시재생 관점을 보다 중요하게 다루어 기존 TOD 개념과는 차이가 있다. 일반적으로 TOCs는 거리가 짧은 대중교통 결절점을 중심으로 형성되어 있는 도보 및 자전거 친화지역을 뜻한다. 이때 보행자의 도보 가능거리는 정류장 및 역 간격과 대중교통서비스에 대한 우선권 부여 여부에 따라 달라지게 된다.

그림 1.3. 미국 LA TOCs 예시도

자료 : Daylan & Jaymes(2019)

GU-TOD Green urbanism Transit-Oriented Development (녹색도시주의 대중교통지향적인 도시개발)

Cervero & Sulivan(2011)은 1990년대 이후 유럽에서 강조되고 있는 Car-Free Development(차 없는 도시개발)의 형태를 녹색도시주의로 명명하고, 이러한 개발형태와 TOD를 결합한 초환경친화적인 판(版)

으로서의 녹색 TOD 개념을 제시하였다. 녹색 TOD는 기존의 TOD와 녹색도시주의를 결합하고 고밀도개발, 복합적 토지이용, 주차수요관리, 철도역에서의 태양에너지 생산 등을 통해 상승효과를 유발하고자 하는 개념이다.

녹색 TOD에 있어 고밀도개발은 공유된 벽을 활용함으로써 난방과 냉방에너지 사용을 절감하고, 냉난방 에너지 체계를 지구적 단위로 통합하여 운영한다. 이것은 저밀도 개발에 비해 많은 양의 가구당 에너지 소비량을 절감시킬 수 있다. 보다 작은 면적에서 대용량 쓰레기를 처리할 수 있고 에너지 재생시설의 공급을 가능하게 만든다.

복합적 토지이용의 경우에는 주거와 쇼핑, 직장 등 다양한 경제활동 시설의 집적이 보행과 자전거 등 비동력 교통수단의 이용을 촉진시킨다. 그리고 사회적 교류를 증진하여 지속가능한 도시발전의 초석을 마련하는 효과가 있다. 주거와 비주거의 용도복합, 상업과 업무 및 여가 시설의 복합적 토지이용은 시간대별, 요일별 냉난방 연료 및 에너지 사용을 균일하게 분배하여 저비용으로 보다 효율적인 에너지 사용체계를 구축할 수 있다.

지상주차장은 많은 개발면적을 차지하고 차량동선으로 교통안전을 위협하나, 대중교통이용을 저해하는 주요 원인이다. 그래서 지하주차장을 건설하여 지상 공간을 인간중심의 활동과 여가공간으로 활용하며, 주차수요를 억제 또는 제한하여 승용차 이용을 저감할 수가 있다. 그리고 철도역이 마을 및 공동체의 허브 역할이 가능하도록 변화를 도모한다. 버스와 도보의 접근성을 제고하기 위한 다양한 교통시설의 지붕을 태양광발전시설로 설치한다. 이 경우에 대중교통 결절점과 연료 저감 시설의 역할을 동시에 수행하기 때문에 녹색 TOD에서는 강조되고 있다.

그림 1.4. 녹색 TOD 예시도

자료 : https://www.livabilitylaw.com/transit-oriented-development/

1.3. TOD 계획요소의 등장

TOD 초기 계획요소

Peter Calthrope(1993)은 저서 "The Next American Metropolis"를 통하여 TOD의 계획적 지침에서 토지이용, 주차, 가로체계, 오픈스페이스, 보행 및 자전거 등 가로망과 도시설계요소에 관하여 상세한 지침을 제시했다. 역사시설 등이 포함되어 있는 대중교통시스템에 관한 내용도 들어 있다.

국내의 경우에 법·제도적인 측면에서 계획요소 중에 주로 토지이용 특성을 위주로 역세권 개발을 유도하는 측면이 강하다. 한편 대중교통 노선망과 도시설계 요소에 대한 부분은 소외되어 있다. 이는 국내에서 TOD가 역세권개발 위주로 진행되고 주로 기성시가지를 대상으로 한

다는 점을 시사한다.[3]

표 1.2. TOD 계획요소 및 주요변수

TOD 계획요소			기본 주요변수
대중교통 공급특성	공급형태		• 도시철도역(수) • 버스정류장수 및 노선수 • 버스운행횟수, 배차간격 • 버스운행거리, 운행서비스시간 • 지하철역사구조, 역간거리
	운영수준 (환승연계)		• 버스정류장과 철도역간 거리 • 택시승강장과 거리
토지이용특성	고밀도		• 단위면적당 총개발밀도, 용도별 개발밀도 • 개발형태(거리별 개발밀도 등)
	복합적 토지이용		• 토지이용시설의 복합정도(전체) • 블럭단위의 복합성 • 건물단위의 복합성(주상복합건물)
가로망 및 도시설계특성	도로 및 주차	가로망	• 협소한 격자형 가로망 (전면도로폭과 블록의 크기)
		주차	• 이면도로 진출입구 위치 • 주차장 면적
		신호	• 횡단보도, 신호등 설치 • 블럭중간 횡단보도 설치
		정온화	• 도로폭 축소 • 노상주차장 및 가로수 등 • 가각(교차로 회전반경) 축소
	녹색 교통	보도	• 상업 및 업무시설과 연속성 확보
		자전거 도로	• 상업 및 업무시설과 연속성 확보 • 자전거 주차장
	건물설계		• 건물전면부 후퇴(SetBack) 최소화 • 비주거용 건축물의 최소용적률 규정

자료 : Peter Calthrope(1993)

[3] 박지형(2008), p.19.

※ TOD 계획요소의 확장

기존에 설명한 TOD 개념은 토지이용과 교통 간 순환적 연관 구조를 이용하여 승용차 통행을 줄이고 대중교통 지향적인 통행을 유도하는 것이다. 일반적으로 주택 및 건축물의 개발 입지와 규모는 공간적 이동을 유발하여 경제활동의 분포를 변화시킨다. 한편, 교통기반시설 투자는 접근성 변화와 함께 특정 지역의 입지적 우위성을 변화시킨다. 결국 토지이용의 실질적인 변화를 가져오는 순환적 구조를 형성하게 된다. 이와 같은 구조를 활용하여 주변의 대중교통 결절지점에서 토지이용을 압축 및 다양화하고 대중교통 이용을 쉽게 하여 승용차 통행을 줄이고 보행자 및 자전거 친화적인 환경을 조성하는 것이다.

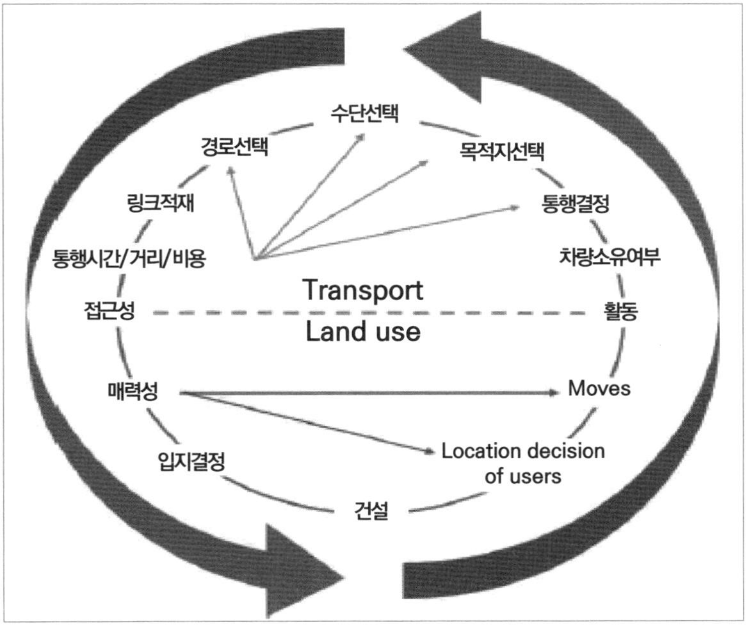

그림 1.5. 토지이용과 교통의 연관성 구조

자료 : Wegner and Furst(1999); 성현곤·김영국·이지연(2012)

초기 TOD 계획요소에는 Cervero and Kockelman(1997)이 제안한 3DsDensity, Diversity, Design만이 포함되었다. 하지만 대중교통의 접근성을 고려하지 않고서는 TOD를 구현하기 어렵다는 주장이 제기되었다. 그래서 2DsDistance to Transit, Destination Accessibility가 추가되었고, 그 후에 교통수요관리와 거주민의 인구학Demographics 요소 등이 포함되었다. 최근에는 TOD 계획요소로 7Ds를 고려하며, 이를 바탕으로 TOD 계획요소가 확장되어온 과정을 단계별로 살펴본다.

대중교통의 강조(3Ds→5Ds)

최초 TOD 개념의 진전은 3Ds에서 5Ds로의 진화이다. 초기 TOD 계획요소는 3DsDensity, Diversity, Design였다. 그러나 대중교통 접근성을 중시하는 입장에서 2DsDistance to Transit, Destination Accessibility가 포함되어 5Ds로 발전하였다. 이 두 계획 요소는 대중교통에 대한 강조에 기인한다.

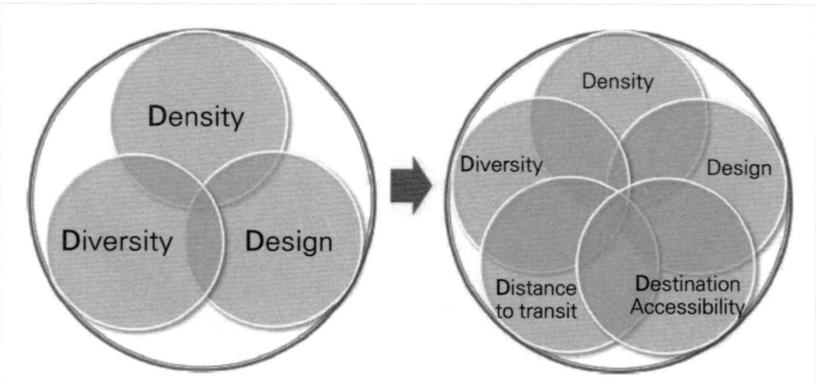

그림 1.6. TOD 계획요소의 변천

자료 : Cervero and Murakami(2009); 성현곤·김영국·이지연(2012)

Peter Calthrope은 1993년에 대중교통 접근성이 없이도 TOD의 구현이 가능하다고 보았다. 하지만 21세기 도시를 대상으로 할 때, 도보권에서 모든 일상생활의 영위가 가능하다고 보는 견해는 무리일 수 있다.

이후 Ewing(2010, 2008) Cervero and Murakami(2009)가 정립한 3Ds와 추가된 2Ds로 구성된 5Ds의 계획요소와 주요 지표를 살펴볼 수 있다(표 1.3).

표 1.3. TOD 5Ds 계획요소와 주요 지표

계획요소	주요 지표
밀도	• 단위 면적당 높은 인구, 고용, 주택 밀도
다양성	• 주거, 고용, 소매 및 서비스 토지이용시설의 상호근접성 및 복합성
도시설계	• 좁은 가구(街區, block)크기, 단위 면적당 높은 교차로수, 보도의 연속성과 규모의 크기, 협소한 도로폭, 좁은 건물후퇴선(building setback), 많은 횡단보도와 가로수
종착지 접근성	• 적당한 통행시간 내 보다 많은 고용기회와 비주거 시설물
대중교통 접근성	• 집, 직장에서 철도역, 버스정류장 간 최소 접근거리

자료: Ewing et al(2008)

도시재생과 교통수요관리의 강조(5Ds → 6Ds)

캐나다에서는 TOD 계획요소로 5DS가 강조되던 것과 비슷한 시기에 대도시를 TOD형으로 재생하는 방안을 중요시하는 5Ds의 개념이 출현하였다. 이 개념이 기존 TOD와 크게 다른 점은 물리적 환경의 변화와 교통수요관리를 강조하는 데 있다. 물리적 환경 변화의 경우에 기성시가지의 토지이용, 특히 도시구조와 밀도의 변화는 반영구적이므로 중장기적인 접근을 중요하게 여긴다. 교통수요관리는 단기적으로 가장 쉽게 TOD로 추진할 수 있어 TOD 6Ds에서 새로운 계획요소이다. 교통수요관리는 도시구조와 교통체계를 변화시키는 것이 매우 어려운 기존 도시에서 대안적인 방안으로 중요하다.

주거입지와 통행선호도 고려

TOD 계획요소에서 인구학적 특성을 고려하는 것이 아주 발전한 것이다. 이것은 주거입지와 통행수단 선택이 인구학적 특성으로 인해 개인 및 가구의 여건과 기호에 따라 차별화되는 것이다. 그래서 물리적 시설의 제어만으로 TOD 성과를 온전하게 기대할 수 없다. 선호-선택Self-selection으로 명명된 이 개념은 대중교통, 비동력 교통수단을 선호하거나 선택할 수밖에 없는 개인 및 가구는 가급적 TOD형 도시환경을 선택하게 된다. 이러한 선호-선택적 특성으로 인해 도시환경을 TOD형으로 재구조화해도 그 효과는 크지 않다. 이를 계기로 선호-선택에 대한 논의는 2000년대 중후반 이후로 TOD형 개발에 있어 중요한 이슈로 부각되었다.

1.4. TOD의 입지유형

TOD 유형은 도시공간구조 상 입지 유형에 따라 도시 재개발형Urban Redevelopment, 도시내부 충진형Urban Infill, 신도시 개발형New Growth Area으로 분류한다.

도시 재개발형

도시 재개발형은 새롭게 강화된 토지이용 용도와 대중교통 서비스로서 재부흥이 가능한 개발지역에 위치한 TOD이다. 이것은 대도시 대중교통역 주변의 개발지를 재개발한다. 이와 연계된 교외 및 도시 주변의 TOD와 대중교통 간 상호 연결성을 강조한다. 도시 재개발형은 도심지에서 불합리한 필지와 용도를 정비하는데 초점을 두고 있다.

도시내부 충진형

도시내부 충진형은 빈 공지를 부분적으로 계획하여 기존 도시 내 역사주위의 성격을 강화하는 것이다. 개발 형태는 기존의 자동차위주 개발을 복합용도의 대중교통 위주로 이용하려는 계획목표를 갖고 있다. TOD의 크기는 최소 약 4만m^2 이상으로 규정한다. 기존의 낮은 강도, 자동차 위주의 토지이용 용도는 TOD의 압축적이고 보행자 위주의 성격으로 개조한다.

표 1.4. TOD의 입지에 따른 분류

구분	재개발 입지	충진형 입지	도시부근 신성장 입지	신도시
위치	• 도시 내부 - 대중교통서비스 재부흥 지역	• 도시내부 - 공지	• 도시 경변 - 대규모 미개발 지역	• 교외 - 신도시, 그린벨트
계획목표	• 복합용도의 대중교통 위주 개발		• 복합용도 도출 • 가로 체계 도출	• 복합용도, 가로체계 도출 • 고용창출 • 그린벨트 설정
규모	• 최소 약 4만m^2이상		• 약 16만~40만m^2	
개발방향	• 기존 용도+새로운 용도첨가 • 기존 양호한 용도에 기능, 형태통합 • 보행자 중심 기능으로 개조		• 초기 대체수단 제공 • 대중교통 통행권 선확보	• 저렴한 주거제공 • 인프라 고려

자료 : 백경무(2000).

도시형

도시형 TOD는 교통망의 주 노선에 직접 위치하며 주요 환승역이나 교차지점에 근접한 보행 거리권내(반경 500m)에 중밀과 고밀도 주거단지와 상가 및 업무시설 지역에 적용하는 유형이다. 이것은 대중교통 네트워크에 직접 연결하여 도시철도, 경전철, 버스 정차역 등에 개발이 가능한 위치에 입지하는 형태이다.

도시형 TOD는 교통망의 주노선이나 간선도로에 직접 위치하므로 철도, 전철, 경전철, 고속버스 같은 노선상의 중심역세권 개발을 해야 한다. 또한 중밀도에서 고밀도에 이르는 주거시설을 개발해야 한다.

【도시형 TOD 개념도】 **【근린주구 TOD 개념도】**

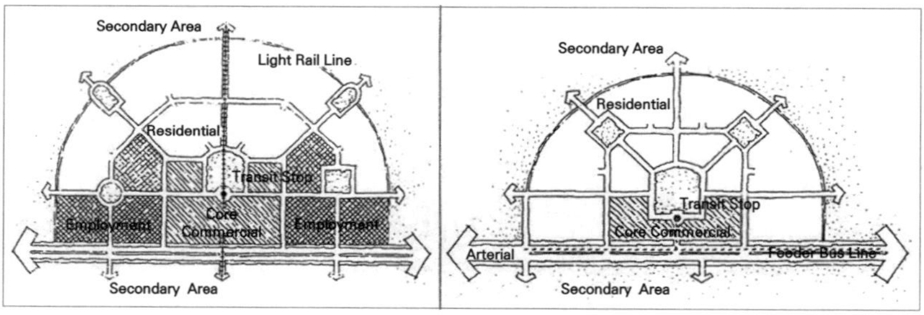

그림 1.7. TOD의 입지형태에 따른 유형도

자료 : Peter Calthrope(1993).

근린주구형

근린주구형 TOD는 전철 교통망의 주노선 역사로부터 약 10분 정도 소요(반경 1,000m)되는 상업시설의 비중이 적고 밀도가 낮은 거주지역 유형을 말한다. 개발형태로 분류하면, 도시재개발형과 신도시개발형으로 구분한다.[4] 도시재개발형은 대중교통 역사 주변을 새롭게 강화된 용도로 재개발하여 교외 및 도시주변 TOD와 대중교통 연계를 중시하며 불합리한 필지와 용도를 정비하는 형태이다.

[4] 홍성표(2009), p.9.

근린주구형 TOD는 전철교통망의 주노선 역사에서 약 10분 걸리는 (3마일 이내) 지역버스 노선상에 위치한다. 그리고 중밀도의 주거와 소매, 서비스, 위락, 공공문화, 레크리에이션 시설 등에 중점을 둔다. TOD는 중심상업지역과 주거지역, 2차 지역을 갖는다. 2차 지역은 중심교통노선 밖에 있는 중심상업지역으로부터 1마일(1.6 km)이 넘지 않는 지역이다.

2차 지역 가로망은 대중교통 정차역과 중심상업지역에 직접 연결된 여러 가로와 자전거 길로 연계된다. 2차 지역은 저밀도 독립주택, 공립학교, 대형 커뮤니티 공원, 저밀도의 고용창출 용도, 환승주차장을 포함한다. 이 지역은 낮은 차량밀도 때문에 TOD에 적합하지 않지만, 지역 거주자나 고용인들이 중심상업지역에서 쇼핑하게 되면, 대중교통 승객을 증가시키며 간접적으로 TOD를 지원한다.

기존 도시에 대한 재개발형Redevelopable TOD의 경우에는 압축적 토지이용과 양질의 대중교통 서비스를 제공해서 도시를 재생한다. 도시충진형 TOD는 기성 시가지에서 비교적 작은 규모의 공지를 개발하는 것에 적합하다. 신도시개발형 TOD는 기존의 도시 주변부에 위치하며 다소 큰 규모의 미개발된 신성장지역이 요구될 때 이루어지는 개발유형이다.

입지유형별 TOD형 개발은 지역종합계획이나 대중교통계획 등을 종합적으로 고려하여 적합한 입지를 확인한 후에 계획 및 실행한다. 근린 또는 지구단위 개발개념인 TOD를 대도시권 또는 지역차원에서 도입할 때는 대중교통과 입지유형을 고려하는 적절한 배치가 필요하다. 이것은 전적으로 간선도로에 의존하지 않고 주변 지역으로부터 중심상업지, 대중교통 결절점까지 접근이 가능하도록 만든다. 인근 대중교통 결절점 또는 경쟁 상업시설과 최소 1마일(약 1,600m)이상을 이격하여

TOD형 개발 간격을 확보한다.

국내에서 대부분 TOD 유형화 연구들은 도시공간구조를 기반으로 도시계획 측면에서 접근한다. 그래서 연구는 현재 또는 미래의 도시공간구조를 고려하여 도시계획 차원에서 역세권 개발의 대응방안을 강구하는 데 중점을 두고 있다. 한국교통연구원(2004)에서는 TOD를 입지형태와 개발형태로 분류하고, 입지형태의 기준으로 도시형 TOD와 근린주구형 TOD로 구분했다.

신도시 개발형

신도시 개발형은 도시 부근에 신성장 부지와 도시 외곽지역의 신도시개발로 구분한다. 전자는 도시 외곽에 있는 대규모 미개발지역 또는 높은 성장지역으로써 재개발, 충전을 수용할 수 없는 대규모지역에 필요하다. 지역 계획목표는 새로운 복합용도의 도입과 신가로망 체계의 창출이라는 기회를 갖는 것이다. 신도시 개발형은 신시가지와 도시외곽의 대규모 미개발지역 또는 고성장지역에서 대규모 신도시개발에 TOD를 적극적으로 적용하는 유형이다.

요 약

1. 대중교통지향적 도시개발(TOD)은 대중교통지향적인 도시공간구조를 형성하기 위한 도시개발전략이며, 도시의 TOD개발에서 토지이용계획의 특징들이 드러난다.
2. TOD는 1980년대에 미국에서 부상하여 과거 20년 동안 도시설계 및 부동산개발 전략으로 인식되었다. 초기에는 도시확산, 교통수요 관리, 근린주구 등을 배경으로 발전하여 토지이용과 교통 간 연관성이 강조되어 도시계획적인 차원에서 의미가 크다.

요 약

3. 대중교통지향적 도시개발(TOD)은 대중교통지향적인 도시공간구조를 형성하기 위한 도시개발전략이며, 도시의 TOD개발에서 토지이용계획의 특징들이 드러난다.
4. TOD는 1980년대에 미국에서 부상하여 과거 20년 동안 도시설계 및 부동산개발 전략으로 인식되었다. 초기에는 도시확산, 교통수요 관리, 근린주구 등을 배경으로 발전하여 토지이용과 교통 간 연관성이 강조되어 도시계획적인 차원에서 의미가 크다.
5. TOD 개념은 TOC(대중교통회랑), TOCs(대중교통마을), Green urbanism TOD (녹색도시주의 대중교통지향적 도시개발) 등으로 광범위하게 확대되어 적용되고 있다.
6. TOD는 초기에 대중교통 공급특성, 토지이용 특성 및 가로망 및 도시설계특성 등 계획요소별 기본 주요변수들이 매우 다양하다. 이러한 TOD의 계획요소들은 대중교통, 도시재생과 교통수요관리, 주거입지와 통행선호도 등을 고려하여 확장되어 있다.
7. TOD의 유형들은 도시공간구조 상 입지유형에 따라 도시재개발형, 도시내부 충진형, 신도시 개발형, 도시형 TOD, 근린주구 TOD 등으로 구분할 수 있다.

중요개념

TOD	TOD 등장배경	TOC(대중교통회랑)
TOCs(대중교통마을)	GU-TOD (녹색도시주의 TOD)	TOD 계획요소
TOD 계획요소 확장	도시재개발형	도시내부 충진형
신도시 개발형	도시형TOD	근린주구형 TOD

연습문제

1. TOD의 개념은 무엇이며, 무슨 성격을 갖고 있는가?
2. TOD가 미국에서 등장하게 된 배경은 무엇인가?
3. TOD 개념이 광범위하게 확대되어 적용되는 전략에는 무엇들이 있는가?
4. TOD 초기 계획요소별 주요변수들은 무엇이며, 계획요소가 확장되어온 과정을 단계별로 설명하시오.
5. TOD는 도시공간구조 상 입지유형에 따라 나타나는 유형들의 종류와 내용들을 언급하시오.

'김포 콤팩트시티' 스마트시티 요소 대폭 도입

국토교통부(장관 원희룡)는 수도권 서부지역의 대표적인 지역 현안 사업으로 꼽혔던 서울5호선 연장 등 광역교통 확충을 본격적으로 추진해 지역의 심각한 교통난을 근본적으로 해결해나갈 계획이라고 밝혔다. 김포시 등 수도권 서부지역은 그간 서울과 연접한 지리적 이점에도 불구하고 광역교통대책이 부족해 도시철도 등 대중교통으로 서울 도심에 접근하기 어려웠다.

김포한강신도시 조성에 따른 광역교통개선대책으로 김포골드라인(양촌 ↔ 김포공항)이 2019년 개통돼 서울로의 접근성이 다소 용이해졌으나, 경전철(2량) 수송력의 한계로 여전히 출근시간대 극심한 혼잡이 발생하고 있다. 이에 국토부는 5호선 연장의 기반이 되는 지자체 간 협약과 연계해 '김포한강2 콤팩트시티(Compact-city)' 조성을 발표, 수도권 서부지역의 광역교통난 해소 등 지역 현안 해결에 적극 나서기로 했다. 우선 서울시, 김포시, 서울시 강서구는 서울 5호선 김포 연장사업을 추진하기 위한 전제조건으로 상호간 합의가 반드시 필요했던 방화차량기지와 건설폐기물 처리업체의 부지 이전 등에 관한 업무협약을 체결했다.

정부도 지자체 간 5호선 연장 논의가 본격화될 수 있도록 노선 인근 지역에 콤팩트시티를 조성해 사업타당성 확보를 위한 수요를 대폭 확충하고, 한국토지주택공사(LH) 등 사업시행자가 연장 비용을 일부 분담, 5호선 연장사업이 실행되는 데 핵심적인 계기를 마련할 계획이다. 그간 광역교통 확충에 대한 지역 주민들의 숙원에도 불구하고, 5호선 연장은 방화 차량기지 및 건설폐기물 처리업체의 이전 문제와 연장 세부노선(안)에 대한 지자체 간 이견이 크고 배후수요가 사업타당성을 확보할 수 있을 정도로 충분하지 않아, 연장 논의가 좀처럼 진행되지 못했다.

그러나 5호선 연장 구간에 신규 콤팩트시티 개발이 본격화됨에 따라 김포시 등 관련 지자체는 5호선 연장에 대한 충분한 배후 수요가 확보됐다고 판단하고, 이를 전환점으로 삼아 현안 해결에 전격 합의하게 됐다. 방화역 인근 차량기지를 향후 연장될 5호선 종점 부근으로 이전하고 건설폐기물 처리업체도 이전할 수 있도록 지원하는 방안에 대해 협약을 체결한 것이며, 이로써 5호선 연장사업은 새롭게 탄력을 받을 전망이다.

다만, 5호선 연장 세부노선(안) 등은 인천시, 인천시 서구, 경기도, 김포시 등 관련 지자체와의 추가적인 협의가 필요하며, 이후 정부의 관련 심의 등을 거쳐 최종 확정될 계획이다. 이번 협약과 함께 노선 등에 대한 지자체 간 합의가 원만히 이뤄질 경우, 2023년부터 광역교통시행계획 반영, 예비타당성 조사, 기본계획 수립 등 절차를 통해 김포한강2 개발과 연계한 5호선 연장을 적극 추진할 계획이다. 한편, '김포한강2 콤팩트시티'는 김포한강신도시 생활권 사이에 김포한강2 공공주택지구를 지정함으로써 기존 신도시가 지리적으로 분절된 점을 보완함과 동시에, 광역교통, 자족시설 등을 도입해 수도권 서부지역의 스마트 자족도시로 발전시킬 예정이다.

김포한강2 공공주택지구는 '콤팩트앤네트워크(Compact & Network)'라는 역세권 콤팩트시티 개념을 적용해 철도역을 중심으로 도시기능을 압축 개발하고, 주변 부지에서도 역 접근이 쉽도록 교통 네트워크를 연계·구축한다. 공항(김포·인천), GTX(장기역), 도시철도(5호선 신설), 고속도로 IC, 한강변 등 지리적 이점을 활용하고, 자율차, 도심항공교통(UAM) 등 미래형 교통체계를 접목시켜 모빌리티 시대를 선도하는 특화도시로 조성한다.

대중교통 및 도로를 통한 접근성도 대폭 강화된다. 현재 운영 중인 국도48호선 버스전용차로를 지구 내까지 연장하고, 기존 한강신도시와 연계한 BRT 도입과 지구 중심부 복합환승센터를 구축을 통해 도심 내 교통 순환체계를 마련할 계획이다. 철도역 인근 지구 중심부(초역세권)에는 고밀개발을 통해 대형오피스, 복합쇼핑몰 등을 배치해 도시 거점기능을 수행하고, 복합적 토지이용으로 주거·일터·서비스 집적과 함께 스마트시티 요소도 대폭 도입한다.

김포한강신도시와 연계해 빅데이터 기반의 종합환경정보시스템을 구축하고 친수형 테마공원 등 친환경 커뮤니티를 조성하며, 수요응답형 자율주행, 재난·교통사고·범죄 등을 예방하는 스마트 기술도 전면 적용한다.

◆ 자료: 정보통신신문(2022.11.14)

제2장

TOD 관련 이론

2.1. 토지이용공간 관련 이론

2.2. 교통수단시설 관련 이론

TOD 관련 이론을 우선 토지이용·교통의 상호작용 이론과 토지이용·교통의 통합이론 위주로 파악하고 절충형의 분산집중형 도시개발을 알아본다. 교통수단의 입장에서 교통시설 접근성과 교통수단 선택이론, 대중교통과 개인교통수단 선택의 균형이론을 설명한다.

2.1. 토지이용공간 관련 이론

토지이용·교통의 상호작용이론

교통은 자동차, 기차. 배, 비행 등을 이용하여 사람이 오고 가거나, 짐을 실어 나르는 일이다. 토지이용은 인간이 지상에서 토지를 이용하는 행위를 통틀어 이르는 말이다. 토지이용이 교통을 유발시키지만, 교통은 다시 토지이용에 영향을 준다. 토지이용이 교통수요를 증가시키며 교통의 접근성이 향상되면 새로운 토지이용을 촉진시킨다. 이처럼 교통과 토지이용은 상호작용하는 인과적 이며 상호 동태적인 관계에 있다.

이러한 전통적인 토지이용-교통의 인과적 상호작용 이론에 의하면, 간선도로가 개선되어 단기적으로 교통여건이 좋아진다. 하지만 장기적으로 토지이용을 변화시켜 교통량 변화에 따라 새로운 교통개선 노력이 요구된다.

토지이용과 교통 간 순환적 관계의 요인으로서 토지이용·개발은 교통수요를 유발하는 요인과 교통은 토지이용에 영향을 미치는 물리적, 경제적 요인이 있다. 이는 토지이용이 교통에 미치는 영향을 교통수요로 측정하나 교통이 토지이용에 미치는 영향은 접근성으로 나타낸다.[1]

[1] 김광식(1999).

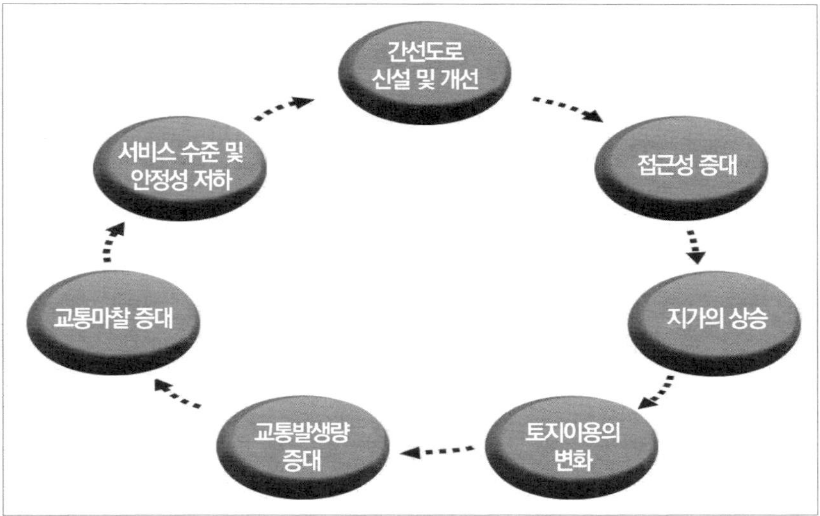

그림 2.1. 토지이용과 교통의 상호작용 모형

자료 : 대한국토·도시계획학회(2000).

토지이용상태에 변화가 생기면 통행발생량이 증가하고 차량이 늘어나서 추가적으로 교통시설을 확충해야 한다. 교통시설이 추가적으로 확충되면 이전보다 접근성이 향상되어 지가를 상승시키는 요인으로 작용한다. 지가가 상승되면 새로운 토지시장이 형성되고 택지개발사업과 같은 개발사업에 의해 토지이용 패턴에 변화가 생긴다.

토지이용·교통의 통합이론

토지이용과 교통의 인과관계를 고려할 때, 교통발생량의 증대를 최소화하기 위해서는 교통수요를 근원적으로 절감하는 토지이용방안이 요구된다. 이것은 교통문제의 단기적인 완화대책에서 탈피하여 대중교통위주의 공간체계를 형성함으로써 지속가능한 도시발전Sustainable

Development을 추진하는 것이다. 구체적인 방안으로 도심지에 보행자 및 대중교통전용지구를 설치하여 자동차 통행을 제한한다. 또한, 혼합적 토지이용을 통해 직주근접을 유도함으로써 교통수요 절감형의 도시를 조성한다.

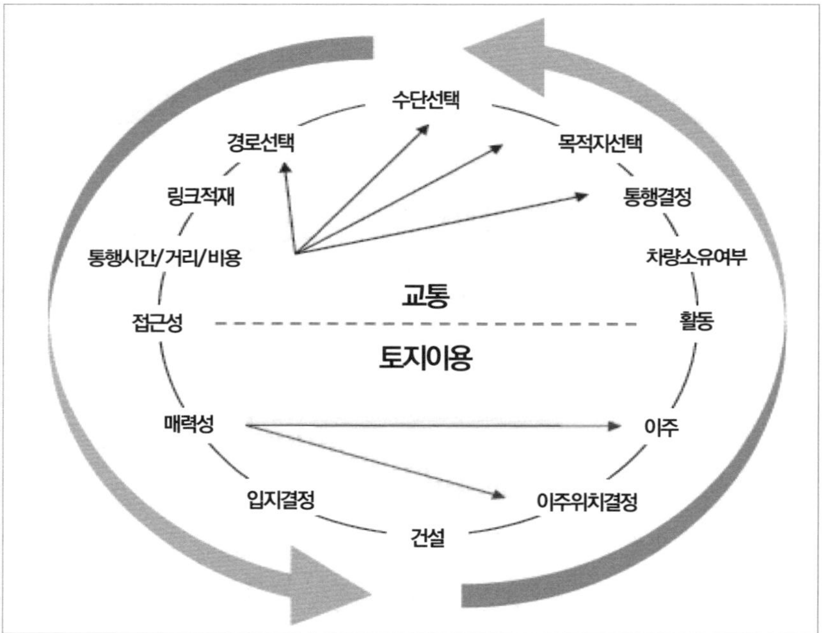

그림 2.2. 토지이용·교통의 통합모형

자료 : Wegener & Frust (1999)

분산집중형 개발론

분산집중형Decentralized Concentration 개발은 단핵집중형Monocentric Concentration 개발과 다핵집중형Polycentric Concentration 개발을 절충한 개발방식으로 고밀 개발로 인한 혼잡을 방지하고 토지의 평면적 확산을 방지하는 절충형 개발방식이다.[2] 고밀 개발론의 장점은 압축도시를 조성하여 개발밀도를 높임으로써 자동차의 이용을 감소시키고 대중교통과 보행 및 자전거 이용을 촉진하는 장점이 있다. 그러나, 고밀로 인한 혼잡비용 증가 등 단점도 있다.

다핵집중형 도시공간구조는 단핵구조에 비해 효율성은 다소 떨어진다. 하지만 밀집 개발을 통해 대중교통운영 등 공공인프라의 구축비용을 절감하며 소규모 개발로 인해 보행 및 자전거이용이 유리하다. 분산집중형 개발론은 고밀개발론과 분산개발론에 대한 새로운 대안으로 제시된 것이다. 이것은 대중교통망 구축 및 접근성이 좋은 지역에 대한 고밀도 집중개발 및 기존시가지의 재개발을 장려한다.

2.2. 교통수단시설 관련 이론

교통시설 접근성과 교통수단 선택이론

고속도로나 간선도로와의 접근성이 높아지면 통근거리가 길어지면서 승용차 통행이 증가한다. 또한 가장 가까운 버스정류장에서 거리가 멀어질수록 자동차 통행비용의 증가 등 대중교통시설의 접근성이 교통수단 선택에 영향을 미친다.[3] 캘리포니아지역 연구를 보면, 철도역 반경 150m 거리에 사는 거주자는 900m 거리에 사는 거주자에 비해 철도이용 빈도가 2배 정도로 나타났다.

2 국토연구원(2003).
3 국토연구원(2003).

전철역의 유무가 교통수단 선택에 미치는 영향을 분석하면, 전철역이 위치한 행정동의 거주자 혹은 직장인의 경우에 통근수단으로서 전철이용이 가장 높게 나타났다. 도착지 기준으로 통근 통행시간이 길수록 철도, 자가용, 버스의 순으로 통행수단을 선택하고 있었다. 따라서 대중교통수단으로의 접근성 제고 및 통행시간 절감과 동시에 밀도변화를 동시에 추진할 경우에 교통수단 변화에 미치는 효과들이 더욱 증가한다.

미국에서 일반적으로 400m가 TOD에서 공간상 수용가능한 거리로서 미국인이 운전하는 것보다, 평균 보행거리이며 대중교통수단으로 도보를 선호하는 최대거리로 알려져 있다. 분석 결과, 버스정류장 또는 지하철역 출구까지의 보행거리가 400~500m 지점에서 갑자기 낮아지며, 보행 접근시간이[4] 약 6분이 되는 지점부터 승용차를 이용할 확률이 높은 것으로 나타났다. 이것은 TOD가 추구하는 보행거리 내 고밀개발의 당위성을 실증적으로 보여준다.

대중교통과 개인교통수단 선택의 균형이론

도시지역 통행에서 승용차와 대중교통의 통행시간이 같아지는 방향으로 승용차와 대중교통이 서로 균형을 이룬다는 교통수단 간 균형이론이 있다. 이에 따르면, 상대적으로 도로사정이 나빠지면 대중교통을 이용하는 경향이 커지고, 반대로 대중교통서비스가 나빠지면 승용차를 이용하는 경향이 높아진다.

승용차와 대중교통 간 균형이론을 보면, 승용차와 대중교통이 거의 균형상태에 도달해 있는 수도권의 경우 더 이상 도로시설 확충을 억제

[4] 보도의 서비스수준 B에서 정상적인 보행속도는 1,22~1.27m/sec 또는 73.2~76.2m/min 이다.

하고 대중교통여건을 지속적으로 개선해야 한다. 이를 위한 방안으로 광역급행버스의 도입, 환승시설 개선, TOD 등이 필요하다.[5]

표 2.1. TOD 관련 제반이론의 내용 및 특성

제반이론	주요 내용	TOD 연관 특성
토지이용과 교통의 인과적 상호작용 이론	• 토지이용, 토지개발, 교통수요의 유발 요인 • 교통, 토지이용에 영향을 미치는 물리적, 경제적 요인	• 토지이용과 교통 간 교통수요와 접근성 증대위한 TOD 적용
토지이용·교통의 통합이론	• 교통발생량 증대 최소화, 근원적 절감 토지이용 요구 • 대중교통위주 공간체계형성 • 지속가능한 도시개발 추진	• 보행자 및 대중교통전용지구 설치 • 자동차 통행제한, 혼합적 토지이용으로 직주근접 유도
분산집중형 개발론	• 단핵집중형개발과 다핵집중형개발 절충방식 • 고밀개발 혼잡방지, 토지의 평면적인 확산방지	• 대중교통망 구축 및 접근성 양호한 고밀도 집중개발 • 기존시가지 재개발 장려, TOD 적용
교통시설과 접근성에 따른 교통수단 선택이론	• 대중교통수단 접근성 제고, 통행시간 절감, 밀도변화 • 통행수단 변화와 효율적인 유도	• TOD가 추구하는 보행거리권 내 고밀개발 당위성 실증분석
대중교통과 개인교통 수단 선택의 균형이론	• 승용차 통행시간과 대중교통 통행시간 동등화 • 승용차와 대중교통의 상호 균형과 교통수단 간 균형이론	• 광역급행버스 도입, 환승시설 개선 • 대중교통중심도시 개발(TOD)

자료 : 대중교통지향적 도시개발(TOD) 관련 제 이론 참고 후 재작성

5 Thomson, J.M.,(1997).

요 약

1. 도시에서 교통과 토지이용은 상호작용하는 인과적 관계를 맺고 있다. 토지이용과 교통 간 순환적인 관계의 요인으로 교통수요와 접근성으로 나타난다.
2. 토지이용·교통의 통합이론에서 인과적으로 통행발생량 증가의 최소화를 위해서는 근원적으로 교통수요를 절감하는 토지이용이 요구된다.
3. 분산집중형 개발론은 고밀도 개발로 인한 혼잡을 방지하고 도시의 평면적확산을 방지하는 단핵집중형과 다핵집중형을 절충한 개발방식이다.
4. 교통시설 접근성과 교통수단 선택이론은 대중교통 접근성이 교통수단 선택에 영향을 미치는 이론이다. 대중교통수단의 접근성 제고는 물론, 통행시간 절감과 밀도변화를 추진하는 경우에 교통수단을 변화시키는 효과가 발생한다.
5. 대중교통과 개인교통수단 선택의 균형이론은 도시지역 통행에서 승용차 및 대중교통의 통행시간이 같아지는 방향으로 승용차와 대중교통이 서로 균형을 이루는 이론이다.

중요개념

교통과 토지이용 토지이용·교통의 상호작용이론

토지이용·교통의 통합이론 분산집중형 개발론

교통시설 접근성과 교통수단 선택이론

대중교통과 개인교통수단 선택의 균형이론

연습문제

1. 토지이용과 교통의 인과적 상호작용 이론은 무엇인가?
2. 토지이용과 교통의 통합이론을 개괄적으로 설명하시오.
3. 분산집중형 개발론은 어떠한 도시개발 방식인가?
4. 교통시설 접근성에 따라 교통수단 선택에 변화가 발생하는가?
5. 대중교통과 개인교통수단 선택의 균형이론에는 무슨 내용과 특성이 있는지 언급하시오.

춘천 다원지구 도시개발사업 본격화

강원도는 지난 10일 중앙토지수용위원회에서 춘천 다원지구의 사업인정에 따른 공익성 협의가 완료됨에 따라 도시개발구역 지정 및 개발계획을 고시한다. 이에따라 춘천시 최대 규모의 신도심 개발사업인 다원지구 도시개발사업이 탄력을 받을 전망이다.

이 사업은 동내면 거두리·신촌리 일원에 부지면적 54만2,457㎡, 총 사업비 3,537억원을 투입하는 대규모 도시개발 사업으로 공동주택과 단독주택 등 4,861세대(임대주택 1,055세대)의 주거단지와 상업시설, 도시지원시설 및 초등학교, 도로 등 기반시설이 건설된다. 입주민뿐만 아니라 지역주민들이 문화·여가·휴식 공간으로 활용할 수 있는 근린공원, 소공원, 어린이공원도 조성된다.

시행자인 LH강원지역본부가 내년 보상 절차에 착수해 2025년 착공, 2028년에 공사를 완료할 예정이다. 중앙고속도로 춘천IC, 서울~양구간 국도 5호선, 거두~만천 춘천순환도로 등이 교차해 최상의 교통여건을 갖추고 있다. 또 춘천시 강소연구개발특구 지정 및 데이터, 바이오, 메가테크, 콘텐츠, 정밀의료 거점별 연구개발 특구 추진계획 등과 맞물려 인구유입, 지역경제 활성화 등의 시너지 효과가 클 것으로 기대된다. 강원도청사의 신축 이전 후보지 중 한 곳으로 거론되고 있다.

손창환 강원도 건설교통국장은 "중앙토지수용위원회의 공익성 협의가 완료됨에 따라 장기간 표류하고 있던 다원지구 도시개발사업이 원활히 추진돼 지역경제 활성화에 기여할 것으로 예상된다"며 "지역주민들이 신속한 추진을 요구하는 사업인 만큼 성공적으로 완료될 수 있도록 행정지원 등에 최선을 다할 계획"이라고 말했다.

◆ 자료: 강원일보(2022.11.13)

제3장

도시개발의 중요 내용

3.1. 도시개발의 전반적 개요
3.2. 도시개발사업의 내용
3.3. 지속가능 압축도시개발
3.4. 녹색도시개발
3.5. 도시개발관련 법·제도

도시개발의 개요를 전반적으로 파악하고 도시개발사업의 개념과 시행방식을 알아본다. 이를 기반으로 지속가능한 압축도시 및 녹색도시 개발에 적용할 수 있는 내용을 규명하고 도시개발에 관련된 법·제도를 설명한다.

3.1. 도시개발의 전반적 개요

도시개발의 정의

도시개발은 아직 도시적 형태와 기능을 지니지 않은 토지에 도시적 기능을 부여하기 위해 형태를 바꾸고 용도를 부여하는 행위 및 기존 시가지를 정비하거나 재개발하는 행위이다. 도시개발은 작게 토지이용 용도만의 부여도 도시개발의 범주에 포함된다.

도시개발은 실제적으로 계획적 개발을 전제로 하여 '계획적 개발체제' 속에서 진행되며, 다양한 계획제도에 관한 법률을 포함한다. 도시개발은 도시변화의 수요에 대응하여 도시발전을 도모하기 위한 일련의 의도적 행위이다. 협의의 도시개발은 물리적 측면에서의 신개발, 재개발과 같은 도시공간개발을 의미한다. 광의의 도시개발은 도시성장을 관리하고 도시발전을 도모하기 위한 경제, 사회 등 모든 개발행위의 총체로 정의한다.

[도시개발법][1] 목적

- 목적: 도시개발법은 도시개발에 필요한 사항을 규정하여 계획적이고 체계적인 도시개발을 도모하고 쾌적한 도시환경의 조성과 공공복리의 증진에 이바지함을 목적으로 한다.

[1] 국가법령정보센터(https://www.law.go.kr)

도시개발을 위한 개발지구의 선정과 사업의 범위 및 방법은 도시민의 생활수준과 가치관의 변화에 크게 영향을 주며 사회환경과 지역경제 사정을 반영하게 된다. 이것은 도시개발이 도시기능의 증진과 토지의 합리적 이용을 도모하는 개발사업으로서 토지·주거·환경과 같은 사회경제적 문제들을 포함하기 때문이다. 따라서 도시개발은 단순한 택지개발의 해결에 국한되지 않는다. 도시개발은 시민의 생활수준 향상과 산업기반의 구축을 충실히 뒷받침해 갈 수 있는 방도를 모색하는 것이다.

[도시개발법] 개발 구역과 사업

- 도시개발구역: 도시개발사업을 시행하기 위하여 지정·고시된 구역
- 도시개발사업: 도시개발구역에서 주거, 상업, 산업, 유통, 정보통신, 생태, 문화, 보건 및 복지 등의 기능이 있는 단지 또는 시가지를 조성하기 위하여 시행하는 사업

도시개발의 대상 구역이 단순히 대도시 시가지 개발로 치부되어 이질적인 존재가 돼서는 안 된다. 도시주변지역과 동화할 수 있고 개발지구를 포용하고 있는 지역계획 및 도시계획과의 연계성을 고려한 객관성 있는 개발방향의 구체적인 제시가 필요하다.

[도시개발법 시행령]: 도시개발구역 지정대상지역 및 규모

1) 도시지역
   - 주거지역 및 상업지역: 1만㎡ 이상, 공업지역: 3만㎡ 이상
   - 자연녹지지역: 1만㎡ 이상
   - 생산녹지지역(생산녹지지역이 도시개발구역 지정면적의 100분의 30 이하인 경우): 1만㎡ 이상
2) 도시지역 외의 지역: 30만㎡ 이상

[도시개발법 시행규칙] 도시개발구역의 지정기준]

1) 도시개발구역으로 지정하려는 지역이 둘 이상의 용도지역에 걸치는 경우 다음 구분에 따라 도시개발구역으로 지정하여야 한다.
   (1) 도시지역 안에서 둘 이상의 용도지역에 걸치는 경우에는 다음 계산식에 따른 면적(A)이 1만㎡ 이상일 것. 다만, 생산녹지지역을 포함하면, 산녹지지역이 전체 면적의 30퍼센트 이내이어야 한다.
   A=주거지역 및 상업지역의 면적+공업지역의 면적의 3분의 1+자연녹지지역의 면적+생산녹지지역의 면적
   (2) 도시지역 밖에서 둘 이상의 용도지역에 걸치는 경우에는 총면적이 30만㎡ 이상일 것.
   (3) 도시지역 안과 도시지역 밖에 걸치는 경우. 다음 어느 하나에 해당할 것
   - 총면적이 30만㎡ 이상인 경우일 것
   - 도시지역 안의 면적이 1만㎡ 이상이고 도시지역 밖의 면적이 5천㎡ 이하로서 도시지역 밖의 면적을 공공시설 용지로 사용하기 위하여 개발하는 경우일 것
   - 영 제2조 제1항 제2호 단서에 따른 요건을 모두 가진 경우 10만㎡ 이상인 경우일 것

2) 동일한 목적으로 여러 차례에 걸쳐 부분적으로 개발하거나 연접하여 개발하는 경우로서 다음 요건을 모두 갖춘 경우에 개발 중인 구역과 새로 개발하려는 구역을 하나의 도시개발구역으로 지정한다.
   - 개발 중인 구역과 새로 개발하려는 구역의 면적을 합한 면적이 도시개발구역 지정대상지역 및 규모에서 정하는 면적 이상일 것
   - 개발 중인 구역과 새로 개발하려는 구역의 시행자가 같은 자일 것

도시개발의 대상

도시개발의 일차적 대상물은 '토지'이며, 토양·지질·지형·지하수위 및 투수성과 같은 내용은 토지의 물리적 특성이다. 지표면 일부분인 토지의 위치·형상과 크기를 정하여 지면 토지의 존재가 구체적으로 밝혀진다. 토지는 특정한 위치의 공간으로 구성되고, 공간에 마련되는 토지의 특성을 토지의 공간적 특성이다. 토지는 특정한 지역과 국토공간이란 상충적이고 중복적인 공간개념에서 존재한다. 토지공간은 서로 유기적 관련성을 지니면서 나름대로 공간구조에 기반을 두며 사회적 규제를 받는다.

도시 토지는 공간 개념 이외에도 특정한 토지가 시가화 구역이나 시가지 조정구역 또는 개발제한구역 등에 포함되거나, 택지개발촉진 또는 공업용 배치에 따라 이전 촉진의 규제를 받는다.

[국토의 계획 및 이용에 관한 법률(약칭: 국토계획법)][2]

- 시가화조정구역: 도시지역과 그 주변지역의 무질서한 시가화를 방지하고 계획적·단계적인 개발을 도모하기 위하여 정하는 기간(5년 이상 20년 이내의 기간) 동안 시가화를 유보할 필요가 있다고 인정되면 시가화조정구역의 지정 또는 변경을 도시·군관리 계획으로 결정할 수 있다.

[국토의 계획 및 이용에 관한 법률 시행령]

- 시가화조정구역을 지정 또는 변경하고자 하는 때에는 당해 도시지역과 그 주변 지역의 인구의 동태, 토지의 이용상황, 산업발전상황 등을 고려하여 도시·군관리계획으로 시가화 유보기간을 정하여야 한다.

---

2 국가법령정보센터(https://www.law.go.kr)

[시가화조정구역_도시·군관리계획수립지침]

(1) 구역설정기준

① 도시의 무질서한 시가화를 방지하기 위하여 일정기간 동안 개발을 제한하여야 할 필요가 있는 지역

② 도시의 계획적·단계적인 개발을 도모하기 위하여 일정기간 동안 개발을 유보할 필요가 있는 지역

③ 국가의 주요정책을 수행하기 위하여 도시적 토지이용을 일시적으로 중단하여야 할 필요가 있는 지역

(2) 시가화 유보기간 결정

① 시가화를 유보하는 기간은 5년 이상 20년 이내로 하여야 한다.

② 유보기간은 당해 계획구역안의 인구동태, 토지이용상황, 산업발전상황 등을 고려하여 결정하여야 하나.

③ 유보기간은 구역을 지정한 목적을 이행하는데 필요한 최소한의 기간으로 정한다.

④ 계획적 개발을 도모하기 위하여 지정하는 경우에는 사업시행 준비에 소요되는 최소한의 기간으로 정하여야 한다.

⑤ 시가화를 유보하는 기간의 연장이 불가피한 경우 당초 유보기간을 합한 후 유보기간이 20년을 넘지 않는 범위 내에서 1회에 한하여 연장할 수 있다.

[공업지역 일반적 고려사항_도시·군관리계획수립지침]

- 공업지역은 주거지역과의 혼재를 피하여 오염피해의 발생을 방지하며, 공업생산의 능률성을 제고할 수 있도록 지형지세, 풍향, 수자원 및 교통시설과의 접근성 등을 고려하여 입지시킨다.
- 공업의 생산성 제고를 위하여 공업의 성격과 규모 등을 고려하여 용도지역을 세분한다.
- 대도시나 중소도시에 있어서는 토지의 혼합이용으로 인한 토지이용간의 상충을 억제할 수 있도록 준공업지역의 지정을 최소화한다.
- 준공업지역으로서 주택용지로의 전환이 예상되는 지역은 원칙적으로 지구단위계획으로 지정하여 개발을 유도하고, 구체적인 계획이 수립되지 않은 지역에 대하여는 최고고도지구 등을 지정하여 고밀개발을 억제한다.

그 밖에도 국토의 계획 및 이용에 관한 법률(약칭: 국토계획법)에 따른 지역·지구제에 의해서 더욱 광범위하고 적극적인 토지이용규제라는 도시토지 특유의 공간적 특성과 제약이 가해진다. 도시토지는 도시민의 생활에서 사회활동을 고도화·집약화하여 이용되는 공간 범위이다. 도시지역에서 토지의 이용대상은 공간자체가 기본요인이 되며 공간 이용의 여하에 따라서 그 토지의 속성에 변화가 발생한다.

[국토의 계획 및 이용에 관한 법률(약칭: 국토계획법)]

- 용도지역: 토지의 이용 및 건축물의 용도, 건폐율, 용적률, 높이 등을 제한함으로써 토지를 경제적·효율적으로 이용하고 공공복리의 증진을 도모하기 위하여 서로 중복되지 아니하게 도시·군관리계획으로 결정하는 지역을 말한다.
- 용도지구: 토지의 이용 및 건축물의 용도·건폐율·용적률·높이 등에 대한 용도지역의 제한을 강화하거나 완화하여 적용함으로써 용도지역의 기능을 증진시키고 경관·안전 등을 도모하기 위하여 도시·군관리계획으로 결정하는 지역을 말한다.
- 용도구역: 토지의 이용 및 건축물의 용도·건폐율·용적률·높이 등에 대한 용도지역 및 용도지구의 제한을 강화하거나 완화하여 따로 정함으로써 시가지의 무질서한 확산방지, 계획적이고 단계적인 토지이용의 도모, 토지이용의 종합적 조정·관리 등을 위하여 도시·군관리계획으로 결정하는 지역을 말한다.

이러한 토지는 도시개발과정에서 개발사업의 일차적인 대상물이다. 개발사업에 필요한 토지를 취득하고 택지를 조성하며 이의 처분 및 이용과정에서 공간적·경제적으로 거듭 토지기능의 변화가 발생한다. 도시토지의 기능 변화는 토지의 합리적 이용과 능률적 관리를 통한 도시생활의 질 향상과 환경개선에 기여한다. 도시개발의 사업효과는 도시토지문제를 종합적으로 해결하고 합리적인 토지이용의 실현 수단으로서 도시환경을 조성하며 도시건설의 새로운 방향을 제시하면서 구현된다.

도시개발의 목적

도시개발의 궁극적 목적은 도시민의 도시 활동을 능률적이고 안전하게 하며, 주거·상업·산업·유통정보·통신·생태·문화·위생·보건 등 환경목표를 충족할 수 있는 필요공간을 평면적·입체적으로 조성하여 쾌적하고, 아름다우며 그리고 편리하고 건강한 생활을 영위하게 만드는 것이다.

도시의 건전한 발전을 도모하고 공공의 안녕질서와 공공복리의 증진에 기여하는 것이 목표이다. 도시개발의 목적은 시가지 개발만으로 성취되지 않고, 도시의 규모나 기능에 맞게, 그리고 새로운 수요에 맞추어서 도시생활에 필요한 다양한 도시 기반시설 및 생활편익시설을 갖추어야 한다.

[도시기반시설]_도시개발업무지침

- 기반시설: 기반시설은 주민의 삶의 질을 결정하는 중요한 시설이므로 설치하는 시설의 종류, 규모, 질적 수준 등이 개발 목표에 부합되도록 계획을 수립해야 한다.

[기반시설계획의 기본원칙]

(1) 해당 개발구역의 수요에 따라 양적·질적 기준을 충족시켜야 하며 필요시 인접지역의 수요를 고려하도록 한다.

(2) 장래에 예상되는 여건의 변화를 고려하여 지속가능성 및 환경적합성을 확보하도록 한다.

(3) 개발의 목표, 인구수용계획, 토지이용계획 및 교통처리계획 등 관련계획과 유기적으로 연계되어야 한다.

[기반시설의 설치계획에 고려 사항]

(1) 기반시설별 이용권을 고려하여 배치를 형평에 맞도록 하여야 한다. 기반시설

의 이용권 설정은 위치적 거리뿐만 아니라 시간적 거리 및 접근용이성이 확보되도록 한다.

(2) 토지이용계획 및 교통처리계획과 유기적으로 연계되어야 하며 기반시설의 입지로 인한 활동인구의 증가, 토지이용의 변화 및 교통영향 등을 고려한다.

(3) 대중교통수단 이용의 편리성이 확보되어야 하며 보행자도로, 자전거도로, 공원·녹지 등 오픈스페이스 체계와 유기적으로 연계되어야 한다. 또한, 장애인 및 노약자가 이용하기에 편리하도록 한다.

(4) 주변 환경여건을 고려하여야 하며 해당 기반시설의 입지로 인한 환경적 영향을 예측하고 시설부지 내외에 걸쳐 토지이용밀도의 조정 및 완충지대의 설치 등 환경적 영향에 대한 대책을 수립한다.

(5) 각종 재난에 대한 대처가 가능하도록 하고 인접지역의 재난에 대한 대처 방안이 함께 고려되도록 한다.

[기반시설별 계획기준 고려하여 작성]

(1) 도로

① 관련 계획과 유기적으로 연계되어야 하며 특히 교통처리계획과는 일관성을 유지하도록 한다.

② 보행자도로 및 자전거도로 등 녹색교통수단에 대해 적극적으로 고려한다.

③ 보행자도로 및 자전거도로이외의 도로 폭은 8미터 이상으로 계획함을 원칙으로 한다. 다만, 교통량이 적어 8미터 이상으로 하는 것이 불합리하다고 시장·군수 또는 구청장이 인정하는 경우에는 8미터 미만으로 계획할 수 있다.

④ 도로의 결정 및 설치기준은 도시·군계획시설의 결정·구조 및 설치에 관한 규칙·가로망수립지침 및 「도로법」 등 관계법령이 정하는 바에 따른다.

(2) 주차장

① 주차장 수요예측은 장래의 교통수요에 대처할 수 있는 수준으로 한다.

② 주차장의 위치는 도로여건뿐만 아니라 토지이용 및 보행여건을 함께 고려하여 결정한다.

③ 주차장의 결정기준과 설치기준은 주차장법령 및 주차장설치조례 등 관계법령이 정하는 바에 따른다.

(3) 상·하수도, 전기공급설비

① 상·하수도, 전기공급설비는 해당 개발구역의 장래 수요 변화에 대처할 수 있는 수준으로 설치한다.

② 상·하수도, 전기공급설비의 계획은 해당 도시 또는 광역도시권의 수요 및 시설용량을 고려하도록 한다.

③ 상·하수도, 전기공급설비에 대한 계획기준은 도시 계획 시설의 결정·구조 및 설치에 관한 규칙 및 수도법, 하수도법 등 관계 법령이 정하는 바에 따른다.

④ 전기공급설비는 도시미관을 특별히 고려하여야 할 필요가 있는 지역에 대하여는 지중에 설치하도록 한다.

(4) 문화시설·도서관·보건의료시설·보육시설

① 문화시설은 공연장, 전시관 등 도시·군계획시설의 결정·구조 및 설치에 관한 규칙 제96조의 시설로서 지역의 문화발전과 문화증진을 위한 시설을 말한다.

② 문화시설 등은 해당 개발구역의 규모 및 수요 등을 고려하여 필요한 경우에 계획하되, 장래의 수요변화에 대처할 수 있도록 한다.

③ 문화시설 등의 규모 및 배치는 해당 시설이 생활권의 중심시설로 활용되거나 생활권 중심시설과 연계되도록 계획한다.

④ 문화시설 등의 결정기준 및 설치기준은 도시·군계획시설의 결정·구조 및 설치에 관한 규칙, 「의료법」, 「사회복지사업법」 및 「도서관 및 독서진흥법」 등 관계 법령이 정하는 바에 따른다.

(5) 학교

① 초등학교와 중학교는 학생들의 보행권을 기준으로 배치한다.

② 학교를 신설 또는 증축할 수 없는 부득이한 경우에는 인접지역의 학교시설을 활용하되, 학급당 학생 수, 학교당 학급 수 등 장래의 교육여건의 변화에 따른 해당 학교시설의 수용용량을 고려하여야 하며 통학시간거리가 과도하게 되지 않도록 한다.

③ 학교의 결정기준 및 설치기준은 도시·군계획시설의 결정·구조 및 설치에 관한 규칙, 「초중등교육법」 및 「고등교육법」 등이 정하는 바에 따른다.

④ 지정권자는 개발사업 및 교육여건 변화에 따른 적정 학교수요를 반영할 수 있도록 인접지역 학교시설 활용 가능 여부, 신설 또는 증축하여야 하는 학교의 수·규모·개교시기 등에 대하여 교육감의 의견을 들어야 한다.

(6) 공동구 등 지하매설물

① 개발계획에는 공동구에 수용되는 시설의 설치현황, 장기 수요예측 및 경제적 타당성과 주변시설물에 미치는 영향을 충분히 검토하여 반영한다.

② 해당 개발구역의 공동구계획은 인접지역 및 해당 시·군의 공동구계획과 연계되도록 한다.

③ 상·하수도, 전기·통신시설 등은 시설의 수용에 따른 안전성, 설치의 효율성 및 관리의 용이성 등을 고려하여 설치한다.

④ 공동구의 결정기준·구조 및 설치기준은 도시·군계획시설의 결정·구조 및 설치에 관한 규칙 등 관계법령 및 지하공동구 내진 설계기준 등이 정하는 바에 따른다.

(7) 초고속 정보통신망

① 정보화시대에 부응하기 위하여 개발사업이 시행되는 구역은 초고속 정보통신망의 설치타당성을 검토하고 이를 반영하여 계획을 수립한다.

② 초고속 정보통신망 계획기준 및 설치기준은 도시·군계획시설의 결정·구조 및 설치에 관한 규칙 및 「전기통신기본법」 등 관계법령이 정하는 바에 따른다.

③ 통신계획은 초고속 정보통신망계획에 따라 설치되도록 한다.

(8) 집단에너지 공급시설

① 환경보전 및 자원절약적 도시개발을 위하여 개발사업을 시행하는 구역은 집단에너지 공급시설의 설치 타당성을 검토하고 필요시 시설공급방안을 제시하여야 한다. 집단에너지 공급시설을 설치할 수 없을 경우 인접지역 또는 해당 시·군의 집단에너지 공급시설을 활용하는 방안을 모색하도록 한다.

② 집단에너지 공급시설의 계획기준은 도시·군계획시설의 결정·구조 및 설치에 관한 규칙 및「집단에너지사업법」 등 관계법령이 정하는 바에 따른다.

(9) 기타 기반시설

① 자동차정류장 등 기타 기반시설은 해당 개발구역의 장래 수요 등을 고려하여 설치하여야 하며 계획기준 및 설치기준은 여객자동차운수사업법 등 관계법령이 정하는 바에 따른다.

② 주민의 편익과 복리증진 등을 위해 해당 개발구역의 장래 수요를 고려하여 해당 지자체의 조례 등에서 정하는 바에 따라 관련 기반시설 설치를 검토한다.

[부대시설 및 편익시설]_도시·군계획시설의 결정·구조 및 설치기준에 관한 규칙

- 도시·군계획시설에는 주(主)시설의 기능 지원 및 이용자 편익 증진 등을 위하여 부대시설 및 편익시설을 설치한다.

(1) 부대시설: 주(主)시설의 기능 지원을 위하여 설치하는 시설
  - 부대시설은 주시설의 기능 및 설치 목적에 부합하여야 한다.

(2) 편익시설: 도시·군계획시설의 이용자 편의 증진과 이용활성화를 위하여 설치하는 시설
  - 편익시설은 주시설 및 부대시설의 기능 발휘 및 이용에 지장을 초래하지 아니할 것
  - 용도지역용도지구에 따른 건축제한에 적합할 것

[기반시설]_국토의 계획 및 이용에 관한 법률(제2조 6 및 시행령 제1조 1항)

- 당해 시설 그 자체의 기능발휘와 이용을 위하여 필요한 부대시설 및 편익시설을 포함한다.

(1) 교통시설 : 도로·철도·항만·공항·주차장·자동차정류장·궤도·차량 검사 및 면허시설
(2) 공간시설 : 광장·공원·녹지·유원지·공공공지
(3) 유통·공급시설 : 유통업무설비, 수도·전기·가스·열공급 설비, 방송·통신시설, 공동구·시장, 유류저장 및 송유설비
(4) 공공·문화체육시설 : 학교·공공청사·문화시설·공공 필요성이 인정되는 체육시설·연구시설·사회복지시설·공공직업훈련시설·청소년 수련시설
(5) 방재시설 : 하천·유수지·저수지·방화설비·방풍설비·방수설비·사방설비·방조설비
(6) 보건위생시설 : 장사시설·도축장·종합의료시설
(7) 환경기초시설 : 하수도·폐기물처리 및 재활용시설·빗물 저장 및 이용시설·수질오염방지시설·폐차장

따라서 도시개발을 보다 종합적, 효율적으로 추진하기 위한 제도 장치도 구비되고 보다 장기적인 안목에서 바람직한 도시개발을 위한 계획도 필요하다.

3.2. 도시개발사업의 내용

도시개발사업의 개념

도시개발은 인류의 문명과 함께 발전하고 그 역사를 같이 하고 있다. 과거 농업혁명과 함께 수반된 도시혁명을 계기로 도시는 그 모습을 갖추게 되었다. 17～18세기 유럽에서 발생한 산업혁명 이후 산업화, 도시화 과정을 통해 본격적인 개발에 대한 계획 및 연구가 진행되었다.

우리나라의 법률상 도시개발사업은 '도시개발구역에서 주거, 상업, 산업, 유통, 정보통신, 생태, 문화, 보건 및 복지 등의 기능이 있는 단지 또는 시가지를 조성하기 위하여 시행하는 사업(도시개발법 제2조 제1항 제2호)'으로 규정한다. 이는 종합적·체계적인 도시개발을 위한 법적인 기반을 조성함과 동시에 민간부문의 참여를 독려하여 다양한 형태의 도시개발 및 도시개발사업의 활성화를 가능하도록 독려하려는 것이다.

따라서 도시개발구역의 지정과 사업의 방법 및 범위 등은 지역 주민의 가치관과 생활수준의 변화에 크게 영향을 주고 지역경제 사정과 사회 환경을 반영하려는 것이다. 이는 도시개발구역이 이질적인 존재가 아닌, 주변지역과 동화될 수 있도록 도시계획 및 지역계획과의 연계성 등을 고려하고 객관성이 확보되도록 쾌적성·안정성·편리성이 있는 개발방향을 제시해야 한다. 우리나라의 도시개발사업에 대한 최초의 제도적 근거는 1962년 제정된 도시계획법 상 토지구획정리사업과 관련한 규정이다. 이후 1966년 토지구획정리사업의 활성화를 목적으로 도시계획법의 관련 규정만 별개로 분리하여, 토지구획정리사업법이 제정되었다.

이는 1960년대부터 시작된 경제개발 5개년 계획으로 인하여 급격한 경제성장이 이루어지고 농촌 인구 및 각종 산업체가 도심으로 모이게 되자 주택지, 상업지 및 공장용지 수요가 급증했기 때문이다. 그래도 기존 도시계획법에 의한 각종 시가지조성사업 및 토지구획정리사업법에 의한 토지구획정리사업만으로는 도심으로 밀려오는 인구·택지의 신속한 공급을 하는 데에 한계가 있었다.

따라서 이러한 주택지, 상업지 및 공장용지 등의 원활한 공급을 위하여 택지개발촉진법, 주택건설촉진법, 산업입지 및 개발에 관한 법률 등과 같은 관련법이 제정되어 이들 법률에 의해 각종 택지, 산업단지 등이 공급되었다.

-	주거환경개선사업	↔	도시 및 주거환경정비법
-	택지개발사업	↔	택지개발촉진법
-	재정비촉진사업	↔	도시재정비 촉진을 위한 특별법
시가지 조성사업 공업용지 조성사업 주택지 조성사업 (구 도시계획법)	도시개발사업	↔	도시개발법
-	역세권개발사업	↔	역세권의 개발 및 이용에 관한 법률

그림 3.1. 도시개발사업관련 연계[3]

도시개발사업 시행방식

도시개발사업에 대한 시행방식은 3가지로 분류한다. 도시개발사업은 시행자가 도시개발구역의 토지 등을 수용 또는 사용하는 방식이나 환지방식 또는 이를 혼용하는 방식으로 시행할 수 있다.

환지방식

환지방식은 대지로서의 효용증진과 공공시설의 정비를 위하여 토지의 교환·분할·합병, 그 밖의 구획변경, 지목 또는 형질의 변경이나 공공시설의 설치·변경이 필요한 경우이거나, 도시개발사업을 시행하는 지역의 지가가 인근의 다른 지역에 비하여 현저히 높아 수용 또는 사용방식으로 시행하는 것이 어려운 경우에 시행하는 방식이다.

환지방식을 채택할 경우에 사업시행자는 통상적으로 토지소유자 내지는 조합이 시행하게 되고, 사업비용을 조합 등이 부담하게 된다. 체비지를 매각하는데 있어서는 사업비용의 충당이 가능하다. 이는 개발이익이 토지소유자에게 귀속된다는 장점이 있으나, 사업 기간 중 잦은 민원 발생으로 사업 시행기간이 장기화될 수 있다는 문제점이 상존한다.

수용 또는 사용방식

수용 또는 사용방식은 계획적이고 체계적인 도시개발 등 집단적인 조성과 공급이 필요한 경우 시행하는 방식이다. 일반적으로 지가가 낮아 보상금 집행이 상대적으로 적은 지역에 적합한 사업방식이다. 공공이 사업시행자인 경우에 많이 시행하는 방식이다. 신속한 사업 추진이 가능하고, 대규모 기반시설 확보가 용이한 장점이 있으나, 전면 매수

3 국가법령정보센터(https://www.law.go.kr)

방식에 따른 토지소유자의 반발 및 현금 보상에 의한 인근 부동산 시장의 지가 상승 등의 단점이 상존할 수 있는 방식이다.

혼용방식

도시개발사업 시행방식 중 혼용방식은 도시개발구역으로 지정하려는 지역이 부분적으로 환지방식 또는 수용 또는 사용방식에 해당하는 경우 시행하는 방식이다. 대규모 개발 면적의 경우 시행하는 방식이며, 환지방식이나 수용 또는 사용방식의 특성이 공존하는 방식이다.

표 3.1. 도시개발사업 시행방식 비교

구분	환지방식	수용·사용방식	혼용방식
시행 요건	• 높은 지가 밀집구역 • 기반시설의 설치 및 토지 구획정리 등 양호한 택지로 전환 시	• 낮은 지가 밀집구역 • 신속하게 대규모 용지 공급 필요시	• 대규모 개발면적(단계별 분류가 바람직한 경우)
시행자	• 토지소유자(조합): 민간 참여확대유도	• 주로 공공	• 수용·사용, 환지방식과 동일한 시행자
사업 비용 부담	• 토지소유자 부담 • 체비지 매각으로 사업 비용 충당가능(체비지 선정의 중요성 제기, 사업이 장기화될 가능성	• 전면매수로 인해 많은 초기 재원 필요(민간자본 투입을 유도)	• 수용·사용방식에 비행 다소 적게 소요
후기 개발 이익금	• 토지 소유자에게 귀속: 지가상승으로 부동산 투기(지분쪼개기 등)유발 가능성	• 시행자에게 환수 • ①공공이 시행자: • 타지역 개발을 위한 재투자원으로 사용 경우 당해 지자체와의 갈등 유발 • ②민간이 시행자: • 초기사업의 불확실성에도 불구하고 과도한 이윤 발생에 대한 분쟁 유발	• 수용·사용방식과 유사

구분	환지방식	수용·사용방식	혼용방식
민원 발생	• 환지계획 시 상대적인 재산권 손실로 추기 많은 민원 발생	• 상대적으로 초기에 많은 민원 발생	• 소수
시행 기간	• 체비지 매각과 환지계획 시 주민동의 절차로 사업의 장기화될 가능성	• 초기 사업방식 지정단계 이후 단기간에 시행 완료	• 대부분의 수용방식 시행으로 단기간 사업에 시행 완료
장점	• 최소한의 사업비 투입으로 공공시설 확보 • 체비지 매각으로 사업비 부담 경감 • 토지소유자 사업 참여 가능	• 신속한 사업추진 가능 • 대규모 기반시설 확보 용이 • 개발이익 공공환수로 임대주택건설 등 재원 활용 가능	• 토지소유자 권리 보호 • 초기 투자비용 절감 • 일부 매수방식 적용으로 기반시설 확보 가능 • 조성 후 토지분양을 통한 수익 기대
단점	• 토지소유자의 요구에 의한 토지이용계획의 비효율성 • 사업기간 중 잦은 민원발생으로 장기화 우려 • 개발이익의 사유화	• 전면매수로 토지소유자의 반발증대 • 초기투입비용 부담 • 현금보상에 의한 인근 부동산 시장 불안정	• 구역구분기준 미비로 사업시행과정이 복잡함 • 사업시행 경험 부족 • 이해당사자간 형평성 문제 대두

3.3. 지속가능 압축도시개발

지속가능한 개발

1972년 로마클럽에서 '성장의 한계'라는 보고서를 통해 지속가능성이라는 용어가 처음 언급되어 개발과 환경을 조화시키려는 새로운 개념이 대두되기 시작하였다.

스웨덴 스톡홀름에서 개최된 유엔인간환경회의 UNCHE[4]에서 발표된

[4] 1972년 6월 유엔인간환경회의에서 채택된 인간환경선언 결의에 따라 제27차 유엔총회 결의로 발족한 국제연합산하의 여러 전문기구의 하나이다. '오직 하나뿐인 지구'를 표어로 스웨덴 수도 스톡홀름에서 세계의 환경문제가 세계적인 차원에서 종합적으로 논의되었기 때문에 스

보고서에서 지속가능성이 개발과 환경의 조화를 요구하는 단어로 사용되었다. 브룬트란트 Brundtland[5] 위원회가 1987년 제출한 '우리 공동의 미래'라는 보고서를 통해 지속가능한 개발을 '오늘날의 필요에 의해 개발할 때에도 미래세대의 필요가능성을 해치지 않는 것'으로 정의하였다.

지속가능성은 경제개발, 사회개발, 환경을 배려한 개발의 의미에서 3개의 부문으로 구성되었다. 하지만 현재 지속가능한 개발의 주요 이슈는 '녹색 경제'로 경제, 사회, 환경의 3개 부문에 국가간 자원배분의 공정성 및 형평성을 달성하는 데 초점을 맞추어 전 지구촌적인 합의에 도달하는 것을 목표로 하고 있다.

우리나라도 지속가능한 개발의 일환으로 저탄소 녹색성장을 국가전략으로 제시하여 이와 관련된 정책을 추진하고 있다. 2008년 8월 정부는 저탄소 녹색성장을 신국가 패러다임으로서 기후변화 적응 및 에너지 자립, 신성장 동력 창출, 삶의 질 개선과 국가위상 강화의 3대 전략과 세부적인 10대 정책방향[6]을 제시하였다.

톡홀름회의라고도 한다. 유엔 환경관련 활동 종합조정기관으로 인간 생활환경의 보호와 인간의 문화적 생활영위를 위한 환경조성을 위하여 국제협력을 촉진할 것을 목적으로 '오직 하나뿐인 지구'를 캐치프레이즈로 하여, 환경파괴로부터의 지구의 보호와 천연자원 고갈의 방지를 위한 국제연합체제를 구축하려는데 목적을 둔 이 회의에는 모두 114개국에서 1,200 여명의 각국 대표들이 참가했다.(출처 : 한국민족문화대백과사전)

5 우리의 공동의 미래(Our Common Future) 혹은 브룬트란트 보고서(Brundtland Report)는 국제연합(UN)의 브룬트란트 위원회가 1987년 출판한 보고서이다. 이 보고서의 목적은 지속 가능한 발전을 정의하고 이를 탐색하던 여러 주권국들에게 다양한 흐름을 안내하는 것에 있었다. 보고서는 유엔인간환경회의(UNCHE)를 통해 다룬 환경 이슈를 정치적 안건의 전면으로 부각시켰으며, 독립된 정치적 의제로서 환경 문제를 인식할 수 있도록 이끌었다.

6 10대 정책방향은 효율적 온실가스 감축, 탈석유·에너지자립 강화, 기후변화 적응역량 강화, 녹색기술개발 및 성장동력화, 산업의 녹색화 및 녹색산업 육성, 산업구조의 고도화, 녹색경제 기반 조성, 녹색국토·교통의 조성, 생활의 녹색혁명, 세계적인 녹색성장 모범국가 구현 등이다(출처 : 녹색성장 국가전략, 녹색성장위원회, 2009. 7).

압축도시Compact City 내용

압축도시Compact City(컴팩트시티)는 지속가능한 도시공간형태로서 언급되고 있는 도시의 정책적 형태이며 공간에 대한 개념을 갖고 있다. 특히 컴팩트시티는 대중교통지향적인 도시개발의 개념과도 흡사한 측면이 있다. 컴팩트시티는 고밀도 개발을 통한 자동차 이용을 감소하여 에너지 사용을 억제하는 것을 목표로 하는 도시계획안이라 볼 수 있다. 보행과 대중교통의 활성화를 위한 복합적인 토지이용과 도시 기능을 적정하게 집약하는 전략으로서 경제·사회·환경 문제에 대응할 수 있도록 하는 지속가능한 도시 모델을 구축하는 것이다.

컴팩트시티는 일반적으로 기존 도시를 고밀도 개발하여 도시의 성장으로 인한 자연훼손을 방지하고 자족성을 강화하여 도시의 활력을 증대하고자 한다. 최근에는 신도시 개발에 있어서도 지속가능성을 유도하고자 하는 방법으로 적용되고 있다. 하지만 이러한 컴팩트시티에 대한 명확한 규정이 없어 공통적으로 고밀개발을 바탕으로 각 지역의 특성에 맞는 경제적, 사회적, 환경적 효과를 얻고자 함에 있으며, 그 지역적 특성에 따라 추진 정책에서 다소 차이를 나타내고 있다.

[하남시도시기본계획 조밀도시 개념]

① 압축형 도시개발의 형태로 도심의 고밀화와 복합개발을 유도하고, 대중교통과 보행을 활성화하고 도시기능을 집적시켜 도심지를 활성화한다.

② 면적으로 확산이 불가능한 하남시의 특성상 내부의 무질서한 개발을 도시성장관리(Urban Growth Management) 개념에 입각하여 내부지향적 압축도시개발로 전환한다.

③ 도시공간을 압축적으로 개발하여 토지자원을 절약하고 도심지 내에 많은 녹지공간을 확보한다.

압축도시의 방향과 전략

지속가능한 압축도시Compact City 개발의 기본 개념을 도시적, 환경적, 사회적, 제도적 차원으로 분류할 필요가 있다. 도시적 차원으로 살펴보면 도시형태 구성에 영향을 주는 도시의 공간구조와 토지의 이용, 도시규모에 영향을 주는 개발밀도에 대한 특성을 바탕으로 접근할 수 있다. 환경적 차원의 접근으로는 역사·문화환경의 중요성, 복합용도개발, 도시공간 내에서의 보행자 공간계획, 그리고 환경 및 에너지 계획이 있다. 사회적 차원으로서는 다양한 사회계층별 수요에 대응하는 도심주거 계획과 커뮤니티 활성화로 구성하였다. 제도적 차원으로는 도시개발을 위한 공공적 노력으로 개발시스템의 제도화, 조직화로 구성하였다.

표 3.2. 압축도시개발 기본방향

구분	기본방향
도시적 차원(도시구조)	• 도시공간구조, 토지이용, 개발밀도
환경적 차원(도시환경)	• 역사·문화환경, 복합용도개발, 보행자공간, 환경 및 에너지
사회적 차원(도시커뮤니티)	• 도심주거, 커뮤니티 활성화
제도적 차원(도시관리)	• 정책 및 제도, 금융 및 재정, 조직 및 체계

자료 : 정재용·오민준(2011)

압축도시개발의 기본방향을 바탕으로 도시구조, 도시환경, 도시커뮤니티, 도시관리의 네 가지 부문에 대한 세부적인 기본전략은 제시되어 있다.

표 3.3. 압축도시개발 기본전략

<table>
<tr><th colspan="2">구분</th><th>기본전략</th><th>내용</th></tr>
<tr><td rowspan="7">도시공간</td><td rowspan="3">도시공간 구조</td><td>분산적 집중형태 도시개발</td><td rowspan="7">도시 발달과정에서 시간의 흐름과 사상의 변화에 따라 다양하게 제시되고 있는 도시공간구조, 토지이용, 개발 밀도의 특성을 세부적으로 개념화한 전략 제안</td></tr>
<tr><td>지속가능한 도시생태체계 구축</td></tr>
<tr><td>대중교통지향형 공간구조</td></tr>
<tr><td rowspan="2">토지이용</td><td>집중적·통합적 토지이용</td></tr>
<tr><td>혼합 토지이용 촉진</td></tr>
<tr><td rowspan="2">개발밀도</td><td>압축적 개발 도모</td></tr>
<tr><td>개발밀도 규제 강화</td></tr>
<tr><td rowspan="10">도시환경</td><td rowspan="3">역사·문화 환경</td><td>역사·문화요소 보존 및 활용</td><td rowspan="10">도시환경의 큰 범위 내에서 역사·문화 환경, 복합용도개발, 보행자 공간, 환경 및 에너지의 특성에 따라 각각의 기본전략과 세부 내용 제안과 이는 도시공간의 전략과 함께 환경적 측면에서 도시에 영향을 주는 주요한 역할 함</td></tr>
<tr><td>역사·문화 공간 및 시설 확충</td></tr>
<tr><td>생활문화의 장 제공</td></tr>
<tr><td rowspan="2">복합용도 개발</td><td>다양한 기능 수용</td></tr>
<tr><td>복합적 상업 활성화</td></tr>
<tr><td rowspan="3">보행자 환경</td><td>도시 내 위상 제고</td></tr>
<tr><td>보행권 확립</td></tr>
<tr><td>효율적 개발 행태</td></tr>
<tr><td rowspan="2">환경 및 에너지</td><td>녹지 및 오픈스페이스 관리</td></tr>
<tr><td>자원 및 에너지 절약</td></tr>
<tr><td rowspan="5">도시 커뮤니티</td><td rowspan="3">도심주거</td><td>주거유형 및 형태 다양성</td><td rowspan="5">도시커뮤니티에 영향을 주는 도심주거, 커뮤니티 활성화의 틀에서 세부적인 전략과 내용을 제안하며, 사회적인 측면에서 도시에 영향을 주는 주요한 역할 함</td></tr>
<tr><td>개발유형 및 수법 다양성</td></tr>
<tr><td>저소득층 주거공급 확대</td></tr>
<tr><td rowspan="2">커뮤니티 활성화</td><td>커뮤니티 시설 확대</td></tr>
<tr><td>근린생활시설 배치 및 공간 확대</td></tr>
<tr><td rowspan="8">도시관리</td><td rowspan="3">정책·제도</td><td>연계성 있는 계획 및 개발지침</td><td rowspan="8">정책과 제도, 금융, 제정 조직 및 체계의 범위에서 각각 좀 더 세부적인 내용이 필요하며, 이는 도시의 물리적 체계에 영향 줌</td></tr>
<tr><td>일관적인 정책 및 민관협력 강화</td></tr>
<tr><td>관련 법·제도 개선</td></tr>
<tr><td rowspan="3">금융·재정</td><td>공공재정 확충</td></tr>
<tr><td>세제 지원 강화</td></tr>
<tr><td>시설개선사업 지원확대</td></tr>
<tr><td rowspan="2">조직·체계</td><td>추진기구 정비</td></tr>
<tr><td>주민참여 활성화</td></tr>
</table>

자료 : 김영환·최정우·오덕성(2003), 권성실(2004), 김영환(2001), 박훈(2011), 정재용·오민준(2011) 재구성

특히, 압축도시개발 전략에서는 도시공간구조의 변화를 통해 분산적 집중형태의 도시개발, 지속가능한 도시생태체계의 구축, 그리고 대중교통 지향형의 공간구조는 도시의 발달과정에서 시간의 흐름과 사상의 변화를 가져올 수 있다.

3.4. 녹색도시개발

녹색도시의 개요

녹색도시의 정의

녹색도시는 '도시개발법 제5조 및 도시개발업무지침'에 따라 도시개발계획을 수립함에 있어, 압축형 도시공간구조, 복합토지이용, 대중교통과 녹색교통 중심의 교통체계, 신·재생에너지 활용 및 물·자원순환구조, 탄소흡수원의 확충 등을 통해 환경오염을 최소화하고 탄소중립 사회로의 이행과 녹색성장을 위한 요소들을 갖춘 도시를 말한다.

- 탄소중립: 대기 중에 배출·방출 또는 누출되는 온실가스의 양에서 온실가스 흡수의 양을 상쇄한 순배출량이 영(零)이 되는 상태이다.
- 탄소중립 사회: 화석연료에 대한 의존도를 낮추거나 없애고 기후위기 적응 및 정의로운 전환을 위한 재정·기술·제도 등의 기반을 구축함으로써 탄소중립을 원활히 달성하고 그 과정에서 발생하는 피해와 부작용을 예방 및 최소화할 수 있도록 하는 사회이다.

[기후위기 대응을 위한 탄소중립녹색성장 기본법(탄소중립기본법)]

- 저탄소: 화석연료에 대한 의존도를 낮추고 청정에너지의 사용 및 보급을 확대하며 녹색기술의 적용 및 탄소흡수원 확충 등을 통하여 온실가스를 적정수준 이하로 줄이는 것이다.
- 녹색성장: 에너지·자원을 절약하고 효율적으로 사용하여 기후변화 문제와 환경훼손을 줄이면서 청정에너지와 녹색기술의 연구개발을 통하여 신성장 동력을 확보하고 새로운 일자리를 창출해 나가는 경제와 환경의 조화로운 성장방식이다.

- 저탄소 녹색도시 조성을 위한 도시·군계획수립 지침 -

녹색도시 계획수립원칙과 역할

녹색도시 개발계획수립시에 몇 가지 원칙이 고려되어야 한다. 첫째, 기후변화로 인한 환경위기와 자원위기에 대응하는 탄소중립 사회 구현을 위해 화석연료의 사용을 줄이고, 탄소배출 감축 및 흡수원 확충한다. 이를 통해 탄소중립에 유리한 공간구조를 형성하며 자원의 순환을 통해 생태계의 효율성을 제고하는 것을 원칙으로 한다.

둘째, 탄소배출저감과 에너지 절감을 위해 도시숲의 조성, 바람길의 확보, 도시열섬현상 완화, 압축형 도시공간구조 조성 등을 토지이용계획에 포함해야 한다. 셋째, 교통계획 수립시 자전거, 보행 및 환경친화적 교통수단 등 녹색교통(이하 "녹색교통"이라 한다) 체계가 적용되도록 해야 한다.

넷째, 기후변화를 완화하고 쾌적한 도시환경을 확보하기 위해 온실가스 배출량을 최소화하도록 건물배치와 토지이용을 효율화한다. 여기에 쾌적한 공기를 유입시키며, 탄소흡수원을 확충할 수 있는 공간요소의 도입 계획을 포함해야 한다. 또한 녹색도시 개발계획은 공원 및 녹지 부문, 도시공간구조 및 교통 부문, 자원과 에너지 이용 부문 등을 구성요소로 하여 그 역할대로 수립한다.

특히 본문에서는 도시공간구조 및 교통 부문에 대해서만 언급하기로 한다. 이는 압축형 도시공간구조 조성과 복합토지이용으로 교통분야의 에너지 소비량을 줄이고, 대중교통의 활성화와 자전거, 보행 및 녹색교통을 확대하여 탄소 배출을 저감할 수 있는 개발계획을 수립하도록 한다. 녹색도시 개발계획의 수립에 있어 도시공간구조 및 교통 부문 지표에는 공간의 효율적인 활용을 위한 복합용도개발 등의 토지이용계획, 대중교통과 자전거이용 활성화와 녹색교통, 도보이용의 편의를 고려한 교통처리계획 등에 관한 내용이 포함되도록 기준을 설정하여야 한다.

녹색도시조성의 계획기준

직장과 주거지 근접(직주근접)

직장과 주거지역의 교통, 산업 등의 기능을 고려하여 공간구조를 계획하고 생활권을 설정한다. 주거지에서 직장까지의 통근시간을 줄이는 방안을 마련하여 계획에 반영한다.

복합토지이용

도시지역의 평면적 확산 방지와 토지이용의 효율 증진을 위해 대중교통 결절지를 중심으로 한 도보권의 고밀 복합개발을 통해 상업, 업무, 문화, 주거 등 복합기능의 토지이용을 극대화한다.

대중교통 접근성

대중교통을 쉽게 이용할 수 있도록 가급적 주거 및 근무지 등으로부터 도보권 이내에 대중교통시설을 배치하여 대중교통시설에 대한 접근성을 높인다. 환승 연계가 용이한 역세권과 대중교통망이 교차하는 대중교통 결절지를 중심으로 대중교통지향 중심개발[TOD]이 실현되도록 계획한다.

녹색도시조성의 평가기준

녹색도시의 평가기준은 크게 탄소흡수와 탄소저감으로 구분하여 평가하며, 평가의 세부적인 범주 및 평가항목은 구체적으로 제시되어 있다.

표 3.4. 평가 세부 범주 및 평가항목

부 문	범 주	평 가 항 목
탄소흡수	공원녹지	공원녹지비(比)
		생태면적률
		자연지반 면적률
탄소저감	토지이용	직주근접
	교 통	대중교통 활성화
		자전거 이용 활성화
		녹색대중교통
	친환경건축물	친환경건축물 인증
	에너지	신·재생에너지 이용
	자원순환	빗물 이용
		중수 이용

여기에서는 탄소저감 분야 중 대중교통 활성화, 자전거 이용 활성화, 녹색대중교통 분야에 대해서 설명한다.

대중교통 활성화 부문

대중교통 활성화는 토지이용계획에 따라 대중교통 영향권 각각의 토지용도별 또는 가구나 획지별로 산정한 개발밀도를 기준으로 계산식에 따라 집중도와 복합도의 평가결과를 합산하여 산정한다.

다만, 토지용도별 개발밀도 산정이 곤란한 용지에 대하여는 실시계획 수립시에 적용하도록 정한 목표치를 기준으로 평가한다. 평가점수는 집중도의 경우 0.1일 때 최소 0.7점, 0.7 이상일 경우 3.5점으로 한다. 집중도 0.1 미만의 경우에는 점수를 산정하지 아니한다. 복합도의 경우 0.1 일 때 0.3점, 0.5 이상일 경우 1.5점으로 한다. 복합도 0.1 미만의 경우에는 점수를 산정하지 아니한다.

[대중교통영향권] : 다음 중 어느 하나에 해당하는 지역으로서 지정권자가 합리적으로 설정할 사항이다. 이 경우 철도역, 경전철역, BRT버스정류장은 관계법령에 따라 기본계획 등의 행정계획이 최종 확정되어 해당 도시개발사업의 준공예정일 이전까지 설치가 가능한 시설인 경우에는 포함한다.

- 철도역(국철, 지하철)으로부터 최단 도보거리 400M이내
- 경전철역·BRT버스정류장으로부터 최단 도보거리 300M이내
- 준주거지역(구역면적이 30만㎡이하인 경우에 한함)·일반 상업지역 또는 중심 상업지역
- 최단도보거리 : 도로(보도폭이 2M이상인 경우에 한함)·보행자 전용도로 또는 녹도로 이동 가능한 최단거리

$$\text{집중도} = \frac{\text{대중교통영향권 내의 } \Sigma(\text{개발밀도} \times \text{획지면적})}{\text{개발구역 전체의 } \Sigma(\text{개발밀도} \times \text{획지면적})}$$

$$\text{복합도} = \frac{\Sigma(\text{주거외용도 개발밀도} \times \text{획지면적})}{\Sigma(\text{개발밀도} \times \text{획지면적})}$$

자전거 이용 활성화 부문

자전거 이용 활성화는 간선도로, 보조간선도로, 집산도로의 총 길이 대비 구역에 설치되는 자전거 도로 길이를 기준으로 아래 산식에 따라 산정한다. 자전거도로의 길이는 자전거전용도로, 자전거·보행자 겸용 도로를 포함한 총 길이로 산정한다. 이때 자전거도로는 양방향·일방향 설치구분 없이 길이를 산정하되, 도로 양측에 설치되는 경우에는 각각을 산정 대상으로 한다. 이 경우 평가점수가 1점 미만인 경우에는 0점으로 처리한다.

$$\text{자전거도로 연장비(比)} = \frac{\text{자전거도로 길이}}{\text{집산도로 기능 이상 도로의 길이}}$$

녹색교통 활성화 부문

녹색교통에 대한 평가는 개발계획에서 수립된 하기 시설의 설치 및 도입여부를 기준으로 평가한다.

- 간선급행버스BRT 시스템
- 자동궤도차AGT 등 경전철, 전철 또는 국철의 역사
- 전기자동차, 태양광자동차, 하이브리드자동차, 수소전기 자동차 등 환경친화적 자동차의 충전시설 또는 바이오연료 충전소
- 버스전용차로

3.5. 도시개발관련 법·제도[7]

현대적 의미의 도시개발은 20세기 초 영국에서 시작된 전원도시의 개발이 그 출발점이다. 그 이후 영국의 도시개발은 1946년에 신도시개발을 지원하기 위해 제정된 신도시법에 의해서 법적으로 뒷받침되고 있다. 우리나라의 경우에는 1934년 일제에 의해 제정된 조선시가지계획령이 근대적인 도시계획 및 도시개발 관련법의 효시라고 할 수 있다.

국가 및 지방자치단체는 모든 국민이 편리하고 안전하게 대중교통을 이용할 수 있도록 대중교통을 육성하고 지원하기 위한 정책을 수립하고 시행할 책무가 있다. 따라서 대중교통지향형 도시의 개발을 위한 관련법의 구성체계를 파악하는 것이 중요하다.

도시개발 관련 기본용어

대중교통 운행체계는 대중교통의 설치·운용·이용에 관한 시설 및 운영체계를 구성하는 교통축·수단·시설이다. 대중교통축이라 함은 개발사업지역과 개발사업지역의 외곽을 연결하는 대중교통량이 많은 도로 또는 철도 등을 말한다. 대중교통시설계획은 대규모 개발사업계획에 반영하여야 하는 대중교통운영체계, 대중교통시설의 규모·입지 및 대중교통 이용촉진에 관한 계획이다. 대중교통전용지구Transit Mall는 도심·상업지구에 대중교통수단만 운행을 허용하고 자가용승용차의 통행을 제한하는 교통공간으로 정의한다.

녹색교통은 공해를 유발하지 않는 보행과 환경에 친화적인 교통수단으로서 보행 및 자전거 등 무동력 수단을 일컫는다. 대중교통지향적

7 국가법령정보센터(https://www.law.go.kr)

도시개발 TOD은 대중교통이용 증대를 위하여 대중교통정류장을 중심으로 고밀도 도시개발을 하는 것이다.

대규모 개발사업계획 범위

대규모 개발사업계획의 대중교통시설계획에 관한 기준에서는 개발사업 계획을 수립하는 단계에서부터 대중교통시설을 확보하여 대중교통 중심의 도시개발 교통체계를 확보하기 위하여 개발계획을 수립하는 경우에 적용한다.

표 3.5. 개발사업 유형 및 규모

개발사업 유형	개발사업 규모
도시개발사업	• 택지개발촉진법에 의한 택지개발사업 또는 공공주택 특별법에 의한 국민임대주택단지 중 부지면적 10만m^2 이상
	• 주택법에 의한 주택건설사업 및 대지조성사업 중 부지면적 10만 m^2 이상
	• 도시개발법에 의한 도시개발사업 중 부지면적 10만 m^2 이상
	• 기업도시개발 특별법에 의한 기업도시개발사업 및 신행정수도 후속대책을 위한 연기·공주지역 행정중심복합도시건설을 위한 특별법에 의한 행정중심복합도시의 건설사업 중 부지면적 25만 m^2 이상인 사업
관광단지사업	• 관광진흥법에 의한 관광단지조성사업 중 시설계획면적이 5만 m^2 이상
산업단지사업	• 산업입지 및 개발에 관한 법률에 의한 산업단지개발사업 중 부지면적 20만 m^2 이상
	• 지역개발 및 지원에 관한 법률에 의한 복합단지개발사업 중 부지면적 10만 m^2 이상
교통시설사업	• 도로의 신설 또는 확장사업 중 편도 3차로 이상으로서 총길이 5킬로미터 이상인 사업
	• 철도건설법 및 도시철도법에 의한 도시철도의 건설사업 중 철도역사 또는 도시철도역사가 포함되는 사업
	• 항공법 제2조 제5호의 규정에 의한 공항의 건설사업 중 여객터미널이 포함되는 사업
	• 항만법 제2조 제1호의 규정에 의한 항만의 건설사업 중 여객터미널의 건축연면적이 5천 m^2 이상인 사업

대중교통이용 증진방안

대규모 개발사업의 경우에 대중교통이용 증진을 위하여 대중교통 지향적 도시개발TOD, 대중교통전용지구, 환승시설, 녹색교통에 필요한 시설을 설치한다. 대중교통이용 증진방안은 대규모 개발사업 유형 및 대중교통수단을 고려하여 다음과 같은 기준을 적용한다.

표 3.6. 대규모 개발사업 유형 및 대중교통시설

개발사업 유형	대중교통 수단	대중교통 지향적 도시개발 TOD	대중교통전용 지구	환승시설	녹색교통 연계
도시개발사업	중전철				
	경전철				
	BRT				
	일반버스				
관광단지사업	중전철				
	경전철				
	BRT				
	일반버스				
산업단지사업	중전철				
	경전철				
	BRT				
	일반버스				
교통시설사업	도로				
	철도				
	항만				
	항공				

주 : 빗금친 부분은 개발사업의 유형과 대중교통수단의 종류에 따라 선택가능함.

대중교통 전용지구Transit Mall

대중교통전용지구에 대한 증진방안은 대체적으로 네 가지를 들 수 있다. 첫째, 대중교통전용지구는 대중교통체계와 연계하여 교통정온화Traffic-Calming기법을 통해 자동차 통행을 억제하고 보행자 중심의 가로 활성화를 위한 공간으로 설치하여야 한다. 둘째, 대중교통전용지구는 도심·부심 등 도시 주요거점을 대상으로 지정되며 대중교통수단이 운행하는 노선을 따라 상업·업무시설, 문화시설 등을 배치하고 가로공간은 보행자의 접근 및 환승이 불편하지 않도록 배치하여야 한다.

셋째, 녹색교통 및 보행자가 대중교통전용지구로 접근할 때에는 지하보도나 육교 등을 통하지 않고 지상으로 통행한다. 넷째, 대중교통전용지구 지정 대상은 도로 연도의 노선형 상업·업무용지가 바람직하고, 도로폭과 보도폭은 전용지구의 지형여건과 특색에 맞게 정하여야 한다.

표 3.7. 대중교통전용지구(Transit Mall) 개념

구분	내용
대중교통전용 지구 (Transit Mall)	• 도심 상업지구에 자동차의 진입을 제한하여 보행자 전용공간으로 이루어진 쇼핑몰에 노면전차, 버스 등 노면을 주행하는 공공교통 수단을 도입한 공간을 의미함 • 자동차의 전면적 금지보다는 필요에 따라 신축적으로 제한하는 방식임 • 자동차 시간대별/종류별 제한(예 : 영업용 차량은 차량소통에 지장이 없는 야간이나 이른 아침시간대에 진입을 허용하도록 함) • 택시진입 허용여부는 하차만 인정하는 경우와 승하차를 모두 인정하는 경우가 있는데, 승객을 기다리는 빈차 택시의 행렬은 금지하는 등 지역여건에 따라 결정
대중교통전용 지구 목적	• 도심상업지구의 활성화와 쾌적한 보행자 공간의 확보, 대중교통의 원활한 운행 확보 및 도심교통환경 개선을 위한 것임
보행자전용공간 (Pedestrian Mall) 유형	• 풀몰(Full Mall) : 기존 자동차전용 도로를 재포장이나 식재, 스트리트 퍼니처를 도입하여 보행자전용도로로 개선한 형태 • 트랜지몰(Transit Mall) : 차량 중 버스나 택시, 긴급자동차 등 공공교통만을 통과시키고, 그 이외의 자동차통행을 금지하는 몰로서

보행자전용공간 (Pedestrian Mall) 유형	차로를 좁히고 노상주차를 금지하며, 반대로 보도를 확장하여 보행자의 안전성이나 쾌적성을 높인 형태 • 세미몰(Semi-Mall): 자동차 교통이나 주차를 규제한 경우로 기본적으로 통과교통을 배제하고 지구 내 혹은 방문 차량만을 통과하는 형태
대중교통 전용지구 사례	 스페인 빌바오시

대중교통지향적 도시개발TOD

TOD는 도시대중교통축의 대중교통 정류장을 중심으로 하는 보행권 및 역세권을 공간범위로 하여 대중교통 친화적인 공간이 조성되도록 도시개발을 하는 것이다. TOD는 보행자 활동과 녹색교통이 원활하게 연계되도록 추진한다. 그리고 TOD는 도심·부심 등 도시의 주요 거점에 계획하는 도심형 TOD와 지구중심·주거지 등 생활권 중심에 계획하는 근린형 TOD로 구분한다.

[대중교통지향적 도시개발(TOD) 유형]

- TOD: 버스정류장과 철도역 주변 도보 접근이 가능한 반경 400~800m에 대중교통지향적 근린지역을 형성하여 대중교통체계가 잘 정비된 도심지구를 중심으로 고밀개발을 추구하고 외곽지역에는 저밀도의 도시개발을 추구하는 방식
- 역이나 주요 버스정류장을 중심으로 보행거리 내에 상업, 업무, 주거, 공원, 여가시설 등을 배치시키는 대중교통 지향적 복합적 도시개발로서 단순히 철도역 중심의 역세권 개발과는 차별성 존재
- TOD는 교통계획과 토지이용계획의 연계, 대중교통 및 보행자 중심의 교통환경, 교통처리능력에 대응한 탄력적 토지이용제도 운영 등을 통해 실현되는 것이 중요

표 3.8. TOD 주요 유형

구분	도심형 TOD	근린형 TOD
사례		
	미국 샌디에고시	네덜란드 알미르시
개념	• 도심형 TOD: 대중교통 정류장을 중심으로 중심상업·업무·문화·공공시설을 집적시킴 • 중·고밀도 이상의 개발밀도를 갖는 복합용도개발을 유도하여 보행자 친환경적인 공간을 조성하고 가로활동을 활성화	• 근린형 TOD: 대중교통 정류장을 중심으로 근린생활편익시설, 근린공공시설(공공·문화·교육), 근린 광장·공원을 집적시킴. • 모든 주거단지로부터 보행·자전거 접근성의 제고, 정류장 중심으로 고밀주거지 배치와 외곽지역 중·저밀 주거지 배치방식

구분	도심형 TOD	근린형 TOD
특성	• 대중교통 정류장을 중심으로 고밀도 압축개발 • 주거, 업무, 상업, 공공시설 등의 복합용도 개발 • 보행자 중심 공간조성	• 대중교통 정류장을 중심으로 근린생활권 형성 • 대중교통 정류장을 중심으로 기초 도시서비스시설 (공공·문화·교육·근린공원 등) 입지
입지	• 도심, 부도심 등 도시 중심부	• 지구 중심 및 주거지역

요 약

1. 도시개발은 실제적으로 계획적 개발을 전제로 하여 계획적 개발체제 속에서 진행되고 다양한 계획제도에 관한 법률을 포함하고 있다.
2. 도시개발이란 도시변화의 수요에 대응하여 도시발전을 도모하기 위한 일련의 의도적 행위이다. 협의 도시개발은 물리적 측면에서의 신개발, 재개발과 같은 도시공간개발을 의미하며, 광의 도시개발은 도시성장을 관리하고 도시발전을 도모하기 위한 경제, 사회 등 모든 개발행위의 총체이다.
3. 도시개발의 일차적인 대상물은 '토지'이며, 토양·지질·지형·지하수위 및 투수성과 같은 내용을 토지의 물리적 특성이라 한다. 지표면의 일부분인 토지의 위치·형상과 크기를 정하여 지면 토지의 존재가 구체적으로 밝혀질 수 있다.
4. 도시개발의 궁극적 목적은 도시의 도시활동을 능률적이고 안전하게 하며, 주거·상업·산업·유통정보·통신·생태·문화·위생·보건 등 환경목표를 충족할 수 있는 필요공간을 평면적·입체적으로 하여 쾌적하고, 아름답고 편리하고 건강한 생활을 영위하게 하는 것이다.
5. 도시개발사업에 대한 시행방식은 3가지로 분류한다. 도시개발사업은 시행자가 도시개발구역의 토지 등을 수용 또는 사용하는 방식이나 환지방식 또는 이를 혼용하는 방식으로 시행한다.

요 약

6. 조밀도시는 지속가능한 도시공간 형태로서 언급되고 있는 도시의 정책적 형태이며 공간에 대한 개념을 갖고 있다. 조밀도시는 대중교통지향적인 도시개발의 개념과도 흡사한 측면이 있다. 이것은 고밀도 개발을 통한 차량이용을 감소하여 에너지 사용을 억제하는 것을 목표로 하는 도시계획안이다.
7. 녹색도시는 압축형 도시공간구조, 복합토지이용, 대중교통과 녹색교통 중심의 교통체계, 신·재생에너지 활용 및 물·자원순환구조, 탄소흡수원의 확충 등을 통해 환경오염을 최소화하고 탄소중립 사회로의 이행과 녹색성장을 위한 요소들을 갖춘 도시이다.
8. 대중교통축은 개발사업지역과 개발사업지역의 외곽을 연결하는 대중교통량이 많은 도로 또는 철도 등을 말한다. 또한 대중교통시설계획은 대규모 개발사업계획에 반영하는 대중교통운영체계, 대중교통시설의 규모·입지 및 대중교통이용촉진에 관한 계획이다.
9. 대중교통전용지구(Transit Mall)는 도심·상업지구에 대중교통수단만 운행을 허용하고 승용차 통행을 제한하는 교통공간으로 정의한다.

중요개념

도시개발 정의	도시개발 대상	도시개발 목적
도시개발사업 정의	도시개발사업 방식	지속가능한 개발
조밀도시 내용	조밀도시 방향전략	녹색도시 정의
녹색도시 계획기준	녹색도시 평가기준	도시개발 관련 용어
대규모개발사업 범위	대중교통이용 증진	

연습문제

1. 도시개발을 정의하고, 도시개발의 대상을 말하시오.
2. 도시는 무슨 목적으로 개발하는지 설명하시오.
3. 도시개발사업의 개념과 내용은 무엇을 의미하는가?
4. 도시개발사업은 어떠한 방식으로 시행하는 것이 바람직한가?
5. 지속가능한 개발의 개념을 설명하고 그 특징들을 제시하시오.
6. 조밀도시는 어떠한 도시이며 조밀도시의 내용들은 무엇인가?
7. 조밀도시를 개발하기 위한 방향과 전략들을 사례중심으로 언급하시오.
8. 녹색도시는 무엇을 말하며, 그 중요한 계획기준들은 어떻게 되는가?
9. 녹색도시를 조성한 후에 평가하는 기준들을 이야기하시오.
10. 대규모 도시개발사업이 적용할 수 있는 범위는 어디까지인가?
11. 도시개발사업에 적용 가능한 대중교통 이용을 장려할 수 있는 실제적인 방안들을 강구하시오.

송도역세권구역 도시개발 본궤도.. 인천 주거벨트 변화

최근 송도역세권구역 도시개발사업이 본궤도에 오르면서 인천시 핵심 주거벨트의 변화가 예상되고 있다. 업계에 따르면 인천시 연수구 옥련동 일원에 위치하는 송도역세권구역은 전체 29만 1725㎡ 규모 부지에 공동주택 5개 블록과 상업시설, 공원, 학교 등 다양한 기반시설이 체계적으로 마련되는 도시개발사업이다. 수인분당선을 이용할 수 있는 송도역이 도보권에 위치하며 향후 KTX(예정)와 월곶판교선(예정) 등이 개통되면 멀티 역세권을 갖춘 콤팩트 시티로 거듭날 예정이다.

송도역세권구역 도시개발사업은 제2경인고속도로를 비롯해 인천국제공항, 수도권광역급행철도(GTX-B) 등 광범위한 교통 연계성도 확보한다. 송도국제도시의 경우 이미 조성이 마무리된 인프라와 교육환경 을 바탕으로 인천 대표 부촌으로 자리잡았다는 평가가 나온다. 이에 인접한 송도역세권구역 도시개발사업지를 통해 송도국제도시의 확장이 기대된다.

송도역세권구역 도시개발사업지 내 위치한 수인분당선 송도역의 경우 2025년 인천~부산을 잇는 인천발 KTX가 개통 예정이며 2027년 송도~강릉 경강선(KTX 이음과 일반열차) 개통도 예정됐다. 월곶판교선이 2025년 개통할 시 트리플 역세권 입지를 갖추게 된다. 송도역은 교통망과 연계된 상업·문화·업무시설도 함께 조성될 계획이다.

이러한 가운데 삼성물산이 송도역세권구역 도시개발사업지에서 전체 2549가구 규모 '래미안 송도역 센트리폴'을 내년 상반기 선보일 예정이다. 송도국제신도시에도 공급된 적 없었던 래미안 브랜드 아파트다. 삼성물산이 시행부터 시공까지 참여하는 자체사업으로 진행되며 내부 평면은 4베이 판상형 구조가 반영된 중소형 평형 중심으로 구성된다. 일부 타입에는 거실과 분리돼 취미룸 또는 실내 정원 등으로 활용 가능한 1층 특화 평면이 적용되며 래미안 브랜드 인테리어 디자인 RMA 스타일도 도입된다.

강원도는 지난 10일 중앙토지수용위원회에서 춘천 다원지구의 사업인정에 따른 공익성 협의가 완료됨에 따라 도시개발구역 지정 및 개발계획을 고시한다. 이에 따라 춘천시 최대 규모의 신도심 개발사업인 다원지구 도시개발사업이 탄력을 받을 전망이다.

◆ 자료 : 조세일보(2022.11.4)

제4장

역세권 개발 관련기법 TOD

4.1. 역세권 개발과 TOD

4.2. 역세권 개발의 유형

4.3. 지하철 역세권과 TOD

역세권의 개념을 알아보고 TOD와 관계에서 설명한다. 이를 기초로 역세권 개발의 유형과 그 내용을 자세히 설명한다.

4.1. 역세권 개발과 TOD

역세권개발 개념과 역할

도시가 발달하고 철도역이 생겨나면서 역주변은 지역의 경제사회에서 필요한 중요한 공간이 되었다. 역주변은 지역사회의 개발을 촉진하는 장소로서 시민에게 풍요로운 삶을 제공하게 되었다. 철도역은 단순히 물자나 사람을 수송하는 역할은 물론, 역과 관련된 환승 및 물류기능으로 상업, 업무, 숙박, 주거, 및 기타 도시기능을 유도하고 집중시켰다. 철도역은 도시와 도시 사이의 연결하는 매개체 역할도 담당했다.

철도 교통수단의 발달로 도시 간 이동시간이 단축되었고, 도시기능들이 타지역으로 빠르게 이동되고 확대되었다. 도시 및 지역 간 통행시간이 단축되고 도시 간 이동이 용이해졌다. 고속철도의 개통은 도시 간 이동성을 크게 단축하여 도시 간 연계성을 강화시켰으나, 반면에 수도권의 집중도는 더욱 심해졌다.

역세권은 좁은 의미로 역사로부터 타 교통수단에 의존하지 않고 도보로 10～15분(650m～1,000m) 이내에 도달할 수 있는 지역이다. 역세권은 역사를 중심으로 주변의 작은 지역에 해당되는 공간이며, 시민에게 교통, 유통 및 위락 등 다양한 서비스 기능들을 제공한다. 역세권에는 문화·산업·물자·정보통신 등 교류 기능과 교통 결절지로서의 역할을 수행하기 위한 조건들이 요구된다. 역세권 개발로 역사를 중심으로 다양한 도시기능을 수행하는 복합 역세권이 형성되고 있다.

이로 인해 토지이용에서 혼합적 토지이용개발 MXD(Mixed Use Development)이 이루어져 철도 역사가 지하 및 지상공간으로 고밀도로 개발되어 활용된다. 철도역을 고밀 복합용도로 개발하는 것은 시민에게 최대의 편리성과 서비스를 제공하는 것이다. 역세권이 도시정비사업 혹은 도시개발에서 핵심적인 중요한 공간을 담당하는 공간으로 부상하게 만든다.

역세권과 TOD

TOD는 철도역, 버스정류장 등 대중교통역과 대중교통 노선의 거점을 복합고밀로 개발하여 대중교통수단에 접근하는 보행거리 및 보행시간을 단축시킨다. 이것은 시민의 개인교통수단에 대한 의존도를 줄이고 대중교통이용을 증대시켜 교통혼잡을 완화하고 도시에너지 소비를 절감하는 효과가 있다.

TOD를 실현하기 위해서는 2가지 원칙들이 적용되어야 한다. 첫째, 도시를 대중교통 중심으로 개발하고 정류장의 보행거리 내에 상업, 주거, 업무, 및 공공시설을 혼합 배치하며, 지역 내부에 보행친화적인 가로망을 구축하여 대중교통이용과 보행통행을 촉진한다. 둘째, 도시에서 다양한 주거유형, 밀도, 가격 등을 제공하며, 생태보전지역, 수변공간 및 양호한 공지의 보전을 추구한다. Peter Calthrope은 TOD의 원칙을 7가지로 제시했다.

- 대중교통서비의 제공이 가능한 고밀도 개발의 유지
- 역중심 보행거리내 주거, 상업, 직장, 공원, 및 공공시설 설치
- 역섹권 내부에 보행친화적 가로망 구성
- 주택의 유형, 밀도, 비용의 혼합 배치

- 양질의 자연환경과 공지 보전
- 건물배치 및 근린생활의 중심지로 공용공간의 조성
- 기존 근린지구 내 대중교통 노선중심형 재개발 추진

TOD와 유사한 개념 및 정책으로서 고밀도 도시마을Urban Village, 신도시주의New Urbanism, 신전통개발, 교통·성장관리, 스마트개발, 대중교통중심개발 TFD(Transit-Focused Development)·전철역촌 TV(Transit Village)·도시 오아시스UO(Urban Oasis)·TOD 연장 E-TOD(Extended TOD), 영국 지방교통계획LTP(Local Transport Plan), 네덜란드의 ABC정책, 역세권 개발 등이 있다. TOD는 역이나 주요 버스정류장을 중심으로 보행거리 내에 상업, 업무, 주거, 공원, 여가시설 등을 배치하는 대중교통지향적 복합개발로서 단순히 철도역 중심의 역세권 개발과는 차이가 있다. TOD의 성공사례 중 가장 대표적인 것은 미국 오래건주 포틀랜드에서 수행된 "Westside MAX Light Rail Project"로 성장관리, 대기오염 및 통행거리 감소, 공공투자의 최대이익 환수 등의 효과를 거두었다.

4.2. 역세권 개발의 유형

도시에서 교류활동은 기차가 정차하는 종착역, 환승역 또는 통과역 역세권에서 활발하다. 이러한 교류 및 이동활동을 원활하게 하기 위해서는 버스, 지하철, 도시철도 등 대중교통수단은 물론, 개인교통수단 등 모든 종류의 교통기능들이 역세권에서 집중하고 결절되므로 역세권 개발이 요구된다.

철도역은 사람과 화물을 수송하는 기능뿐만 아니라 자원들을 밀집시키는 역할도 담당하여 역세권은 통근·관광·상업·첨단정보 등 복잡하고 다양화된 성격으로 분류된다. 이러한 역세권의 유형에는 종착역세권, 환승역세권, 통과역세권으로 구분한다.

종착역세권

종착역세권은 철도노선의 기·종점이 되는 종착역을 중심으로 형성되는 세력권이며, 대부분 종착역은 기존 대도시 도심부에 위치한다. 우리나라의 서울, 유럽의 런던, 파리 등 대도시 도심지의 기존 역사들은 도시가 생성되고 성장하여 경제, 사회, 및 문화적으로 역사적인 공간으로 인식되고 있다.

종착역세권은 도시 중심지에 위치하여 당연히 많은 도시기능을 포함하고 있다. 서울역을 보면, 역사 주변에 도시의 대중교통이 통과하여 교통 결절지로서 도시의 랜드마크 역할을 담당한다. 사람이 많이 모이고 물자, 자원이 밀집되기 때문에, 오래전부터 역 주변은 발전되어 고밀도 복합빌딩들이 산재해 있었다.

최근 들어 복합용도 건물들이 생겨났고, 이러한 건물 내에 주거, 상업, 업무 및 위락 기능이 한 공간에서 발생하는 것이 역세권의 특징이다. 역세권에서 철도역은 주변 지역 혹은 도시 관리기능들이 수송과 교류기능을 통해서 역에서 도시 전체로 확산된다. 이를 효율적으로 관리하기 위하여 런던, 파리에서는 도시 전역에 승객과 화물을 잘 수송하도록 종착역보다 도심지 주변에 4~5개의 철도 역사를 동서남북으로 계획하여 지역 내 교통량과 한정된 자원용량을 공간적으로 분산시킨다.

철도 종착역의 공간적인 분산은 많은 철도 승객이 1개 철도역에 밀집하여 다음 목적지로 이동하는 부담을 줄이고 시간과 에너지 자원을 절약한다. 종착역세권 개발은 역사 중심으로 주변 빌딩들이 고밀·고층으로 건설되고 복합용도로 개발되었다. 이러한 역세권 개발형태는 신개발이 아니고 기존 지역의 재개발 방식으로 이루어진다.

그림 4.1. 서울역 북부역세권 개발사업 조감도

자료 : NEws1(2020.4.6.)

환승역세권

환승역은 열차의 주 노선이 교차하는 역으로 역사가 교차의 중심점이다. 환승역에서 타 지역 인구가 환승시간에 집적되고 모이는 사람들에 의한 교역 활동이 이루어진다. 이때 환승역의 역할은 교역의 장소이며, 시장의 개념으로 정의할 수 있다.

교차지점은 기존도시에 두거나, 신도시 혹은 신시가지에 위치시켜 도시 중심지로 조성하고 모도시와 연계시킨다. 환승역세권의 개발사례는 프랑스 파리의 라데팡스La defense를 들 수 있다. 즉, 신도시 개발지역에 TGV를 환승하도록 하여 기존 철도인 지역 급행 전철RER과 도시철도(도시철도)를 연계시킨다.

환승역세권은 고속철도와 기존의 철도와 같은 모도시로부터의 주교통을 연결하여 신도시에 사람과 물자를 집적시켜 신도시의 성장에 기여하고 도시성장의 구심점 역할을 하게 된다. 환승역세권은 역세권의 중심이 종착역세권, 통과역세권보다 크다.

신도시에서 기존도시로 또는 기존도시에서 신도시로 통근자들이 생겨나면서 통근도시로서의 성격을 가진다. 환승역세권은 기존의 주 노선이 통과하는 경우 이외에도 국제공항과의 연결도 고려한다. 이를 테면, 파리의 샤르드골 제2, 제3터미널 사이의 르와씨와 리용의 사타로스 공항의 TGV가 있는 경우이다.

그림 4.2. 프랑스 라데팡스 환승시설 전경

자료 : 위키미디어커먼스

우리나라도 영종도에 국제공항이 건설된 후 다양한 교통수단이 연결되고 있다. 고속전철이 공항과 연결되는 경우에 환승역은 항공과 지상교통을 연계하므로 공항터미널과 역사는 적절한 보행거리 내에 있어야 한다. 역사 내부에는 면세점을 비롯한 국가, 지역정보 등 승객을 위한 제반 서비스 기능을 확충해야 한다.

통과역세권

통과역세권은 그 지역이 관광지 혹은 휴양지와 같은 특수한 도시의 성격을 띠고 있다. 통과역세권은 외부 인구를 유입하거나 많은 통근인구를 수송하고, 고속철도 통과역을 최대한 활용한 거점도시화를 도모하며 기존역 재개발의 경우에 주로 개발된다.

우리나라에서 경부고속철도가 경주역을 통과하는 경우에 경주역은 관광도시 경주에 많은 관광객을 유치하는 역할을 담당하는 통과역세권이 된다. 유럽의 신도시 마른라발레의 체시역은 유로 디즈니랜드이 레크리에이션 기능을 연결하여 고속철도역으로서 다양한 기능을 수행하고 있다.

유럽에서는 철도 역사가 1825년부터 시작되어 오랜 전통이 있는 만큼 1983년부터 TGV가 운행되었다. 그리고 국가별로 철도망이 모두 연결되며 고속철도 역사가 지하철, 일반전철, 버스 등의 대중교통과 환승 체계가 양호하여 철도승객들이 많이 이용한다.

특징적인 것은 유럽은 역사적인 건물들과 유적지를 보존하기 위해서 기존 역사 주변에는 역세권을 개발하지 않았다. 그 대신에 단지 기존 역사를 개량하거나 확장하여 복합역사의 기능을 부여하고 역세권에 일정한 규제를 정하여 주변 옛 건물과의 조화를 이루게 만들어 신건물의 건축형식을 제한하는 개발을 추진하였다.

그림 4.3. 신경주역세권 개발사업 조감도

자료 : 경주시(2022.12.12.)

역세권개발 유형과 가능범위

역세권 개발은 대상구역의 범위, 공간적 위상(지상·지하), 개발의도 등에 따라 그 개발유형이 정의된다. 대상구역의 범위로서는 대상행위가 주로 역사 그 자체에 국한되는 경우와 역사 연접권 혹은 역세권에 미치는 경우 등을 설정할 수 있다.

개발구역의 공간적 위상으로는 개발구역이 지하시설물 개발에 미치는 경우와 지하철 역사시설과 입체적으로 구성되는 지상시설물의 개발에 목표를 두는 경우들로 대별할 수 있다. 개발의 적극성 정도로 개발 양상이 역사주변 환경에 대한 보완적 개선 차원에 머무르는 경우와 신축, 재건축, 재개발 등과 같이 혁신적 변형을 꾀하는 경우들로 구분한다.

표 4.1. 역세권개발 유형 및 개발가능 여건

개발대상 시설 성격		지하시설	지상시설	
			소극적 개발	적극적 개발
대상 구역 범위	역사개발	• 지하보도 및 상가 • 지하광장 • 지하주차장	• 역사출입구변 • 선큰광장	• 역사 상부 • 유통, 주택, 상업, 업무 주차 등 대행복합용도 시설계획
	연접권 개 발			
	역세권 개 발	• 지하보도 및 상가 • 지하주차장 • 인접대형건물로의 연결통로 및 아케이드	• 공용주차장, 보행광장 및 가로공원, 연계교통 및 환승시설	• 역사 연접권 상시 시설 계획
		• 지하보도 및 상가, 지하주차장	• 시가지 정비차원 역세권 지구개발유도	• 도심재개발, 도시설계 등 역세권타운 센터 개념의 지구차원 개발 계획

자료 : 명지대 한국건축문화연구소(1992)

4.3. 지하철 역세권과 TOD

복합용도개발

복합용도개발은 주거와 기타 기능들이 상호 밀접한 관계를 가질 수 있도록 연계하여 구성된 단일건축물 또는 밀집한 건축물군을 의미한다. 복합용개발 개념을 지하철역사 주변에 도입할 경우 매우 유용한 도시정비수법으로 볼 수 있다. 특히 토지자원의 한계성을 가지고 있는 기존시가지 정비 시 그 효과성은 더욱 크다. 실제로, 기존 시가지의 경우에 가로망과 녹지 등 오픈 스페이스 기능이 매우 취약하다.

이러한 문제점을 해결하고 생활권중심의 도시기능을 강화하기 위해서 대두되고 있는 것이 신도시주의New urbanism의 중요한 정책수단인 대중교통중심 도시개발TOD에 관심이 높아지고 있다.

근린지역

근린지역은 자전거와 도보로 통행이 가능하도록 설계하며, 이때 도보나 자전거 통행이 필요한 시설을 제공하고 걷기에 매력적인 환경을 조성한다. 자동차 통행속도를 줄이기 위해 필요한 시설을 설치하고 교통 소음을 감소시킨다. 각 근린지역은 쇼핑. 학교, 주민편의시설, 그리고 다양한 종류의 주택을 제고할 수 있도록 혼합적토지이용을 도모한다. 주차장 활용토지의 양을 줄이기 위해 주차 관리방안을 모색하며 감소한 차량통행에서 발생한 주차비용 절감분을 주차관리 방안의 개발에 활용한다.

이러한 도시개발을 통하여 자동차 통행량 및 거리가 감소하고 가계 또한 자동차 보유율을 줄이게 된다. 쾌적하고 편리한 대중교통 서비스를 근린지역에 제공하게 되면, 역세권을 중심으로 고밀도 개발이 가능하며 근린지역중심의 접근성과 집적이익도 높아지는 효과가 발생한다.

지하철 역세권과 TOD

역세권은 좁은 의미로 역사로부터 타 교통수단에 의존하지 않고 도보로 10~15분 이내에 도달 가능한 지역이다. 역세권은 역사를 중심으로 작은 지역을 이루는 공간이며, 시민에게 역세권을 중심으로 서비스나 편의를 제공하기에 충분한 영역이다. 역세권은 문화·산업물자·정보통신 등의 교류의 기능과 교통결절지로서의 역할을 수행하기 위한 조건을 구비해야 한다. 역세권 개발로 인하여 역사를 중심으로 다양한 기능을 수행하는 복합형 역세권이 형성되고 토지이용도 복합토지이용개발 MUD(Mixed Use Development)이 이루어진다.

지하철 역세권은 도시 및 지구중심의 생활권구조를 형성하는 데 있어 중추적인 역할이 기대되며, 역세권 정비시 대중교통지향적 도시개발방식을 적극적으로 도입하는 것이 필요하다. 대중교통지향적 도시개발방식은 대중교통, 도보, 자전거 등 교통수단을 이용하여 주거지나 상업지역에 대한 접근성을 극대화하는 것을 목표로 하는 주거단지 개발방식이다. 이러한 개발에 의해 조성된 지역은 철도역이나 버스정류장을 중심으로 주변에는 고밀도 개발이, 중심에서 멀어질수록 밀도가 떨어지는 도시 공간구조를 갖게 된다.

전형적인 대중교통지향적 도시개발은 근린지역의 중심에는 대중교통 정류장, 고밀도로 개발된 상업 및 주거시설이 입지하며 중심지와 인접한 지역은 타운하우스(2～3층의 다가구 주택)나, 소규모 단독주택이 건설되고 근린지역 외곽으로 갈수록 규모가 큰 단독주택이 입지하는 형태이다. 대교통지향적 도시개발지역은 통상 반경 400m～800m 공간을 확보해 도보통행이 편리하다.

TOD의 기본 구조는 상업중심지와 도심 그리고 잠재적인 대중교통 정거장에 집중된 중심점이다. 이러한 것은 그리드 패턴의 도시형태 또는 가늘고 긴 형태의 근교상업지역을 좌우dominate하기 위해 사용되는 선형 형태와 대조된다. 편리한 보행 거리에 의해 정의되는 TOD는 주거지역, 고용지역 그리고 이러한 토지이용 주변의 공공공간과 중심상업지역으로 구성된다. 중요 복합토지이용 밀도는 비록 최소한으로 통제되어도 각각 대상지와 그 지역의 경제에 의해 결정된다. TOD 주변지역은 저밀도 토지이용과 큰 구획을 갖는 단독주택, 학교, 대규모 기업 그리고 주요 공원을 위한 주변공간이다.

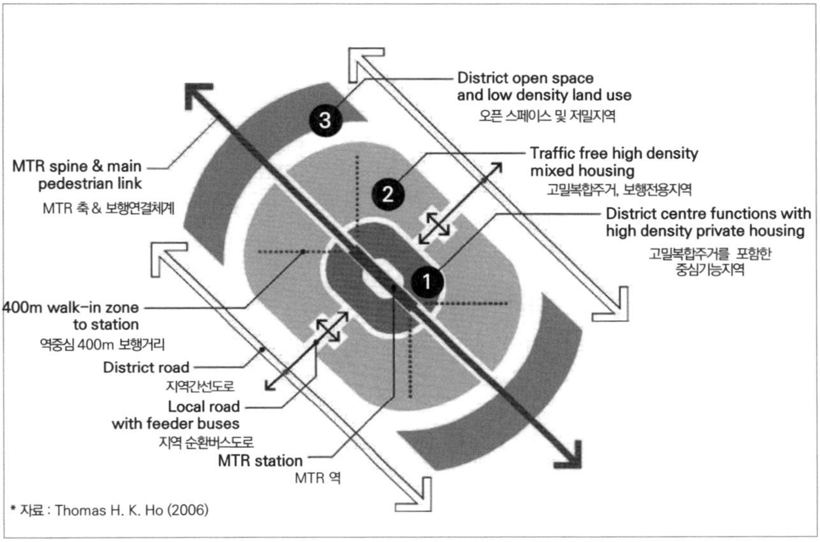

그림 4.4. 역세권 개발의 TOD 적용 예시도

자료 : 구자훈(2011)

요 약

1. 역세권은 역사를 중심으로 도보 10~15분의 공간 지역으로 교통, 유통 및 위락기능이 발생하고 교통기능과 교통결절지의 역할을 수행한다.
2. 역세권을 TOD로 개발하는 것은 대중교통 정류장을 보행거리 내에 개발하고 복합용도로 토지를 개발하며 보행친화적인 가로망과 대중교통 이용을 권장한다.
3. 종착역세권은 철도노선의 기종점인 종착역 중심의 세력권으로 주로 대도시 도심부에 위치한다. 종착역세권에는 많은 도시기능과 복합용도 개발이 발생하며 기존역의 개개발 방식이 많다.

요 약

4. 환승역세권은 주요 철도노선의 교차역 중심의 세력권이며 교역활동과 시장기능이 강하다. 환승역세권은 신도시 성장에 기여하고 도시성장의 구심점 역할을 담당하며 통근도시 특성을 갖고 있다.
5. 통과역세권은 관광지 혹은 휴양지 등 특수한 도시성격을 띠며 외부인구 유입, 통근인구의 수송을 담당한다. 고속철도 통과도시에는 거점 도시화를 도모하고 기존역의 재개발에서 주로 활용된다.

중요개념

역세권의 개념 역할	역세권과 TOD	역세권의 유형
종착역세권	환승역세권	통과역세권
복합용도개발	지하철역세권과 TOD	

연습문제

1. 역세권은 무엇이며, 주로 무슨 역할을 담당하고 있는가?
2. 역세권을 어떻게 대중교통지향적으로 개발할 수 있는가?
3. 종착역세권의 개념을 말하고, 그 역할을 설명하시오.
4. 환승역세권은 무엇을 의미하며, 배후 도시에서 어떠한 기능을 수행하고 있는가?
5. 통과역세권을 정의하고 도시에서 수행하는 역할들은 무엇인가?
6. 지하철 역세권에 대중교통지향적 도시개발을 적용할 수 있는 구상을 말하시오.

인제군 동서고속철도 개통 앞두고 역세권 개발 속도낸다.

인제군이 2027년 춘천~속초 동서고속화철도 개통을 앞두고 역세권 개발에 본격적으로 뛰어들었다.

인제군은 2개의 고속철 역사가 생기면서 역세권 개발이 지역발전을 좌우할 수 있다는 판단에 따라 14일 군청 소회의실에서 최상기 군수와 배상요(부군수)추진단장을 비롯해 9개부서 17명의 담당자들이 참석한 가운데 사업 방향 등에 대해 논의했다.

군은 역세권 개발을 위해 주요 사업대상지역을 도시지역 확대를 통한 '도시통합'과 관광거점으로 만드는 '지역특화 개발사업' 등 2개 권역으로 나눠 추진한다는 계획이다.

도시통합은 최상기 군수가 민선 7기부터 구상해 왔다. 인제역이 있는 원통과 새로운 농업기술센터가 들어서는 덕산, 그리고 인제읍을 하나의 도시생활권으로 묶는 이른바 도시 확대 계획이다.

지역특화개발은 내설악으로 대표되는 용대지구와 백담권역 일대의 특성을 활용해 대규모 관광거점지역으로 만드는 것이 주요 내용이다. 역세권 개발과 관련한 10여개 주요사업에 투입되는 예산만 1,300억 원 이상에 달할 것으로 전망된다.

내설악지구에는 군 유휴 부지를 활용해 100억 원의 사업비를 투입, 아웃도어 복합문화공간을 조성한다. 내설악캠핑과 백패킹 성지를 만든다는 구상이다. 용대리 인근에는 용대관광지구 용도 변경을 통해 일대를 하나의 수목원으로 조성키로 했다.

백담계곡 탐방로를 친환경으로 구축하는 사업에도 170억 원을 투입한다. 토속어종 산업화센터, 원통버섯특화단지 및 외식지구 조성에도 각각 181억 원, 92억 원을 들여 관광객을 불러들인다는 계획이다.

군은 기존 현안사업과 연계한 역세권 개발을 위해 내년 1월부터 용역을 통한 핵심 사업을 찾고 국토부의 거점육성형 투자선도지구 공모에도 도전한다. 최상기 군수는 "인제군 특색에 맞는 차별화된 역세권 개발을 위해 계획적이고 체계적으로 추진해 나가겠다"고 말했다.

◆ 자료: 강원일보(2022.11.14)

제5장

신도시 개발과 평가

5.1. 신도시 개념과 유형
5.2. 한국 신도시개발의 개요
5.3. 1기 신도시 개요와 평가
5.4. 2기 신도시의 개발현황
5.5. 2기 신도시의 평가

신도시의 개념과 유형을 알아보고 한국 신도시의 전반적인 개요를 파악한다. 이와 더불어 1기 신도시개발을 개관하고 평가한 다음에 2기 신도시의 개발현황과 실태를 분석하고, 지표·수법 및 방식의 관점에서 평가하여 시사점을 설명한다.

5.1. 신도시 개념과 유형

신도시 개념

신도시의 본래 개념은 기존 도시에 대한 정주유형으로 등장했다. 그러나 현대에 신도시는 국가정책과 시대적 여건에 따라 다양한 목적과 동기로 개발되고 있다. 신도시는 기존의 도시문제를 해결하고 현대인의 생활환경을 총체적으로 개선하기 위한 도시지역의 공간개발 수단이 되고 있다.

역사적으로 신도시는 'New Town, New Community'라는 용어로서 영국의 전원도시 및 도시계획협의회 정의와 유사하다. 신도시는 전원도시 개념으로 건강한 생활과 산업을 위하여 설계된 도시이다. 신도시의 규모는 사회생활의 편익을 완전히 구비할 수 있는 정도로서 그 이상 커서는 안 되며, 범위는 농경지로 둘러싸이고 토지 전체가 공유되거나 커뮤니티를 위하여 위탁된 것이다. 신도시는 영국의 하워드가 제창한 전원도시 이후, 20세기 중반 이후에 현대 대도문제를 해소하기 위하여 정부가 인위적으로 조성한 계획도시이다.

따라서, 신도시는 행정도시로서 성장한 전 근대도시나 혹은 산업도시로서 성장한 근대도시가 정치적·경제적 동기에서 자연발생적으로 형성된 것과 다르다. 신도시는 정부의 의도적 개입에 의하여 계획적으로 조성된 특징을 갖고 있다. 종합적으로 신도시는 새롭게 의도적으로 건설되는 도시형 인간정주 공간이며, 국가, 사회, 경제 및 국토정책의 일환으로 계획구도 하에 해당도시 주민의 생활에 필요한 서비스와 일자리를 충족하는 자족성을 가진 정주공간을 의미한다.

표 5.1. 신도시의 제 개념

구 분	제 개념
광 의	• 계획적으로 개발된 새로운 도시거주지로 포괄적임 • 대도시 인근의 위성도시, 교외 지역의 침상도시, 대도시 인근의 주택단지·확장도시
협 의	• 대도시 주변의 계획도시 중 기존 도시들과 공간적, 사회경제적인 독립성을 유지하면서 독자적 정치, 경제, 사회활동들이 이룩되는 자족형 도시 • 대도시에 대항하는 신지역거점으로 개발하려는 지역거점 도시
법 률	• 공간면적 330만㎡ 이상의 규모로 시행되는 개발사업으로서 자족성·쾌적성·편리성·안전성 등을 확보 목적 시행 • 국가 계획에 의해 국책사업으로 추진 혹은 정부가 특별한 정책적인 목표를 달성하기 위하여 추진되는 도시
사 전	• 인구과밀·교통체증·주택난 문제를 해소하기 위한 도시계획사업의 일환으로 대도시 근교에 계획적으로 개발한 새로운 주택지

자료 : 국토교통부(2021); 한국토지주택공사(2020)

신도시 유형

신도시의 유형들은 입지, 기능 및 공간구조에 따라 다양한 시각에서 구분한다. 신도시를 입지에 따라 분류하면 위성도시, 독립적 신도시, 도시내 신도시로 나눈다. 기능의 시각에서 신도시의 유형들은 자원개발 신도시, 관광휴양도시, 다목적 기능도시, 연구학원도시, 군사도시, 신행정수도로 분류한다. 신도시는 공간구조의 유형에 따라 수평적 신도시, 수직적 신도시로 분류한다.

표 5.2. 신도시의 유형

관 점	신도시 유형
입 지	• 위성도시: 대도시 근교에 위치하는 근교주택단지 성격, 기능적으로 모도시와 종속적인 위치이며 독립적 주체성 가짐 • 독립적 신도시: 모도시와 기능적으로 완전 독립도시, 대도시 원거리의 신도시 • 도시 내 신도시: 대도시 시간지 중심부에 위치, 공간구조 상 비교적인 독립성 유지
기 능	• 자원개발 신도시: 대규모 에너지, 자원개발 목적의 대도시에서 원거리 조성도시 • 관광휴양도시: 관광, 여가, 위락 등 다양한 기회의 건설도시 • 다목적 기능도시: 연구교육에 적합한 생활환경의 조성과 대학, 연구소, 학술기관 중심도시 • 연구학원도시: 대도시 도심지 위치하며 공간구조 상 비교적 독립적 신도시 • 군사도시: 국토방위 상 육해공군 기지 등 군사시설 설치와 가족근무인원의 입주로 배후지 조성 신도시 • 신행정수도: 21세기 건설의 신행정수도 목적의 계획신도시
공간구조	• 수평적 신도시: 저밀도 획일적 구조의 초기 신도시 • 수직적 신도시: 고밀도 집약적 구조의 후기 신도시

자료 : 한국토지주택공사(2021)

5.2. 한국 신도시개발의 개요

신도시의 개발배경

한국에서 신도시는 1960년대부터 시작된 급속한 도시화로 인해 생긴 대도시 인구집중 현상과 공업단지 조성에 따른 배후도시가 필요하여 개발되었다. 이를 테면, 1970년대 중화학 공업화 정책의 결과로 산업단지가 창원, 여천, 구미 등에 조성되어 신도시가 개발되었다. 이러한 신도시는 근대적인 공업도시로서 현대의 도시문제를 해결하기 위해서 대도시 주변에 건설되는 신도시와는 성격이 달랐다.

1970년대에 서울의 인구집중과 과밀화를 개선하기 위해서 인구분산의 목적으로 과천 등 신도시가 개발되었다. 그러나 1980년대에 대도시 인구의 지속적인 증가와 더불어 주택사정이 날로 악화되어 개발제한구역Green Belt 외부로 도시개발의 시선을 돌리었다. 특히, 수도권의 신도시는 심각한 수도권 주택문제의 위기 상황에 대처하기 위해서 비상조치 대책으로 1989년 초 분당, 일산을 비롯하여 전격적으로 개발되기 시작했다.

신도시개발의 목적 비교

우리나라의 신도시 건설은 주로 수도권의 주택시장 안정과 주택문제를 해결하기 위하여 시행되었다. 1980년대 후반 서울의 주택가격 급등이 사회문제로 확대되어 정부는 신규 주택공급 확대와 투기 억제시책을 추진했다. 이를 통해 주택시장을 안정시키고자 주택 200만 호 건설계획을 수립하고 1기 신도시 건설을 시작했다. 2000년대 들어 준농림지역을 중심으로 소규모의 난개발이 확산되고 집값 급등으로 주택시장이 불안정하자 2기 신도시 개발이 추진되었다.

수도권의 1기 신도시가 주택공급과 내집 마련 목적으로 진행되었고, 2기 신도시는 주택공급과 난개발 방지를 위해 추진되었다. 2000년대 중반 이후 추진된 행복도시와 혁신도시는 정부 부처와 공공기관 및 기업을 이전하여 지역균형발전을 도모하려고 했다. 이의 목적은 지역 혁신과 발전의 교두보를 확보하여 국토의 균형발전을 도모하는 것이었으며 수도권 신도시개발과는 근본적으로 목적과 성격이 달라졌다.

현재 3기 신도시가 서울의 주택가격 급등과 공공주거 강화를 위한 주택공급을 목적으로 개발되고 있다. 3기 신도시가 기존 신도시개발과 유사하나, 과거의 문제들이 반복되지 않도록 자족기능의 강화, 광역

표 5.3. 1·2기 신도시 개발목적 비교

구분			
1기 신도시	성남 분당	고양 일산	안양 평촌
	• 수도권 주택난 해소 • 한국적 신도시 개발모형 제시 • 고용창출시설유치로 자족 경제기반 구축	• 부동산투기억제 및 도시 지역 주택난 해결 • 서울 북부지역 개발 • 남북통일대비 거점도시 확보	• 다양한 계층을 수용하는 신시가지 개발 • 기존 도시구조 연계와 보완 • 쾌적 도시환경 조성
	군포 산본	부천 중동	
	• 수도권 인구분산과 주택 공급 촉진 • 다양 주택수요 부응	• 대단위 택지조성으로 수도권 주택 안정공급 • 지방화 시대 거점도시 형성 • 도시기반시설의 확충 및 기존 시가지와 연계강화	-
2기 신도시	화성 동탄(1)	성남 판교	평택 고덕
	• 자연과 함께하는 전원 속 첨단산업도시 조성 • 자연과 조화를 이루고 개성 넘치는 중저밀의 친환경 주거단지 조성 • 수도권 남부지역의 난개발 방지 및 계획적 개발 유도	• 지역발전 및 도시 중심성 확보를 위해 중저밀 친환경적인 도시환경 조성 • 수도권 택지난 해소 위한 선계획 후개발 기조와 계획 도시 건설 • 도시계획, 건축, 교통, 환경 등 요소를 도시차원에서 통합관리	• 수도권남부 공간구조의 발전적 개편 • 서해안시대의 대중국 전진기지 교두보 역할
	오산 세교(1)	양주옥정회천	파주운정
	• 주거공간수용에 대응한 토지공급 원활화 • 계획적 개발관리에 따른 난개발 방지 • 쾌적한 주거환경 제공	• 수도권 남부지역에 비해 상대적 낙후로 북부지역의 균형발전 • 통일대비의 지역거점과 자족기능이 강화된 신도시로 발전	• 수도권의 안정적인 주택 공급을 위한 택지확보 • 수도권 균형발전위한 서북부지역개발 거점확대
	위례	한강	아산 배방
	• 강남지역의 안정적 주택 수급을 위한 부동산정책 제시 • 도시의 자족성 향상과 지역경제 활성화	• 친환경적 도시성격을 활용한 생태환경 시범도시 모델 • 신도심을 중심으로 한 도시 공간구조 개편 및 도시공간 구조 개선	• 중심성과 연계성 고려 • 이용자 중심 상업공간 조성 • 다양한 문화, 여가 생활공간 제공

자료 : 윤정중 외(2013); 국토교통부(2021)

교통 및 교육 환경 등 우선 인프라 시설확보에 초점을 두고 있다. 3기 신도시는 강남 중심으로 서울의 주택가격 안정을 유도하기 위해 접근성이 좋고 자족성과 편의성이 양호한 서울 인접지역에 건설된다.

과거에 1기 신도시는 서울의 과밀해소와 기능분담을 위해 서울에서 20 km 거리 범위의 외곽에 건설되었다. 2기 신도시는 수도권 광역거점을 구축하여 권역의 균형발전을 도모하기 위해 서울에서의 원거리인 30 km 범위에 건설했다.

5.3. 1기 신도시 개요와 평가

1기 신도시개발의 개요

1기 신도시는 1980년대 후반 서울 및 주변 지역의 주택가격이 폭등함에 따라 주택공급으로 주택가격 안정화와 수도권의 부족한 주택난 해소를 위해 서울 근교인 20km 거리 이내의 성남시 분당, 고양시 일산, 안양시 평촌, 군포시 산본, 부천시 중동 등 5개 도시에 건설했다.

표 5.4. 1기 신도시개발 개요

구 분	내 용
목 적	• 주택공급 및 내 집 마련
건설시기	• 1990년대
핵심기능	• 주거기능
계획방향	• 정주성 중심 및 서울 과밀화 해소와 기능 분담
특 징	• 극심한 주택 부족 • 열악한 주거수준 • 신흥 중산층의 주거 안정 등 고도성장기 도시와 주택문제 대응형 도시 모델

구 분	내 용
모도시와 거리	• 20~25km 이내, 30분~1시간 이내(위성형)
도시규모	• 대규모(평균 1,003ha)
광역체계	• 기능분산형(베드타운)

자료: 윤정중 외 6인(2021)

성남시 분당 및 고양시 일산

성남시 분단은 40만 명 수용에 필요한 상업·서비스 기능으로 수도권의 중심업무 상업지역과 미래지향적인 정보산업기능 부여 및 생활시설 첨단화로 자족적인 도시 기능으로 설정했다.

고양시 일산은 평화통일을 상징하는 평화시 배후도시로의 개발로 남북통일 전진기지 역할과 평화통일, 국제업무, 문화·예술시설이 완비된 전원도시 등 서울 서부 중심도시로 설정했다.

안양시 평촌 및 군포시 산본

안양시 평촌은 대단위 택지조성으로 수도권의 주택난 해소와 안양시의 신(新)중심업무지역으로 개발했다. 군포시 산본은 수려한 자연환경을 가진 전원도시로 쾌적하고 계획적인 신시가지의 조성과 군포시의 신(新)중심업무지역으로 설정했다.

부천시 중동

기존 시가지와 균형 있는 도시공간 구조의 개편으로 서울·인천 간 공업지역중심의 근교 거주지와 부천시의 신중심업무 지역으로 설정하게 되었다.

한편, 1기 신도시 개발 후 수도권의 인구집중 가속화로 국토균형발전을 저해하는 요소가 되었으며, 불필요한 교통거리 증가와 함께 물가

인상, 자재 및 인력난, 자연환경 훼손 등 부정적인 문제가 발생했다. 이에 따라 대규모 개발을 지양하게 되면서 도시건설이 근교 중소규모 택지개발 또는 신도시 개발로 전환되었다.

표 5.5. 1기 신도시 개발내용과 지도

구 분	전체	분당	일산	산본	중동	평촌
면적(천㎡)	50,140	19,639	15,736	5,106	4,203	5,456
인구(만 명)	116.8	39.0	27.6	16.8	16.8	16.6
인구밀도	281.2	199	175	329	399	304
주택건설	292	97.6	69	42	42	41.4
공동주택	281	94.6	63.1	41.4	41.4	40.5

자료: 국토교통부(https://www.molit.go.kr)

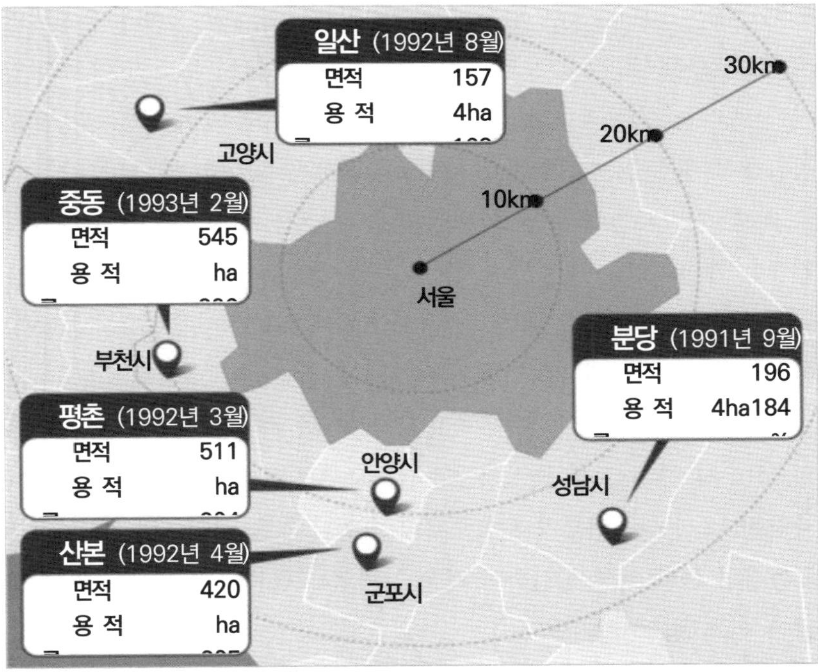

그림 5.1. 1기 신도시의 개요위치도

자료 : 국토교통부

1기 신도시개발의 평가

1기 신도시 개발의 긍정 측면

1기 신도시 개발에 대한 긍정적 측면은 첫째, 주택 및 부동산 가격의 안정화이다. 1989년 신도시 건설 추진 당시 대다수의 전문가들은 신도시 건설이 보상비의 집행, 자재·인건비 상승 등으로 집값 상승을 부추길 것으로 예측했다.

하지만, 주택 분양과 입주가 본격적으로 시작된 1991년부터 집값이 하락하여 수도권 5개 신도시 개발에 따른 공급물량 확대되며 1991년 4월 이후 주택가격 상승세가 둔화되기 시작했다. 입주가 절정에 이른 1993년에는 최저점으로 떨어진 이후, 1997년까지 안정세가 유지되었다. 서울 주택시장을 수도권 지역으로 확장함으로써 수도권 내 주거입지 선택의 기회를 확대하였고, 특히 강남지역 수준의 주택을 대량으로 공급해서 중산층 주거입지에 대한 선택 폭을 확대하게 되었다.

둘째, 기반시설 확충과 서울의 혼잡 감소를 살펴보면, 5개 신도시 건설은 개발이익을 활용하여 간선시설을 확충함으로써 수도권의 공간구조 변화에 기여했다. 특히 일산(고양~파주축), 분당(성남~용인축)은 간선도로 건설에 많이 투자하여 서울 접근성이 향상되었다.

신도시 입주기간(1990~1998)에 서울시의 순유출 인구는 약 150만 명, 신도시 전체 교통 발생량 중 서울시로의 통행량 비중은 18.5%를 차지했다. 신도시 인구가 서울로부터 유입된 것을 고려하면, 서울 발생 교통량의 25% 이상 분산하여 서울 지역의 교통혼잡 완화에 신도시 개발이 어느 정도 기여했다.

셋째, 신도시 입주기간에 지방에서 수도권으로의 순유입 인구는 신도시에 관계없이 계속 감소했다. 신도시 개발이 수도권으로의 인구 유입에 영향을 주었다고 보기 어렵다. 지방에서 5개 신도시로 유입된 인구비율은 각각 4.8%, 6.3%로 평가되어 신도시 개발이 수도권의 인구집중 요인이라고 단정하기에는 어렵다.

1기 신도시 개발의 부정 측면

첫째, 신도시의 자립성과 결부된 산업기능이 미흡하다. 신도시가 서울에 종속적인 도시구조를 형성하고 주택기능 위주로 건설되어 자족성이 떨어진다. 경제활동인구 1인당 사업체 종사자수는 경기도 전체가 0.548%임에 비하여, 신도시 지역은 0.24~0.32%에 머무른다. 일반도시의 공업지역 비중이 3~5%인데 비하여 신도시의 산업용 토지이용은 거의 계획되지 않았다.

둘째, 사상 초유의 속도로 진행된 사업의 부작용이 나타났다. 급속하게 공사기간을 맞추는 과정에서 혹한기 시공과 바닷모래의 사용 등으로 부실시공 시비가 끊이지 않았다. 시범단지 아파트는 학교공사와 주변지역의 도로포장이 마무리되지 않고 버스노선도 개설되지 않은 상태에서 입주가 시작되어 입주민의 거센 항의와 비난이 있었다. 1996년까지도 병원이나 백화점 등 기반시설인 편익시설이 완비되지 않고, 고속도로 통행료 시비 등으로 분당·일산의 신도시 주민들은 조직적으로 대정부 투쟁을 전개했다. 도로, 가로등 및 하수도 등 부실시공과 비용부담 문제는 지방자치제 시행과 겹쳐 사업시행자와 해당 지자체 간의 갈등 요인으로 나타났다.

셋째, 신도시 주변 미개발지역에 대한 관리계획이 미흡한 상태에서 개발되었다. 신도시 개발에서 일괄 현금보상이 실시되어 주변 지가상승과 함께 고층·고밀개발을 촉발하고 신도시 기반 및 편익시설에 무임승차하는 주변지역의 난개발과 환경훼손을 야기했다. 넷째, 기존 구시가지와 신시가지의 상호보완이 미흡하고 문화적 일체감을 조성하는 시설 공급이 부족했다. 주거환경의 격차로 인한 지역 간 이질감을 조장하는 부정적 효과도 발생했다.

5.4. 2기 신도시의 개발현황

수도권의 2기 신도시는 현재 진행 단계에 있으며, 주로 5개 지정된 신도시에 대한 개발개요와 현황에 대해서 살펴본다. 3기 1차 신도시는 2018년 9월에 정부가 발표하였으며, 행정절차가 진행 되고 있다.

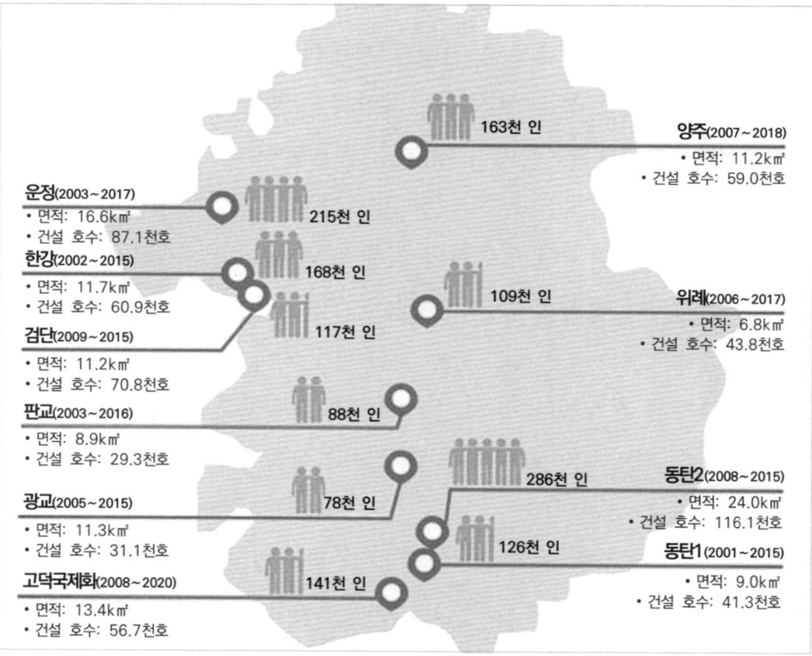

그림 5.2. 2기 신도시의 개요·위치도

자료 : 국토교통부

표 5.6. 2기 수도권신도시 내용

구 분	성남판교	화성동탄1	화성동탄2	김포한강	파주운정
위 치	성남시 판교동 일원	화성시 동탄면 일원	화성시 석우동 반송동, 동탄면일원	김포시 김포2동 일원	파주시 교하읍 일원
부지면적 (km^2)	8.9	9.0	24.0	11.7	16.6
주택건설 (천호)	29.3	41.5	116.5	61.3	88.2
수용인구 (천인)	88	126	286	167	217
인구밀도 (인/ha)	98	139	119	146	130
개발기간	'03~	'01~	'08~	'02~	'03~
개발주체	경기도, 성남시, LH	LH, SH공사	LH, 경기공사	한국토지 주택공사(LH)	파주시, LH
최초입주	'08.12	'07.1	'15.1	'11.6	'09.6
구 분	광교	옥정·회천	위례	고덕	인천검단
위 치	수원시 이의동, 용인시 상현동 일원	양주시 옥정동 외 10개동	송파구 거여동 장지동, 성남시 창곡동 하남시 학암동	평택시 서정동 고덕면 일원	인천시 서구 불로동, 원당동 마전동, 당하동 일원
부지면적 (km^2)	11.3	11.2	6.8	13.4	11.2
주택건설 (천호)	31.3	63.4	44.8	57.2	74.7
수용인구 (천인)	78	163	110	140	184
인구밀도 (인/ha)	69	146	163	104	164
개발기간	'05~	'07~	'08~	'08~	'09~
개발주체	경기도, 수원시, 용인시, 경기공사	한국토지 주택공사 (LH)	LH	경기도, LH, 경기공사, 평택공사	인천시, 인천공사, LH
최초입주	'11.7	'14.11	'13.12	'19하	'20상

자료 : 국토교통부(2021)

성남 판교신도시

개발의 필요성

성남판교지구는 1976년 남단녹지로 지정되어 주민 재산권이 제한되어 왔으며, 2001년에 건축제한이 만료됨에 따라 예상되는 무분별한 난개발을 사전에 방지하고자 했다. 성남시의 합리적인 도시발전을 도모하며 계획적 공영개발을 통한 수도권의 지속적인 택지공급에 기여하고자 개발에 착수했다.

지역 현황과 토지이용계획

성남판교지구는 서울도심과는 20 km, 서울 강남과는 10 km 거리에 위치한다. 성남 신시가지인 분당과 인접하여 수도권 동남부권역의 중심지역으로서 성장 가능한 지리적인 장점을 갖고 있다.

개발대상지의 70%이상이 임야와 농지로 구성되어 있고, 도시 내 운중천과 금토천이 흐른다. 청계산자락의 임상양호지가 동서로 입지하고 있어 환경친화적이고 쾌적한 주거단지조성에 최적의 조건을 지니고 있다. 2003년 개발착수당시 약2,400세대 정도가 거주하고 있었으며, 총면적의 37%를 차지하는 전, 답은 대부분 화훼·채소용지시설로 이용되었다.

표 5.7. 판교신도시 토지이용계획

총계(천m^2)	주택	상업·업무	도로	공원·녹지	기타
8,922 (100%)	2,370 (26.6%)	277 (3.1%)	1,570 (17.6%)	3,351 (37.5%)	1,350 (15.2%)

자료 : 국토교통부(2021)

도로 및 공간구조

성남판교 신도시의 가로망은 5개의 간선도로를 통해 지역간 연결을 도모한다. 생활권과 중심지역을 연결하는 내부간선도로망과 일상생활의 편의를 위한 보행 및 자전거 네트워크를 구축했다.

초등학교 통학권을 바탕으로 9개의 소생활권을 구성하여 학교, 공원, 공공시설 등을 적절하게 배치했다. 인접 분당신도시와 조화를 통해 동측 지역은 중고밀의 주택단지를 조성하고, 서측 지역은 중저밀의 주택단지를 계획했다.

공원·녹지

신도시내의 금토산과 신촌공원 등 임상이 양호한 녹지를 최대한 보전하고 운중천과 금토천을 수변녹지공간으로 조성하여 하천경관을 향상시키며 지역민에게 휴식공간을 제공했다. 운중천과 금토천의 합류지점에는 주변녹지대를 포함하는 중앙공원으로 계획하여 생물서식공간을 보호하고 주민여가공간을 마련했다. 이러한 자연환경 요소들이 공원, 녹지 등을 통해 유기적으로 연계되도록 생태네크워크를 구축했다.

각 생활권에는 근린공원과 어린이공원을 적절히 배치하고, 보행자 전용도로와의 연계를 도모했다. 주요 도로변에는 완충녹지대를 설치하여 소음과 대기오염을 최소화함으로써 쾌적한 주거환경 조성한다.

주택

성남판교 신도시에는 약2만9천세대의 주택이 건설될 예정이며, 전체 주택건설용지의 76%는 공동주택용지로, 공동주택용지의 35%는 임대주택용지로 계획했다. 고속도로 서측은 중저밀, 분당과 인접한 동측은 중고밀 주택을 배치했다.

경관이 양호한 구릉지역은 블록형 단독을 조성하여 환경친화적인 주택단지가 되도록 구상했다. 아파트, 연립주택, 단독주택 등은 주변 자연경관의 조망과 스카이라인을 고려하여 계획했다.

도시간 교통망

성남판교 신도시 주변의 도시간 교통망은 남북방향의 경부고속도로와 6개 지역간도로, 2개의 철도로 구성되었다. 전국을 연결하는 경부고속도로, 지구 북측을 통과하는 외곽순환 고속도로, 용인·성남·서울을 연결하는 분당-수서, 분당-내곡, 용인-서울간 고속도로 및 국지도 23호와 동서 방향으로 의왕·안양을 연결하는 국지도 57호에 의해 광역교통량을 처리한다.

서울 강남과 연결되는 신분당선, 경기동부지역을 연결하는 성남-여주선 전철에 의해 남북·동서간 철도망을 구축했다. 신도시 개발로 인해 가중될 교통량은 주요간선도로의 신·증설 및 전철의 개통에 의해 분담하여 처리되며, 대중교통 활성화를 위하여 판교역사 환승주차장을 건설하고, Non-stop 광역버스, 지역간 셔틀버스를 운행할 것이다. 이러한 광역교통의 개선은 성남판교 신도시는 물론 분당, 용인 등 주변지역의 교통소통에 기여할 것이다.

화성 동탄1신도시

개발의 필요성

수도권 과밀억제권역 외곽에 중핵역할을 하는 거점도시를 건설함으로써 서울집중형 공간구조를 탈피하여 수도권 균형발전을 유도한다. 개발압력이 높은 지역의 무질서한 개발행위를 사전에 예방하기 위하여 화성동탄(1) 신도시 개발을 추진했다.

지역 현황과 토지이용계획

서울로부터 약 40 km에 위치한 화성동탄(1) 신도시는 북쪽으로 수원, 동쪽으로 용인시, 서쪽으로 화성시, 남쪽으로 오산시와 접하여 수도권 서남부권의 거점도시로서의 성장 잠재력이 크다. 지정개발지구 87%가 임야와 전·답으로 구성되며, 오산천이 지구 동측에 접하여 남북으로 흐르고 비교적 평탄한 지형에 농경지와 개별공장이 산발적으로 분포되어 있다.

500여 개 중소규모의 업체가 개별입지에 의해 도로변에 난립하여 임상지와 농지의 훼손이 심각하고 경작환경이 악화되며 준농림지역의 무분별한 단위개발이 만연되어 있다. 화성동탄(1) 지구 동측으로 경부고속도로, 서측으로 경부선철도와 연결되고 국도 3개 노선, 국지도 3개 노선, 지방도 2개 노선이 통과하며, 지구 내 시도 2개 노선이 계획되어 있어 인접한 주요 도시 간 접근성이 양호하다.

표 5.8. 동탄1신도시 토지이용계획

총계(천m^2)	주택	상업·업무	도로	공원·녹지	기타
9,035 (100%)	2,825 (32.63%)	485 (5.4%)	1,517 (16.8%)	2,526 (28.0%)	1,682 (18.5%)

자료: 국토교통부(2021)

도로 및 공간구조

화성동탄(1)신도시의 가로망은 서울과의 연결을 개선하되, 지역 중심도시로서 인근 도시들과의 원활한 교류가 중요하다. 그래서 주변지역

병점, 오산, 수원과의 지역 간 연결 개선을 위한 간선가로망체계를 형성하면서 불필요한 통과교통을 배제하는 안전하고 쾌적한 가로망 체계를 구상했다. 도시골격을 형성하는 부채꼴 모양의 방사환상형 간선도로는 지역간 연결을 도모하고 지구내부의 공간에 중심성을 부여하도록 계획했으며, 중심부에 대규모의 근린공원과 상업시설이 입지되도록 한다.

지구 외곽부는 쾌적한 단독주택지로 계획되었고 첨단산업용지도 지구외곽에서 중심부로 향하는 길목에 배치했다. 공동주택은 탑상형과 판상형을 혼용하여 변화 있는 스카이라인을 조성하였으며 공원과 주택단지가 어우러져 쾌적한 환경이 조성되도록 한다.

공원·녹지

화성동탄(1)신도시는 주된 경관의 초점인 반석산을 중심으로 기존 구릉지형을 살린 십자형의 공원녹지축을 형성했다. 각 공원의 기능과 상징성을 부각하여 역사, 문화, 지역성을 각각의 공원에 적용한 개념을 도입했다. 중앙공원을 중심으로 각 공원마다 다양한 주제를 도입하여 역사, 문화, 지역성을 나타낼 수 있도록 했다.

길이 2.1 km에 이르는 축상형 중앙공원을 중심으로 자연학습을 위한 생태공원, 대단위 체육시설을 도입한 레포츠공원, 화성의 미래와 첨단산업의 이미지를 담은 신개념 멀티미디어파크 등 각각의 의미와 주제에 따라 공간계획을 차별화했다. 이로써 다양하고 쾌적한 오픈스페이스를 제공할 수 있도록 계획했으며, 전 지역이 보행자도로와 자전거로 연결이 가능한 완벽한 보행네크워크를 구축했다.

주택

화성동탄(1)신도시에는 약 4만1천호 세대의 주택이 건설되었다. 이

중에서 공동주택은 86%를 차지하며, 공동주택의 30%는 임대주택으로 조성되었다. 중앙공원을 중심으로 양측에는 탑상형 공동주택이, 그 외의 지구에는 중고층의 주택을 배치했으며, 경관이 양호한 지구외곽 및 중앙공원 남측으로는 환경친화적 블록형 단독주택지를 배치했다. 주택은 주변지역에 대한 조망이 가능하도록 밀도계획을 하여 단지내 쾌적성을 높혔다.

도시간 교통망

화성동탄(1)신도시는 광역교통망은 경부고속도로, 경부선철도 등을 통해 전국적으로 연결된다. 서울, 수원, 용인, 오산 등 주변지역과의 연결을 위해 고속도로(봉담~동탄간 민자고속도로), 지방도(영덕~오산간 광역도로 등), 도시계획도로 등 총 14개 노선이 신설 또는 확정되었다.

기존의 시도 62호선과 방사형 노선을 근간으로 각 생활권을 연결하고 환상형 가로망을 중심으로 시도 71호선을 따라 신설되는 외곽의 국지도 84호선 등은 신도시와 주변도시간을 연결하는 역할을 담당한다. 광역교통 개선에 의해 화성동탄(1)지구 뿐만 아니라 지역간 교통에 지대한 활력을 넣어 수도권 서남부권역 전체의 발전이 클 것이다.

화성 동탄2신도시

개발의 필요성

화성동탄(2)신도시는 수도권의 주택난 해소를 위한 정부의 11.15대책에 의거하여 시행되었다. 이것은 수도권 남부의 주택수요를 흡수하여 주택시장 안정화에 기여하고 첨단산업과 주거·교육·문화·비즈니스 기능이 조화된 자족된 자족적 중핵의 거점도시를 조성하고자 했다.

이는 광역교통망 등 인프라 확충이 용이하고 인근의 첨단 IT 산업 기반과 연계하여 고부가가치의 비즈니스 기능과 도시지원기능을 집적한 화성 동탄면 일원에 화성동탄(2)신도시의 개발을 추진하게 되었다.

지역 현황

서울로부터 약 40km에 위치한 화성동탄 2지구는 북쪽으로 수원·용인과 접하고, 동쪽으로 용인시, 서쪽으로는 화성시, 남쪽으로는 오산시·평택시와 접하여 수도권 서남권의 광역거점도시로서 도시기능을 상호 분담할 수 있는 자족복합도시의 입지적 잠재력을 보유하고 있다.

오산천이 지구의 서측에 접하고 있어 북에서 남으로 유하하고 동고서저의 지형에 동측의 평탄한 지역에 농경지와 개별공장, 상가, 집단취락 등이 혼재되어 분포하고 있고, 계곡을 따라 농경지와 개별공장이 산발적으로 분포되어 있다. 중소규모 업체가 개별입지에 의해 도로변에 난립하여 임상지와 농지의 훼손이 심각하고 무분별한 단위개발이 만연되어 계획적인 도시발전이 중요하다.

표 5.9. 동탄2신도시 토지이용계획

총계(천m^2)	주택	상업·업무	도로	공원·녹지	기타
24,039 (100%)	7,650 (31.8%)	1,094 (4.6%)	4,214 (17.5%)	7,537 (31.4%)	3,544 (14.7%)

자료 : 국토교통부(2021)

도로 및 공간구조

화성동탄(2)신도시는 수도권 남부 요충지에 위치한 최대규모의 신도시로 국가경제의 성장 동력 거점이 되는 수도권 비즈니스 중핵 신도시로 조성하는 것이다. 이를 통하여 비즈니스·첨단산업·문화·디자인·환경 등 핵심 지식분야의 창조적 역량이 집적되고 시너지를 창출할 수 있는 '글로벌 지식창조도시'건설을 개발개념으로 설정했다. 수도권 남부의 비즈니스 중핵도시, 첨단지식산업의 메카, 한국형 신도시, 건강하고 지속가능한 진화도시의 4개 특화전략을 제시하고 있다.

동탄(1)신도시와 통합 구상을 위해 광역중앙공원 조성, 1·2기구 간 순환도로 완성 등을 추진하고 대중교통중심의 토지이용계획 수립, ITS형 임대자전거, 신재생에너지 등을 활용한 탄소중립형 도시구조로 조성될 것이다. 전체면적의 약 47%인 11.4 km^2를 7개 특별계획구역으로 묶어 구역별 특화방안을 구상·설계하고 공공디자인을 적극 도입하여 경관, 가로시설물, 광고물 등이 유기적으로 결합된 품격있고 조화로운 도시공간을 만들게 된다.

공원·녹지

화성동탄(2)신도시는 광역녹지축을 보전하면서 풍부한 수자원을 활용한 친환경도시로 조성된다. 지구 내 발달된 구릉과 6개의 하천·저수지 등 자연환경을 적극 활용하여 대규모 녹지 및 수변 네크워크를 구축하고 산척저수지와 오산천변 대규모 근린공원을 중심으로 동탄(1)신도시와 연결한다.

도시계획 초기부터 바람길을 고려한 건물 배치와 하천과 공원녹지를 연계한 자전거도로, 태양열 등 신재생에너지 도입을 통한 자원절약형 단지설계 등을 적용하여 탄소중립도시로 조성한다.

주택

친환경적이고 쾌적한 명품 신도시를 조성하기 위하여 인구밀도를

119인/ha으로 설정하고 공동주택은 112천호, 단독주택은 3천호를 포함하여 총115천호 주택을 공급한다.

지구중심지역의 주변으로 공동주택지를 배치해서 차량통행 발생을 억제한다. 자전거 등 녹색교통 이용을 유도하여 청정도시를 구현하며, 커뮤니티회랑과 연계를 통하여 공공시설 이용의 편의성 및 주민교류를 도모한다.

도시간 교통망

고속도로·전철 등 광역교통망을 분당 등 기존 신도시수준 이상으로 구축하여 경부축의 만성적인 출·퇴근 교통난을 완화한다. 체계적인 동서 및 남북간 교통망을 구축하여 신도시와 인접도시 간 연계성을 제고하여 수도권 중핵도시로서의 역할을 확보한다.

중장기적으로는 서울 강남 등 수도권 중심부에 밀집된 고급업무기능 등을 이전하여 수용하고, 분당을 능가하는 수준의 교육·문화·상업시설을 확보한다. 궁극적으로는 신도시의 자족성을 높여서 지구 외부와의 교통량이 억제되도록 한다.

김포 한강신도시

개발의 필요성

김포 한강신도시가 위치한 김포시는 수도권 정비계획상 인구 및 산업의 계획적 유치와 관리가 필요한 성장관리권역에 속한다. 서울, 인천, 일산 등과 인접한 김포시는 1998년 도·농 통합시로 승격됨에 따라 균형적이고 체계적인 발전이 요구되었다. 대규모 계획적 개발을 통해 수도권 서북부지역의 균형발전을 위한 개발거점을 확보하며, 기반시설의 확충 및 주택공급에 목표 하에 신도시개발을 추진했다.

지역 현황과 토지이용계획

김포한강신도시는 서울도심과 약 26km 거리에 위치하며, 인천국제공항, 김포공항, 서울외곽순환고속도로 등이 인접하여 수도권 서북부 지역의 교통 요충지로 성장하고 있다. 개발대상지 약 70%가 농지와 임야로 구성되며, 국도 48호선 주변과 지구 내에 공장시설이 무질서하게 산재하고 있다. 인근에 운유산, 가현산 등이 소재하나, 전반적으로는 농경지와 구릉지로 형성돼 있다.

표 5.10. 김포한강신도시 토지이용계획

총계(천m^2)	주택	상업·업무	도로	공원·녹지	기타
11,744 (100%)	4,043 (34.4%)	425 (3.6%)	2,258 (19.2%)	3,634 (30.9%)	1,384 (11.8%)

자료: 국토교통부(2021)

도로 및 공간구조

김포 한강신도시의 가로망은 남북방향의 5개 간선축과 동서방향의 3개 간선축을 격자형으로 구성하고 있다. 동서축으로 신도시를 연결하는 김포도시철도로부터 남북방향으로 연결되는 보행동선축과 순환형의 신교통시스템을 도입한다.

서울과 연결되는 국도 48호선과 김포도시철도를 중심으로 동서방향의 도시발전축을 구상했다. 김포도시철도의 역세권을 중심으로 상업용지를 배치하고, 상업용지별 중심부에는 도시철도와 연계한 트랜짓몰을 형성하여 쇼핑, 문화, 레져공간을 구상했다.

공원·녹지

신도시 북동측으로는 한강이 흐르며, 사업지구 내 모담산과 주변에 가현산과 운유산 등이 위치하여 북동측 수변공간과 남측의 녹지공간을 연결하는 남북방향의 그린네트워크를 구상했다. 지구 내 동서 및 남북 방향으로 흐르는 김포 대수로 주변 일부를 수변형 상업시설로 조성하고 지구 내 가마지천 주변을 공원·문화시설이 연계되도록 배치했다. 한강변과 서측에 실개울을 도입하여 가마지천과 대수로와 함께 수네트워크가 형성되도록 했다.

한강 인접지역에는 생태조류공원(0.6 km^2)을 계획하여 철새취식과 종다양성에 기여하고 환경생태체험관(에코센터)을 한강과 조류를 조망하는 공간에 조성하여 조류 및 생태학습 공간으로 추진한다. 역세권 등 일상생활로부터 접근이 용이한 위치에는 공공공지와 광장을 배치하고 보행과 자전거 등을 통해 주거지와 연결되는 보행 동선축을 형성하도록 하고 보행 동선축에는 학교, 쇼핑몰, 공공청사 등을 배치하여 공원이나 녹지축이 시민활동의 중심영역 기능을 수행하도록 한다.

주택

김포한강신도시에는 약 6만1천세대의 주택이 건설되며, 단독주택, 블록형 단독주택, 그리고 연립주택, 아파트, 주상복합아파트 등 다양한 형태의 주거환경이 조성된다. 한강변에는 저층형 공동주택을 배치하여 한강 및 모담산 조망 차단을 방지한다. 한강변에는 생태마을(단독주택)을 계획하여 신재생에너지를 사용하고 텃밭을 가꾸며 자연환경과의 공생과 조화를 이루는 생태주거단지를 조성한다.

주변산림 및 수변과 조화되도록 생태면적률을 확대 도입하여 지하주차장률을 높이고 친환경자재를 권장하는 친환경 아파트 건설을 유도한다. 주요 조망점에서 오프스페이스의 확보가 필요한 지역은 통경축 및 저층주택을 배치하여 시각적 개방효과를 고려했다.

도시간 교통망

김포한강신도시를 위한 광역교통망은 올림픽대로의 연장인 김포 한강로(17 km)와 김포공항에서 연결되는 김포 도시철도를 계획하여 서울과의 접근성을 향상시키고, 고양, 인천과 연결되는 남북측은 제2외곽순환도로가 구성되어 도시간 연결을 도모한다.

김포한강신도시의 개발로 인해 가중될 교통망은 김포 한강로와 5개 노선의 주변도로, 김포도시철도에 의해 분담 처리된다. 이러한 동서방향의 광역교통 개선은 김포 한강신도시뿐만 아니라 현재 서울～김포～강화축의 원활한 소통에 기여할 것이다.

파주 운정신도시

개발의 필요성

파주운정 신도시는 일산·교하·금촌 택지개발지구와 인접하여 개발압력이 가중되는 지역으로서 개별적으로 진행되는 각종 개발행위를 보다 체계적으로 정비·관리해야 할 필요성이 대두되었다. 따라서 신도시계획을 통하여 기반시설을 광역적으로 정비하고 자족기능을 확보하여 낙후된 수도권 서북부 지역의 생활거점을 형성하고 대북교류의 교두보로서 역할을 담당하기 위해 신도시개발을 추진하게 되었다.

파주운정 신도시는 기존도로인 자유로, 국지도 56호선 및 수도권을 연결하는 서울외곽순환도로가 근접하여 인근 도시 접근성이 양호하다. 제2자유로 및 김포～관산 간 도로건설, 경의선복선전철화 완료, 서울

~문산간 민자고속도로 등을 통하여 서울로의 접근이 용이한 지역으로서 경기 서북부지역의 활성화와 통일시대를 대비한 남북교류의 거점 육성을 위한 최적의 조건을 갖추고 있다.

지역 현황과 토지이용

서울도심에서 서북쪽으로 약 25 km 떨어진 남북, 동서간 교통망이 교차하는 교통요충지로서 개발대상지의 약 75%가 농지 및 임야이다. 이곳은 대부분 표고 50 m 이하의 평탄지로 심학산, 황룡산, 장명산을 사이로 낮은 구릉지와 농경지가 조화롭게 분포되어 주거환경에 적합한 지세를 형성하고 있다.

2012년 말까지 약 2만 5천세대가 입주했으며, 주변에는 수도권을 연결하는 서울외곽순환고속도로, 자유로, 국지도 56호선 등이 있어 인근 도시로의 접근성이 양호하다. 제2자유로 및 김포-관산간 도로, 경의선 복선전철화, 서울-문산간 민자고속도로 등의 건설과 경의선 복선전철, 제2자유로 BRT 도입 등으로 대중교통체계 중심의 신도시로 개발된다. 향후 수도권 서북부지역과 남북교류의 거점을 위한 중심도시 역할을 담당한다.

표 5.11. 운정신도시 토지이용계획

총계(천m^2)	주택	상업·업무	도로	공원·녹지	기타
16,610 (100%)	6,054 (36.4%)	573 (3.5%)	3,259 (19.6%)	4,538 (27.3%)	2,186 (13.2%)

자료 : 국토교통부(2021)

도로 및 공간구조

도로계획은 지역간 광역교통을 지구의 남, 서단으로 통과 처리하고 동서간과 남북간을 연결하는 상징가로로 계획했다. 내부는 통과 교통을 배제할 수 있는 루프형 생활문화가로를 계획하고, 녹지축과 연계된 보행자 네트워크를 구축하여 소생활권 간 유기적으로 연결성을 구상했다.

생활편익을 도모할 중심상업 및 업무기능은 대중교통 중심으로 이용될 경의선 운정역세권을 배치한다. 녹지축과 간선도로를 이용하여 8개의 중생활권으로 구분하여 근린공공시설을 단위로 개성있고 다양한 주거공간으로 구성한다.

공원·녹지

주변에 장명산, 심학산, 황룡산으로 이어지는 구릉지와 용정저수지, 파평윤씨 선산 문화재 보호구역을 연계하여 신도시 중앙에 약0.9㎢의 중앙생태공원을 조성한다. 하천 및 신도시 전체를 거미줄처럼 연결하는 실개천을 중심으로 수변경관을 조성하며, 체계적이고 철저한 수질관리를 통해 안전하고 쾌적한 여가, 휴게공간을 제공하는 물순환시스템을 구축한다.

그린네트워크는 자연환경의 훼손을 최소화하고자 자연녹지도 7～8등급지와 구릉지의 산림과 농지를 보존하도록 계획한다. 블루네크워크는 우수재활용시스템, 임진강 원수 및 호수순환수를 활용한 실개천을 조성하도록 계획하는 등 그린네트워크 및 블루네트워크를 통합하여 계획한 친수환경 생태도시로 건설하게 된다.

주택

주택은 약 8만7천 세대이며, 전체 주택용지의 약 80%가 공동주택용지로 공급된다. 공동주택은 3D 시뮬레이션에 의한 스카이라인 등으로 주변 자연경관을 고려하여 저, 중, 고층으로 배치하고 단지 내 각 동의 층고를 달리함으로써 도시경관을 도모한다.

도시간 교통망

신도시개발로 주변도시들과의 발생되는 교통량은 제2자유로, 김포-관산간 도로를 포함한 총 8개 노선 56.6 km의 도로를 신설 또는 확장하는 것과 민자로 추진하는 서울-문산간 고속도로와 경의선 복선전철화 등을 통해 분담 처리된다. 이러한 광역교통의 개선은 자유로에 집중된 파주, 일산지역의 교통량을 분산시켜서 수도권 서북부 지역의 교통소통은 신도시개발 후에 향상될 전망이다.

5.5. 2기 신도시의 평가

개요와 계획지표

2000년 화성 동탄 신도시 건설로 시작하여 2기 신도시는 그 규모, 입지, 계획지표와 수법, 개발방식 등에 있어서 1기의 신도시와는 다른 양상을 보인다. 2기 신도시는 중간평가의 성격을 가지고 있다. 신도시를 건설하는 일은 택지개발사업의 준공으로 완성되지 않는다. 오히려 신도시 입주의 완료 이후 상권이 형성되고 학군이 제공되며 기업, 단체의 입주가 진행됨에 따라 도시자속성이 강화되어야 도시가 건설되는 계기가 된다.

일례로 분당 신도시의 자족 수준은 입주가 완료된 후 2000년대에 들어서도 지속적으로 높아지고 있다. 따라서 2기 신도시는 계획지표, 계획수법과 개발방식의 측면에서 평가할 수가 있다. 1기 신도시와 2기 신도시는 계획지표에 있어서 큰 차이를 보인다.

표 5.12. 1기 및 2기 신도시의 계획지표 비교

구분		1기 신도시	2기 신도시
밀도	총밀도	고밀도 (175~400인/ha)	저밀도 지향적 (90~130인/ha)
	순밀도	525~893인/ha	321~396인/ha
공원·녹지		녹지비율 지향 (녹지율 12.5~25%)	그린네트워크 지향 (녹지율 25~35%)
교육시설		40명/학급 (일반학교 위주)	30~35명/학급 (특목고, 자립형 추가)

자료 : 김현수(2007), 재구성.

계획수법과 개발방식

계획수법

1기 신도시가 서울과의 간선교통 연결에 주안점을 둔 반면, 2기 신도시에서는 주변지역과의 연결에 많은 투자를 하고 있다. 전철 등 대중교통 이외에도 BRT, 녹색교통, 자전거도로, 노면전차 등 새로운 교통수단을 도입하고 있다.

보행자 우선의 가로망체계 건설에 주력하여 교통정온화기법Traffic calming을 적극적으로 도입한다. 교육시설, 공공시설, 문화시설, 사회복지시설 등을 복합화하여 복합커뮤니티센터(시민센터, 구민센터, 주민자치센터)를 설치한다. 사회적 혼합 social mix을 위한 임대-분양단지 간 연계 배치 등 다양한 연령층, 소득별, 소유관계별 계층의 혼합을 유도하고 있다.

표 5.13. 1기 및 2기 신도시의 계획수법 비교

수법 지표	1기 신도시	2기 신도시
도시성격	주택도시로서의 완결성 추구	• 도시별 테마 강조 • 벤처(판교) • 첨단도·농복합(화성) • 친환경·대중교통(김포) • 친환경·생태(파주)
교통	자가용 교통, 도로·전철, 서울과 연결성	• 대중교통지향(TOD) • 신교통·환승체계 • 자전거도로 • 주변지역 연결성 강조
공원·녹지	양적 확보, 평면적 공원	• 그린네트워크 • 생태·입체적 공원
경관	스카이라인 조화	• 경관계획 도입 • 구조물 경관설계 도입
공공시설	필수 편익시설 위주	• 주민자치·문화시설 지향
공급처리시설	기초 환경시설 위주	• 쓰레기 관로 수송 • 환경처리시설 복합적 이용 • 수로 도입
자족성	일부 Bed-town성격	• 자족시설용지 조성 • 개발유보지 확보 • 자족성 확보 노력
사회통합	임대주택 공급	• 사회적 혼합 • 연계성 강화

자료 : 김현수(2007)

개발방식

2기 신도시에서는 원래의 지형을 유지하는 구릉지형 부지 조성, 도시기반시설의 효율적 운영을 위한 U-city 방식의 도입, 도시재해의 근원적 방지를 위한 예방시설의 도입, 자연형 하천 조성, 녹지의 우선 보전 등 개발방식과 도시관리시스템의 도입에도 중점을 두고 있다.

2기 신도시개발의 주목 사항

1기 신도시와 2기 신도시에서 나타난 여러 가지 여건, 현황, 그리고 계획지표와 개발방식을 파악해 본 결과, TOD을 위해서는 저탄소 녹색도시로의 전환이 매우 중요하다. 대중교통중심형 도시개발은 시대가 당면하고 있는 실정, 즉 저탄소 중립과도 연관되어 있다. 수도권의 1기 5개 신도시는 나름대로 도시환경 조성에 시범적 역할을 담당했다.

성남 분당 신도시의 중앙공원과 불곡산을 잇는 생태통로의 마련, 일산 신도시의 대규모 호수공원 조성에 의한 친수 공간 도입 사례와 같이 향후 2기 및 3기 신도시 개발은 21세기의 지속가능성 추구에 부응하여 새로운 도시환경 창조를 위한 지속적인 노력이 필요하다.

물론 실제적 대중교통중심 도시개발 측면에서 아쉬움이 있지만, 우선 생태순환, 자원절약, 녹색교통, 생태공동체, 보행문화 등이 구현된 선진주거단지를 조성하여 도시환경의 개선 모범을 보이고, 한국 전체 삶의 질과 문화를 선도할 필요가 있다. 최근 활발하게 시도되는 생태단지 도입은 기존의 생태계 기능을 강화하고 자원 및 물질 순환을 촉진시킨다. 이로써 신도시 개발이 환경을 훼손한다는 부정적 인식에서 긍정적 인식으로의 전환이 되는 계기를 보여준다. 실천 목표로는 녹색도시 계획요소 즉 TOD, 탄소저감형 토지이용, 신교통수단, 패시브 건축 passive architecture, 자원순환형 기반시설 등을 적극적으로 활용하여 저탄소 에너지절약형 녹색도시를 개발하는 것이 좋다.

이를 위한 구체적 전략으로 ① TOD, 신교통수단 도입, 녹색교통 등 녹색교통시스템을 구축한다. ② 친환경 첨단 녹색산업을 복합신도시 내 유치한다. ③ 탄소흡수 녹지, 물순환 체계, 바람-물-녹도체계, 복합용도 토지이용으로 구성된 환경친화적 생태환경의 공간구조로 조성한다. ④ 신에너지, 재생에너지, 폐기물 에너지화 순환시스템으로 구성된 신재생에너지의 자원순환 시스템을 구축한다. 상기한 네 가지에 대한 부문별 균형과 조화로움으로 상호작용을 통해서 저탄소 녹색도시로 발전시켜야 한다.

요 약

1. 신도시는 기존 도시문제의 해결과 생활환경 개선을 위한 도시개발의 수단으로 정부가 의도적으로 개입하여 조성한 도시이다. 이러한 신도시 개념은 광의, 협의, 법정 및 사전 등의 의미에서 다양하게 제시할 수 있다.
2. 신도시는 입지에 따라 위성도시, 독립적 신도시 및 도시내 도시로, 기능 측면에서 자원개발 신도시, 관광휴양신도시, 다목적 기능도시, 연구학원도시, 군사도시, 신행정수도로, 공간구조로 보면 수평적, 수직적 신도시 등의 유형들이 있다.
3. 신도시는 대도시 인구집중, 수도권 기능분산 및 공업단지에 따른 배후도시 개발로 시작되어 심각한 주택문제를 해결하기 위하여 더욱 확대되었다. 1기 신도시들은 성남 분당, 고양 일산, 안양 평촌, 군포 산본, 부천 중동을 포함한다.
4. 2기 신도시에는 화성 동탄1, 성남 판교, 평택 고덕, 오산 세교1, 양주 옥정회천, 파주 운정, 위례, 김포 한강, 아산 배방 등이 존재한다.

요 약

5. 2기 신도시들은 개발의 필요성, 지역 현황과 토지이용, 도로 및 공간구조, 공원녹지, 주택, 도시간 교통망 등을 고려하여 종합적으로 파악할 수 있다. 신도시들은 수도권 주택난의 해소, 수도권의 균형발전, 지역거점 기능의 확보, 수도권 난개발의 방지 등의 목적으로 추진되었고 신도시는 친환경성 및 고밀, 중저밀의 선택적 개발 등을 통하여 조성되었다.
6. 우리나라의 1, 2기 신도시 개발을 계획지표, 계획수법과 개발방식 등을 고려하여 평가할 필요가 있으며, 이를 통하여 주목할 평가사항들을 도출할 수 있다.

중요개념

신도시 개념	신도시의 유형	신도시 개발배경
신도시개발의 목적	2기 신도시개발	성남 판교신도시
화성 동탄1신도시	화성 동탄2신도시	파주 운정신도시
신도시 계획지표	신도시 계획수법	신도시 개발방식

연습문제

1. 신도시는 무엇을 의미하며, 신도시의 유형에는 어떠한 것들이 존재하는가?
2. 한국에서 신도시를 개발한 배경과 필요성을 설명하시오.
3. 우리나라의 1기와 2기 신도시 개발의 목적과 내용들을 종합적으로 비교하여 말하시오.
4. 성남 판교신도시의 개발내용과 현황들은 어떻습니까?
5. 화성 동탄1, 2신도시의 개발현황을 파악하고, 양도시의 개발특징들을 비교하여 이야기하시오.
6. 파주 운정신도시의 개발내용은 무엇입니까?
7. 2기 신도시들을 계획지표, 계획수법과 개발방식을 중심으로 전반적으로 평가하시오.

'제2판교 될 것' 3기 신도시 첫 삽 뜬 인천계양

15일 오전 인천 계양구 동양동의 '인천계양 테크노밸리 공공주택지구' 공사 현장. 계양역에서 차로 10분을 달려 도착한 이곳에서 3기 신도시의 첫 착공식이 열렸다. 3기 신도시 첫 삽을 뜬 계양 주민들은 기대와 불안을 동시에 안고 있었다. 인천계양 테크노밸리 공공주택지구는 총면적 333만㎡로 공공주택 9,000가구를 포함해 약 1만7,000가구가 공급된다. 여의도 공원 4배 크기의 공원·녹지(94만㎡)와 판교 테크노밸리의 1.6배인 69만㎡ 부지에 일자리 공간이 조성될 예정이다. 입주 예정일은 2026년 2월이다. 공사를 앞둔 현장은 나무 서너 그루와 잡초뿐인 공터였다. 공사장 바로 위편의 높이 10m 짜리 방음벽을 사이에 두고 한진해모로아파트, 동양주공2단지 등 아파트 단지와 당산초등학교가 있었다. 서쪽으로 800m가량 펼쳐진 흙지대 너머에는 하천과 고속도로를 지나 아파트들이 서 있었다.

착공식에는 이원재 국토교통부 1차관, 인천 계양에 지역구를 두고 있는 이재명 더불어민주당 당대표, 이한준 한국토지주택공사(LH) 사장과 주민들을 포함해 200여 명이 참석했다. 이 차관은 "(3기 신도시를 통해) 집 걱정으로 포기했던 국민의 꿈과 희망을 돌려드리도록 노력하겠다"고 강조했다. 이 대표는 "판교 테크노밸리처럼 계양 그리고 인천의 산업화, 도시 발전에 촉매제가 되길 기대한다"며 "9호선 연장 등 기반 교통시설 확보에 정부가 관심을 가져달라"고 말했다.

착공식에 온 주민들 표정은 기대와 불안이 뒤섞여 있었다. 계양구 박촌동에 35년째 살고 있는 이영환(69)씨는 "계양이 어떻게 바뀔지 궁금해 왔다"며 "지구 지정이 될 땐 살고 있던 터전이 없어진다는 생각에 반대했지만 산업단지, 공원 등이 생긴다고 하니 이제 사업이 성공하길 바라고 있다"고 말했다. 동양동 주민 임정수(72)씨는 "저층의 규모가 작은 인근 단지들이 4년 뒤 슬럼화가 될까 봐 걱정"이라고 말했다.

해모로아파트 주민 30여 명은 행사장 옆에서 “소음이나 먼지 등 공사 부작용이 많은데 LH가 대책 마련에 소극적”이라고 항의하기도 했다.

착공식에 온 주민들 표정은 기대와 불안이 뒤섞여 있었다. 계양구 박촌동에 35년째 살고 있는 이영환(69)씨는 “계양이 어떻게 바뀔지 궁금해 왔다”며 “지구 지정이 될 땐 살고 있던 터전이 없어진다는 생각에 반대했지만 산업단지, 공원 등이 생긴다고 하니 이제 사업이 성공하길 바라고 있다”고 말했다. 동양동 주민 임정수(72)씨는 “저층의 규모가 작은 인근 단지들이 4년 뒤 슬럼화가 될까 봐 걱정”이라고 말했다. 해모로아파트 주민 30여 명은 행사장 옆에서 “소음이나 먼지 등 공사 부작용이 많은데 LH가 대책 마련에 소극적”이라고 항의하기도 했다.

인근 부동산시장은 잠잠한 분위기였다. 김태이(62) 황금공인중개업소 대표는 “3기 신도시 발표 때는 사람들이 사려고 난리였는데 금리가 오르니 관심도 없다”며 “지난해 7월 사전청약 당시 추정분양가(전용 84m^2 기준 4억9,400만 원)가 비싼 편은 아니었는데 지금 시세로는 비싸다고 느껴질 수 있다”고 전했다. 또 다른 공인중개업소 대표는 “최근 3개월 들어서는 문의 전화가 하루에 한 통도 없는 날이 많다”고 한숨을 쉬었다.

국토부는 인천계양을 시작으로 다른 3기 신도시는 내년 상반기부터 착공하고, 내년 하반기에 본청약에 들어갈 방침이다. 다만 고양창릉은 아직 토지보상 절차가 진행 중이다. 집값 침체가 이어지고 있어 공급이 원활히 이뤄질지도 미지수다. 국토부 관계자는 “고양창릉 보상 절차도 12월에는 마무리돼 내년엔 3기 신도시 모두 착공할 것”이라며 “시장 상황에 따라 본청약 일정은 달라질 수 있다”고 설명했다.

자료: 한국일보(2022.11.16)

제6장

대중교통지향적 도시공간구조

6.1. 대중교통지향적 도시공간구조 개요
6.2. 대중교통지향적 도시공간구조의 배경이론

최근 도시계획과 도시설계 이론의 주요 흐름은 도시공간구조를 승용차이용 중심에서 대중교통중심으로 재편하는 것이다. 이를 토대로 대중교통지향적 공간구조의 개요와 배경이론을 전반적으로 파악하고자 한다.

6.1. 대중교통지향적 도시공간구조 개요

대중교통지향적 도시공간구조 개념·배경

도시공간구조의 개념

공간구조는 지리 공간에서 사람이나 물자의 흐름이 나타나는 전체적인 물리적 구조를 의미한다. 도시공간구조는 인구, 건설, 시설, 활동 같은 도시를 구성하는 다양한 요소가 공간적으로 형성되고 기능하는 사회적 상태와 물리적 구조를 통틀어 이르는 말이다. 다시 말해, 도시 내부의 기능 지역들이 공간적으로 분포하고 있는 위치 또는 상호관계이다. 소도시의 내부에는 관공서, 주택, 상점, 공장 등이 특별한 규칙성 없이 많이 혼재되어 있다.

도시 인구가 증가하고 규모가 점점 커지는 대도시에서 특정한 기능을 하는 곳들이 서로 모여 일정한 지역을 형성하는 도시 내 지역분화가 발생한다. 이를 테면, 관공서, 기업본사, 은행 및 언론사 등이 위치하는 중심업무지구 CBD(Central Business District), 주거지역, 상업지역, 공장지역 등이 일정한 공간에 모여 분포하는 것이다. 따라서 도시내부구조는 대도시 내부에 여러 기능 지역들이 공간적으로 분화되어 도시 내부의 형태나 특성을 나타내는 것이다. 이러한 도시내부구조의 분화를 유발하는 가장 큰 요인은 접근성과 지대이다. 접근성은 접근하기 쉬운 교통의 편리성으로 보며, 지대는 토지나 건물을 사용하면서 지불하는 대가이다. 일반적으로 지대는 교통이 편리하여 접근성이 양호한 지역에서 크게 나타난다.

대도시로 성장하면서 다양한 기능 지역들이 가장 좋은 지역에 입지하기 위한 경쟁이 발생한다. 이에 따라 가장 높은 지대를 감당할 수 있는 도시기능들이 도시의 핵심부인 도심지에 위치하며, 도심지에서 일반적으로 멀어짐에 따라 지대지불 능력이 작은 기능들이 위치한다. 이외에도 정부정책, 집적이익, 불이익, 역사·사회 문화적 요인 등이 도시 내부 구조를 형성하는데 영향을 미친다. 도시공간구조에 대한 연구가 시작된 곳은 현대적인 대도시가 발달한 미국으로, 버제스 E. Burgess의 동심원 이론 Concentric Zone Theory, 호이트 H. Hoyt의 선형이론 Sector Theory, 해리스와 울만 Harris & Ullman의 다핵심이론 등이 유명하다.

대중교통지향적 도시공간구조의 배경

최근 도시계획·도시설계 이론의 주요 흐름은 모두 도시공간구조를 승용차 이용 중심에서 대중교통 중심으로 재편시키는 것을 핵심으로 한다. 대중교통중심형 공간구조는 스마트성장 Smart Growth, 뉴어바니즘 New Urbanism, 압축도시 Compact City, 어반빌리지 Urban Village 등의 목표를 실현하기 위한 하나의 계획 및 설계원리로 이해할 수 있다.

구체적인 도시설계의 원칙으로 보면, 대중교통지향적 도시공간구조는 기존의 근린주구 설계원칙[1]에 대응하는 일련의 이론적 흐름을 통칭하는 것이다. 새로운 설계원칙은 흔히 전통근린개발 TND(Traditional Neighborhood

[1] 근린주구이론은 C.A.Perry가 제안한 단지설계의 원칙으로서 초등학교를 중심으로 근린 내 편의성과 쾌적성을 확보하는 것이 핵심이다. 이후 Radburn에 의해 현실화되었으며, 그는 차량교통을 주거지내에서 배제하기 위해 간선도로로 둘러싸인 슈퍼블록을 제안했다. 블록 내부는 자동차로부터 어린이를 보호하기 위해 커뮤니티네 초등학교를 배치하고, 주거지와 초등학교를 녹도로 연결하여 자동차와 보행자를 분리하는 계획원리를 제시했다.

Development), 대중교통지향적 개발 TOD(Transit-Oriented Development), 복합용도개발 MUD(Mixed Use Development) 등 다양한 유형이 있다. 각각 이론은 세부적인 논의에서 차이가 있으나, 모두 승용차 이용을 줄이고 대중교통이용을 촉진하는 공간구조를 지향한다.

이를 간략하게 정리하면, 대중교통지향적 도시공간구조는 대중교통 결절점을 중심으로 고밀도의 복합적 토지이용과 보행친화적인 가로망 및 도시설계를 통해 승용차 이용보다 대중교통이용과 보행을 유도하는 도시공간구조를 의미한다. 대중교통 결절점 Transit Center을 중심으로 도보로 접근 가능한 범위에서 고밀도의 복합적 토지이용과 보행·자전거 교통수단에 친화적인 도시설계이다.

표 6.1. 기존 근린주구이론과 최근 이론 개요

구분	근린주구이론	최근이론		
		TOD	TND	MXD
커뮤니티 크기	반경 800m	반경 600m	반경 400m	반경 900m
근린밀도 (세대/ha)	20∼25세대	45세대 (교외)	45세대 (교외)	60∼120세대 (교외)
커뮤니티 중심	초등학교	커뮤니티시설과 상업시설이 복합된 대중교통센터		
토지이용구성	용도분리	가로활성화를 위한 용도 혼합		
가로/블록체계	슈퍼블록	중규모블록으로 구성된 그리드체계		
가로 기능	보행/차량분리	보차혼용 (보행우선)		

자료 : 박세훈 외 4인(2008)

대중교통지향적 도시공간구조가 반드시 토지이용과 같은 물리적인 속성만을 의미하는 것은 아니다. 공동체 Community와 근린 Neighborhood과 같은 비물리적 속성까지 포괄한다. 대중교통지향적 도시공간구조는 사람 간 연대와 공동체성을 강화시키기 위한 수단을 의미한다.

대중교통지향적 도시공간구조 원칙

대중교통지향적 도시공간구조에 있어서 가장 대표적인 학자인 Peter Calthrope은 그의 저서 'The Next American Metropolis'에서 7개의 도시계획과 도시설계원리를 제시했다.

- 성장관리를 통한 도시의 압축적·대중교통지향적인 조성
- 상업, 주거, 업무, 공원 등 기능의 보행권 내 배치
- 지역 제기능과 직접 연계된 보행친화적 거리의 조성
- 다양한 주거의 형태, 밀도, 가격의 혼합
- 환경적인 민감 지역과 양질의 오픈스페이스의 보전
- 근린활동에 초점을 둔 공공공간의 창출
- 기존 근린 내 대중교통회랑에 따른 재개발 추진원칙을 통한 이상적 공간조직과 개발모델의 제시

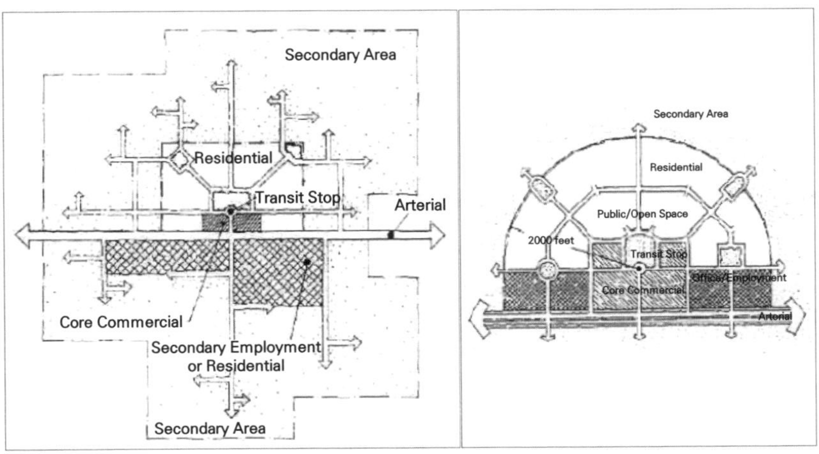

그림 6.1. Peter Calthrope의 이상적 TOD개발 모델

자료 : Peter Calthrope(1993); 박세훈 외 4인(2008)

과거 미국 워싱턴시의 발간자료에 따르면 대중교통지향적 도시공간 구조의 핵심은 대중교통지향적 근린센터Neighborhood Center를 조성에 있었다. 대중교통지향적 근린센터를 조성하기 위한 6원칙들은 연계성, 양질의 공공 공간, 보행친화적 환경, 매력적인 건축과 설계, 용도혼합 및 창조적 주차관리로 형성되어 있다.

표 6.2. 대중교통지향적 근린센터 조성원칙

요소	내용
연계성(connectivity)	• 대중교통지향적 근린센터는 지역 내의 여러 근린지역에 다양한 형태의 통행수단을 통해 연계되어야 함
양질의 공공공간 (quality public realm)	• 보행을 촉진하고 장소감의 함양을 위해 공공공간의 네트워크가 확보되어야 함
보행친화적 환경 (pedestrian-friendly environment)	• 물리적 디자인, 인프라, 토지이용이 보행과 자전거 이용을 촉진시키는 형태로 구성되어야 함
매력적인 건축과 설계 (attractive architecture & design)	• 좋은 디자인은 대중교통지향적 근린센터를 위한 통합적이고 매력적인 환경을 제공함
용도 혼합 (mix of uses)	• 다양한 그리고 밀도 높은 토지이용활동이 대중교통시설의 보행거리 이내에 집적되어야 함
창조적인 주차관리 (creative parking management)	• 주차는 자동차 이용이 대중교통, 보행 및 자전거 이용과 조화될 수 있도록 관리되어야 함

자료 : Washington D.C. Office of Planning(2002); 박세훈 외 4인(2008)

영국정부는 도심지의 보행편의성과 주변지역과의 연계성을 강화시키기 위한 전략으로 2002년 'Going to Town'이라는 보고서를 발간했다. 이 내용의 핵심은 대중교통 결절지역과 주변지역과의 연계를 강화할 수 있는 구체적인 설계지침을 제공한 것이다.

이 내용은 그동안 사람들이 대중교통을 통해 도심지로 이동하더라도, 그곳으로부터 도시중심부까지의 연계방식에 대한 고려가 부족하여 불편함이 초래됐다고 지적한다. 이에 대해 면적·선적으로 연계가능한 방안을 제시한다.

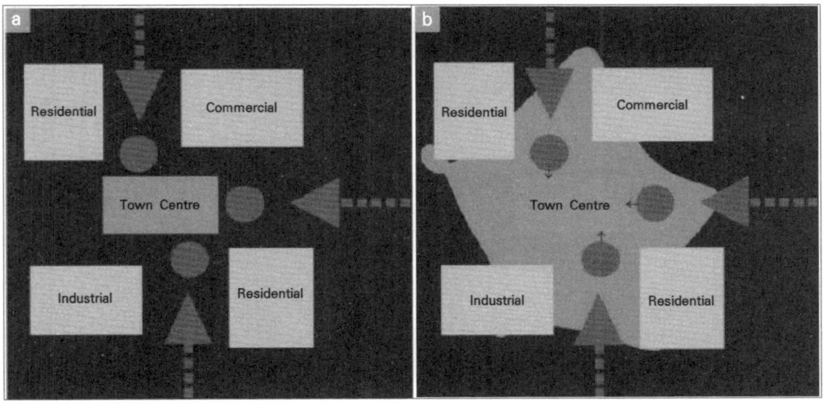

기존 방식 새로운 제안

그림 6.2. Going to Town 기본 개념도

표 6.3. 영국 'Going to Town'의 좋은 도시디자인 목표

핵심개념	내용
개성(Character)	• 정체성을 가진 장소
연속성과 폐쇄성	• 공공공간과 사적공간이 명확한 구분장소
공공장소 질 (Quality of the public realm)	• 매력적이고 성공적인 외부공간
편안한 이동성 (Ease of movement)	• 어디로든지 쉽게 이동할 수 있는 장소
가독성(Legibility)	• 쉽게 이해하고 분명한 이미지를 가진 장소
수용성(Adaptability)	• 쉽게 변화시킬 수 있는 장소
다양성(Diversity)	• 변화와 선택의 기회가 많은 장소

자료 : DTLR(2002); 박세훈 외 4인(2008)

미국과 영국을 중심으로 대중교통지향적 도시공간구조와 관련된 문제 인식들이 드러나 있다. 결국 대중교통지향적 도시공간구조는 나라 및 지역마다 다소 상이하게 나타난다. 이것은 나라 혹은 지역의 당면문제들이 서로 상이하기 때문이다.

6.2. 대중교통지향적 도시공간구조의 배경이론

스마트성장 Smart Growth

스마트성장은 도시확산을 막고 대중교통을 중심으로 보행자 및 자전거의 통행에 편하고, 학교와 완벽한 시가지를 포함한 다양한 주거형태를 갖춘 복합개발을 목표로 하는 걷기 중심으로 집적된 도시개발과 교통계획의 이론을 말한다. 스마트 성장은 주로 미국에서 사용되었다.

2차 대전 이후 미국에서는 승용차의 보급 확대, 고속도로망의 대규모 건설, 교외의 넓은 단독주택에 대한 높은 선호로 인해 중산층이 교외로 이주하면서 중심도시의 쇠퇴와 인구·산업의 교외화 현상이 심각한 도시문제로 대두되었다. 중심도시에서는 기반시설의 유지·관리에 필요한 세수의 부족, 저소득층과 소수인종의 집중, 일자리 부족, 기반시설의 노후화 등 문제들이 심화되었다. 교외지역에서는 양호한 녹지공간의 파괴, 교통 혼잡에 따른 환경오염뿐만 아니라 도로, 학교, 소방서와 같은 공공시설의 부족을 해소하기 위한 재정지출이 확대되었다.

이러한 문제의 해결방안으로, 1980년대 말부터 스마트 성장 Smart Growth 방식에 대한 논의가 있었다. 1990년대 후반부터는 도시성장을 계획적으로 관리하기 위한 새로운 계획패러다임으로 자리 잡았다. 오늘날 스마트 성장은 경제성장을 위해 환경보전을 부분적으로 희생하거나, 환경보전을 위해 인구유입을 막거나, 경제성장의 속도를 늦추고자 과거 계획패러다임의 한계를 극복할 수 있는 새로운 패러다임으로 다가섰다.

스마트성장은 도시에서 4가지 목표를 달성하는 데 초점을 둔다. ① 녹지공간의 훼손, 대기 및 수질오염, 교통 혼잡, 직·주의 원거리화, 기존 시가지 쇠퇴를 유발하는 교외지역의 난개발 방지, ② 기존 시가지의 계획적 정비에 우선순위를 두는 신규녹지 개발수요의 억제, 기반시설의 추가건설에 따른 재정적 부담을 완화하고 양호한 농경지와 오픈스페이스 보존, ③ 도시성장의 속도, 위치, 방향, 방식을 계획적으로 결정하여 예측 가능하고 비용효율적인 도시개발의 추진, ④ 시민에게 선택의 다양성 및 다양한 이해당사자Stakeholder들의 이해와 협력관계를 바탕으로 지역의 현안을 논의하고 개발의 방향을 설정하는 의사결정과정의 중시 등이다.

스마트성장은 도시공간 측면에서 도심지향적 개발을 추구한다. 최근까지 도시계획과 교통정책은 자동차의 원활한 소통을 위해 도로 투자를 우선하였고, 교외개발이 촉진되면서 도심공동화 현상을 초래했다. 한편, 스마트 성장은 이에 대응하여 교통체계 차원에서는 도심지의 주교통수단을 승용차에서 대중교통 중심으로 전환하는 것을 추구하며 커뮤니티 차원에서는 보행자 위주의 환경을 강조한다.

미국 국제도시·카운티관리협회ICMA에서는 2002년 '스마트성장방법론Getting to Smart Growth'을 통해 스마트성장이 추구하는 10개의 기본원리를 제시했다.

표 6.4. 스마트성장의 기본원리

기본원리	세부내용
토지용도의 복합화	• 주거지역에 일상생활에 필요한 상업, 업무시설을 근접 배치하여 도보나 자전거를 통한 접근성 및 가로의 활력을 높여 범죄예방에 기여
고밀 근린설계방식의 활용	• 토지이용의 효율성을 높여 녹지 및 농업공간을 보전하고 버스, 도시철도 등 대중교통수단 도입
주거기회 및 선택의 제공	• 사회계층의 다양화 추세를 감안하여 기반시설이 갖추어진 기성시가지를 대상으로 다양한 소득 및 연령계층을 배려한 주거유형 제공
걷기 편리한 커뮤니티 조성	• 사회적 약자에 대한 접근성을 높이고 주민들의 사회적 교류를 높이며 주민건강 개선
장소성을 가진 차별화되고 매력적인 커뮤니티 조성	• 커뮤니티 역사, 문화, 경제, 지리적 특성을 표현할 수 있는 공간을 조성함으로써 주민들에게는 자부심을 느끼게 하고 방문객들에게는 깊은 인상을 남김
오픈스페이스, 농지, 양호한 자연경관, 환경적으로 중요한 지역의 보전	• 야생동식물의 서식처 보존, 수질 보전, 도시확산의 방지로 주민들의 삶의 질 개선
기존 커뮤니티에 대한 개발 및 관리기능 강화	• 세수낭비 방지, 직주근접 실현, 기존 도시용 토지 및 기반시설 활용, 교외녹지공간에 대한 개발압력 완화, 농지 및 오픈스페이스 보존
교통수단 선택의 다양성 제공	• 토지이용과 교통간 연계뿐만 아니라 보행, 자전거, 철도, 버스 등 다양한 교통수단을 이용할 수 있게 하고 교통수단간 연계성 강화
예측가능하고 공정하며 비용효율적인 방식으로 개발 결정	• 민간의 투자와 참여를 유도할 수 있도록 공공부문 승인절차나 의사결정과정이 신속, 공정하게 이루어지도록 하며 성장을 유도하는 지역의 경제활동에 대해 적정한 인센티브 제공
개발결정과정에서 커뮤니티와 다양한 이해당사자간 협력 촉진	• 다양한 이해당사자들의 계획 초기부터 지속적 참여로 협력적 분위기에서 해결책 모색

자료: ICMA(2002); 박세훈 외 4인(2008)

신도시주의New Urbanism

신도시주의는 도시의 사회문제가 무분별한 도시확산과 밀접한 관계가 있으며, 사회문제를 해결하기 위해 도시개발에 대한 근본적인 접근방법의 전환이 필요하다는 인식에서 출발한 도시계획이론이다. 스마트 성장이 지속가능한 도시개발의 기법 중에서 도시 및 주변지역의 토지이용과 관련된 문제에 초점을 둔다. 한편 신도시 주의는 주로 도시의 물리적 환경개선에 중점을 둔다.

신도시주의는 미국의 도시가 자동차에 점령당하기 이전인 2차 세계대전 이전의 도시개발패턴으로 돌아가야 한다고 주장하는 건축가와 도시설계가들이 중심이 되어 1980년대 후반에 정립한 도시계획 및 도시설계원리이다. 여기에 피터 칼숍Peter Calthrope, 안드레 듀아니Andres Duany, 엘리자베스 플래터-자이버크Elizabeth Plater-Zyberk, 제프리 스팩Jeffrey Speck, 앨렌 던햄-존스Ellen Dunham-Jones 등이 주된 인물들이다.

신도시주의자New Urbanist가 주장하는 계획원리는 스마트 성장을 옹호하는 계획가의 계획원리와 유사하다. 그러나 신도시주의자들은 도시적 맥락에서 특정 구조물들의 설계 및 용도들 간 상호관계를 정립하여 도시설계적인 해결책을 제시하려고 한다. 따라서 스마트성장이 주장하는 지역적인 차원의 교통시스템, 오픈스페이스 시스템의 구축과 같은 광역적 사항들에 대한 관심은 상대적으로 적다.

신도시주의 기본개념은 신고전주의적Neo-Traditional 건축가 및 도시설계가들이 중심이 되어 1991년에 발표한 신도시 개념의 기본원리인 아와니Ahwahnee 원리[2]에서 찾을 수 있다. 중요한 기본원칙으로 첫째,

[2] 아와니(Ahwahnee) 원리는 신전통주의(Neo-traditional)와 관련된 건축가 및 도시설계가들이 회합을 가졌던 캘리포니아주 요세미티(Yosemite) 국립공원에 있는 아와니 호텔의 이름을 본 따 만들었다.

근린의 적정규모는 중심으로부터 경계부까지 반경 1/4마일, 즉 400m 이내로 한다. 둘째, 근린중심부에는 광장, 공공녹지, 상징성을 가진 공공건축물과 같은 공공공간을 포함한다. 셋째, 가로는 보행자에게 편리하고 격자형, 이와 유사한 형태로 상호 연결되어야 한다. 넷째, 대중교통수단은 근린상호 간 및 주변지역과 원활히 연결해야 한다. 다섯째, 공원, 놀이터, 광장과 같은 오픈스페이스들은 지역주민에 대한 접근성이 제고되어야 한다. 신도시주의 원칙을 적용한 대표적인 사례는 미국 플로리다 주 월톤 카운티Walton County에 건설되고 있는 시사이드Seaside이다. 시사이드는 인구 2,000명을 수용하는 주택단지(80에이커)로서 350여 개의 단독주택으로 구성되어 있다.

그림 6.3. 월톤카운티 내 Seaside 주거단지 배치도(위성사진)

자료: http://www.katarxis-publications.com/katarxis02-1/id20.html
박세훈 외 4인(2008).

안드레 듀아니Andres Duany와 엘리자베스 플래터-자이버크Elizabeth Plater-Zyberk가 설계한 것이다. 이것은 기존도시와 다르게 공공공간의 중요성을 부각시켜, 중심부에 배치된 뚜페로 써클Tupelo Circle은 시각통로의 중심이 되며, 중심으로부터 뻗어가는 가장자리에 시각적 초점을 이룰 수 있는 전망대를 설치하여 해변과 단지 전체를 조망할 수 있게 했다. 가로망은 격자형을 기본패턴으로 하고 조례를 통해 주택의 유형을 다양화했다. 휴양단지는 개별 필지의 전면과 후면에 위치하는 정원, 사적 공간의 크기가 매우 작고 옆 건물과의 거리 또한 좁게 설계되는 반면, 도시 전체의 공적 공간은 넓게 설계했다.

압축도시Compact City

압축도시는 기존 도심이나 역세권과 같은 특정 지역을 주거, 상업, 업무기능 등이 복합된 시설물로 고밀개발하여 주민들의 사회·경제적 활동을 집중시켜 활성화되도록 하는 도시개발방식이다. 압축도시 개념은 1970년대 '단찌그와 사티라'는 MIT에서 산업공학을 전공한 학자들이 제시한 가상도시에서 출발했다. 기본원리는 직경 2.66 km의 8층 건물에 인구 25만 명을 수용하면 이동거리도 짧아지고 에너지 소비도 최소화할 수 있다는 가정에서 출발했다. 높이와 직경을 각각 2배로 확대하면 200만 명을 수용할 수 있는 도시로도 만들 수 있다고 주장했다. 결과적으로 압축도시는 도시 전체의 밀도는 변화되지 않으므로 개발압력이 높은 외곽지역은 녹지공간이 풍부한 친환경적인 저밀도로 유지될 수 있는 도시개발방식이다.

압축도시는 주로 유럽을 중심으로 에너지문제에 대한 위기감이 높아지고 환경에 대한 의식도 개선되면서 '환경적인 지속가능 도시'를 건설하기 위하여 연구했다. 1990년대 들어 탄산가스 배출을 규제하는 교토협약이 체결되는 등 환경문제가 지구 차원의 문제로 부각되면서 압축도시이론을 정책화하려는 국가들이 늘어났다.

압축도시 개발을 지지하는 전문가들은 몇 가지 장점들을 주장한다. ① 한정된 공간에 편의시설들을 집중 배치함으로써 기반시설, 에너지 등 필요한 자원 절약, ② 시설 간 접근성을 강화시켜 이동에 필요한 시간 단축, ③ 차량교통을 감소시킴으로써 교통사고로 인한 인명과 재산상의 손실 감소, ④ 도시용 토지의 이용을 최소화하여 자연환경 보존, ⑤ 대중교통 위주의 교통시스템을 강화시켜 도보, 자전거와 대중교통수단의 이용 촉진, ⑥ 대기오염, 소음, 교통 체증 등의 도시 문제 감소 등

한편 압축도시이론에 대한 반론도 만만치 않다. 즉, 도심을 압축도시로 개발할 경우 의도한 목적을 달성하기가 현실적으로 불가능하다는 주장이다. 고층·고밀화를 통해서는 에너지 절약의 효과가 현실적으로 미미하다. 도심부의 고밀개발은 인구집중을 유발하여 교통정체, 대기오염 및 소음문제를 발생시키게 된다.

어반빌리지Urban Village

어반빌리지는 지속가능한 규모에 다양한 계층의 사람들이 함께 거주하면서 다양한 용도와 유형의 커뮤니티가 혼합되어 있는 전원도시를 뜻한다. 미국의 뉴어바니즘과 유사한 어반빌리지는 영국에 기원을 둔다. 도시 내 특정지역을 영국의 전통적인 마을Village이 가지고 있던 특성을 살리는 공간으로 개발하는 전략이다.

기존의 도시계획은 상호배타적인 용도지역제Zoning가 적용되면서 다양한 활동이 일어나는 도시를 주거, 생산, 여가 등의 공간으로 엄격

히 분리시켰다. 그래서 용도별로 이용하려는 이동은 환경오염, 교통혼잡, 차량 의존성 심화 등 부정적 결과를 초래했다. 그로 인해 전통적으로 유지된 커뮤니티 의식이 약화되고 도시는 단조로운 생활공간으로 변모하였으며 도시별 고유특성도 약화되었다. 영국의 찰스 황태자는 이러한 건축가들에 의한 도시만들기 운동을 비판하고 '어반빌리지' 운동을 제창했다.

어반빌리지는 사람들이 서로 사회적 교류가 가능한 하나의 커뮤니티를 형성할 수 있을 규모로 작되 일상생활 필요시설을 유치할 정도의 규모를 가진 정주 공간Settlement이다. 공간 규모는 사람의 일반적 보행속도로 10분에 도달할 수 있는 거리로 한정했다. 어반빌리지에서 지향하는 공간구조는 고밀로 개발된 중심부에 광장과 중요 시설물들을 배치하고, 외부로 갈수록 점차 밀도가 낮아져 외곽경계지역이 녹지공간에 의해 둘러싸인 형태이다.

어반빌리지를 계획하는 기본원리들이 있다. 첫째, 주택과 같은 개별 주거공간보다 공적 공간의 확보에 우선순위를 둔다. 상점·서비스시설 등 공적 공간을 커뮤니티 중심에 위치하고, 다양한 주거유형과 주택점유형태를 혼합한다. 둘째, 학교나 교회와 같은 핵심시설들은 주거지로부터 도보권 내 위치토록 한다. 셋째, 커뮤니티 내 주민들의 고용을 최대한 자체적으로 해결하도록 해서 도보로 직장까지 접근한다. 넷째, 커뮤니티를 벗어나 출근이나 통학하는 사람들을 위해 효율적인 대중교통수단을 이용할 수 있도록 하여 승용차이용을 줄인다. 다섯째, 계획수립과정에서 녹지 및 휴식공간을 커뮤니티 필수시설로 확보하며, 인접한 커뮤니티와 연결토록 하고 야생동물 이동통로를 확보한다. 여섯째, 커뮤니티의 중요한 의사결정에 참여하도록 커뮤니티 인구규모는 3천~5천 명 정도로 하고 면적은 평균 40ha를 기준으로 설정한다.

표 6.5. 어반빌리지의 특성

<table>
<tr><td>기본특성</td><td colspan="2">• 복합용도 개발
• 직주 균형(job-housing balance)을 위해 1주민 1직장 실현
• 평균적인 구역면적은 40ha(600m×600m)
• 한쪽 끝에서 다른 쪽까지 도보로 10분 이내 도달 가능한 거리
• 인구규모 3~5천명
- 필요 활동과 시설을 유치하기 위한 최소 인구 규모
- 사람들이 상호 인지하고 근린의식을 느낄 수 있는 규모
• 보행친화적인 환경 조성
• 승용차 이용 억제</td></tr>
<tr><td>건축물 배치</td><td colspan="2">• 다양한 유형과 규모의 건축물 배치
• 마을의 중심부에 주상복합 건축의 고밀도 배치
• 학생, 은퇴자, 재택근무주택, 아파트 등 다양한 주택배치</td></tr>
<tr><td>생활편익 시 설</td><td>• 일상 쇼핑시설
• 기초의료시설
• 초등학교</td><td>• 일부 레크리에이션 및 문화시설
• 직장
• 녹지공간</td></tr>
</table>

찰스 황태자는 1988년도부터 도셀Dorset 교외에 있는 파운드베리Poundbury에서 자신의 꿈을 실현하려고 했다. 1989년 그의 저서 '영국의 미래상'에서 제시했던 '전통도시'의 건설을 건축가인 레온 크리에Leon Krier의 도움을 받아 영국 남동부의 오래된 소도시인 도체스터Dorchester 서측 인접지에 건설했다. 파운드베리 면적은 약 400에이커로서, 개발 초기에 총 61채의 주택이 우선 건설되었고, 이 중에서 35채가 저소득층 임대주택이었다. 모든 건축물은 신기술이 접목된 첨단시설을 갖추고 있지만, 외관상으로는 영국의 전통적인 건축디자인 방식을 따르고 있다.

용도 혼합을 위하여 사무실과 공장 등도 도시 내에 유치되었으며, 2단계 공사에서 공원녹지, 노인주택, 구급센터 등 개발이 포함되어 있다. 구역 내 도로는 굴곡을 많이 주어 차량속도를 올리지 못하도록 하며, 유지관리의 용이성과 범죄예방, 스케이트보드로 인한 소음방지 등을 위하여 이면도로는 자갈로 포장했다.

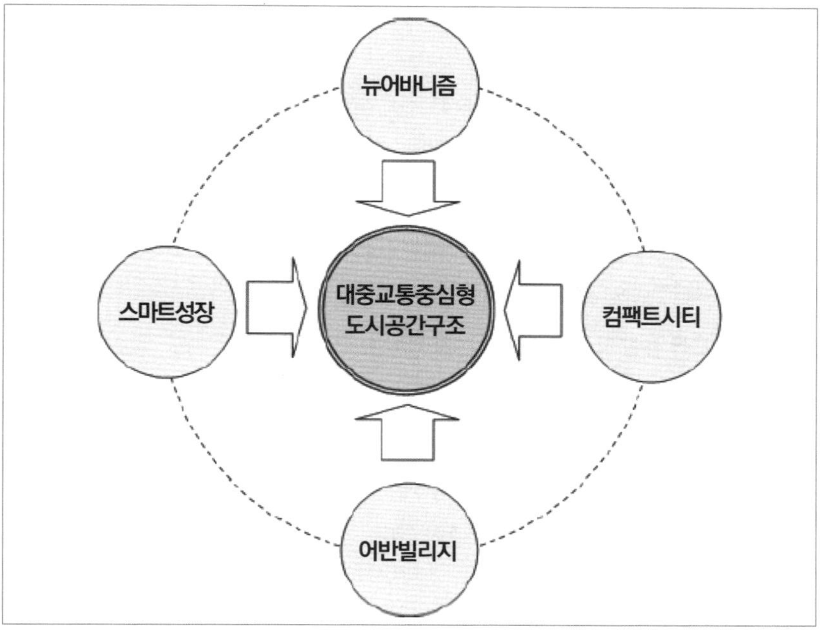

그림 6.4. 대중교통지향적 도시공간구조 배경이론 관계도

요 약

1. 대중교통지향적 도시공간구조는 스마트성장, 신도시주의, 압축도시, 어반빌리지 등 목표를 실현하기 위한 하나의 도시계획 및 설계원리로 이해할 수 있다.
2. 대중교통지향적 도시공간구조는 기존의 근린주구 설계원칙에 대응하는 일련의 이론적 흐름들을 통칭하는 것이다.
3. 대중교통지향적 도시공간구조는 대중교통결절점을 중심으로 고밀도의 복합적 토지이용과 보행친화적인 가로망 및 도시설계를 통해 승용차 이용보다 대중교통 및 보행통행을 장려하는 도시공간구조이다.
4. 대중교통지향적 근린센터를 조성하는 원칙에는 연계성, 양질의 공공공간, 보행친화적 환경, 매력적인 건축과 설계, 용도의 혼합, 창조적인 주차관리에 두고 있다.
5. 대중교통지향적 도시공간구조의 배경이론에는 스마트성장, 신도시주의, 압축도시, 어반빌리지 등이 존재한다.

중요개념

도시공간구조	도시공간구조 배경	복합적 토지이용
기존 근린주구이론	대중교통지향적 근린센터	Going to Town
전통근린개발	혼합용도개발	스마트 성장
신도시주의	압축도시	어반빌리지

연습문제

1. 대중교통지향적 도시공간구조의 개념과 배경을 설명하시오.
2. 대중교통지향적 공간구조에서 도시계획 및 설계원리를 제시하시오.
3. 대중교통지향적 도시공간구조를 위한 원칙에는 어떻게 구성되어 있는가?
4. 대중교통지향적 근린센터의 조성원칙 6가지를 제시하시오.
5. 대중교통지향적 도시공간구조의 배경이론에 대해 제시하고, 각각 설명하시오.

'GTX 콤팩트시티' 남양주 왕숙지구 조성 구체화

한국토지주택공사(LH)가 남양주 왕숙 수도권 광역급행철도(GTX) 복합역세권 콤팩트시티(Compact-city) 구체화에 나선다. 3일 국토교통부, LH에 따르면 LH는 최근 '남양주 왕숙 GTX 복합역세권 콤팩트 시티 조성 및 특화공간 연계 사업화 방안' 연구용역을 발주했다. 콤팩트 시티는 정부가 '8·16대책'을 발표하며 도입한 신도시 개발모델로 철도역을 중심으로 500m에서 1km 내외로 고밀개발을 하는 방식이다. 국토부는 3기 신도시인 고양 창릉과 남양주 왕숙 역세권에 시범 적용하겠다는 계획을 밝혔다.

이에 LH는 경기동북부 광역 거점 역세권 형성이 예상되는 지구 내 GTX-B 역세권 개발을 위해 앵커시설 조기 유치, 지역 렌드마크화 등의 활성화 방안을 제시했다. 구체적으로 철도·버스·개인형 이동장치(PM)의 대중교통과 UAM·자율차 등 미래 교통을 연계할 방안을 연구하고 지하 도시 등의 통합 개발 방안도 고려한다.

이어 고밀집적 개발을 위한 용적률 확보 방안과 용도지역제 등의 규제완화 방안도 발굴한다. 용도지역제는 주택, 상업 등 토지의 용도에 따라 건축물의 용적률·높이 등을 제한한 제도를 말한다. LH의 이번 연구는 사실상 정부가 8·16대책에서 발표한 콤팩트 시티의 구체화에 나선 것으로 풀이된다.

국토부는 8·16대책과 '청년·서민 주거안정을 위한 공공주택 50만호 공급계획'을 통해 콤팩트 시티를 언급한 바 있으나 구체적인 모델 개발에 나선 것은 이번이 처음이다. 개발된 모델은 3기 신도시의 택지개발 초기부터 도시계획단계에 적용될 전망이다. 연구용역에 24개월이 소요되는 만큼 연구 결과에 따라 2023년 하반기 내로 지구계획을 변경하고 반영할 것으로 보인다. 남양주 왕숙의 경우 역사 상부를 입체 개발한다. GTX역 위로 쇼핑몰, 오피스 등 건물을 높게 올리는 것이다. 주거지로는 주택 2213가구와 준주택 1965가구가 들어설 계획이다.

국토부 관계자는 "(남양주 왕숙의) 지구계획이 수립됐고 고시가 돼 있기 때문에 완전히 뒤집을 수는 없다"면서도 "역세권 콤팩트 시티의 형태로 가능한 범위 내에서 조정을 검토할 것이다"고 말했다. 다만 콤팩트 시티가 실제 3기 신도시에 완성되기까지는 기간이 필요할 것으로 예상된다. 예컨대 남양주 왕숙의 최초 입주 시기는 2027년으로 예정됐으며 남양주 왕숙과 연계된 GTX-B 노선은 차질 없이 사업을 진행해도 2030년이 돼야 한다.

한편 고양 창릉 콤팩트 시티는 연구 용역까지 시간이 걸릴 것으로 파악됐다. LH 관계자는 "창릉은 왕숙보다 보상이나 착수 단계가 늦게 시작했다"며 "왕숙의 연구용역 사례 등을 참고해 계획을 수립할 것이다"고 설명했다. 고양 창릉 콤팩트 시티에는 GTX-A 중심의 도심 기능과 문화 기능이 합쳐진 '센트럴 멀티콤플렉스'가 들어설 예정이다.

자료: News1 뉴스(2022.11.3)

제7장

국내외 TOD 적용사례

해외 TOD의 적용사례를 살펴보고 유럽 주요 3개국에 대한 TOD 적용사례를 파악한다. 이를 통하여 유럽 TOD 개발사례의 시사점을 도출하면서 중요한 국내 TOD 적용사례를 개괄적으로 살펴본다.

7.1. 해외 TOD 적용사례

미국 TOD 적용사례

미국의 TOD는 대중교통시설을 중심으로 고밀 및 혼합개발 유도하며 최상의 보행환경을 조성한다. 민·관 공동개발방식을 통해 대중교통 시설 및 자산을 복합적으로 개발한다. 1차적으로 대중교통이용률의 증가 및 수입증대를, 2차적으로 주택개발을 목표로 하였다. 약100여개의 TOD 프로젝트가 진행 중이며, 주로 중량, 경량 및 통근통학 전철역 근처에 위치한다. 교통측면에서 진행되는데, Rosslyn Ballston Axis[Washington], Vermont / Western 구역[LA] 등이다. 도심지구 버스터미널에 복합 환승 및 상업시설을 겸용하는 등 전철역사 주변에 100여 개의 Joint Project가 추진되고 있다.

대중교통기관에서 토지이용 업무를 담당하고, TOD 업무는 전문설계자 워크샵에 의한 주민설명 등 주로 주민교육과 접촉에 집중한다. 제도적 장애 요인으로는 주정부 법이나 대중교통공사의 자체규정 등이 있으며 TOD 추진을 위해 다양한 실행수단을 강구하고 있다.

- TOD의 토지이용, 밀도, 사이즈 설계를 조정하는 정책수단으로서 Overlay Zones 채택
- 자동차 주차요구사항을 최소화시키고 자전거 주차장을 의무적으로 확대하는 TOD Zoning 채택

- 유인책으로 역주변 개발 재정지원, 밀도 보너스 제공, 주차 최소화 등 사용
- 스마트성장Smart Growth법을 제정하여 대중교통역사 주변 개발에 필요한 주 기반시설, 도시재생에 필요한 재정지원
- TEA-21에서 교통 및 지역사회보존시범사업Transportation & Community System Preservation Pilot Program으로서 역

주로 역사 주변에 새로운 형태의 도시를 건설하여 TOD를 도입하는 방식을 취하고 있다. 해당 도시의 주차시설을 감축하여 주민, 쇼핑, 근로자의 대중교통 이용을 유도한다. 주차시설은 가장 효과적으로 마케팅 기능을 수행하도록 하나 서로 이해가 상충되어 프로젝트가 결렬되기도 한다. 미국에서 추진 중인 여러 프로젝트를 수행함에 있어 님비현상NIMBY(Not In My Back Yard), 용도지구 규제정책, 개발비용 증대로 인한 개발잠재력 저하, 주택개발을 규제하는 Zoning Policy, 역주변 범죄화, 복합시설 개발에 의한 보행환경 저해, 주차허용 등은 TOD 도입의 장애요인으로 작용한다. 샌프란시스코의 Bay-Area에서 주거밀도를 10에서 20으로 증가할 경우, 대중교통 분담률이 약 3.7%정도 증가하는 것으로 나타난다. 고밀개발에 따른 대중교통 이용자 증대와 대중교통 수입증대, 교통정체의 완화 및 사고감소, 토지 자산가치의 증대 등은 미국이 TOD를 도입하여 얻을 수 있는 편익들이다.

미국 캘리포니아주 TOD 도입

인구가 급증하는 캘리포니아에서 TOD는 삶의 질과 지속적 발전을 유지하기 위한 '신도시주의' 의 중요한 정책수단으로 등장했다. 캘리포니아주에서 기존의 도시개발 방식으로는 자동차 대기오염, 에너지 소

비의 증가, 도시 외곽의 오픈스페이스와 녹지 잠식 등 문제를 해결하는 데 한계가 있다.

캘리포니아주는 고속도로 중심의 주택단지개발이 도시의 외연 확산, 난개발 가속화, 도시 외곽 토지농지의 잠식, 교통 혼잡의 악화 등 도시 문제를 야기했다. 이러한 문제를 해결하기 위한 대안으로 기차나 전철역을 중심으로 한 주거단지 개발을 제시했다. 캘리포니아주 TOD 도입형태는 Bus, Rail-Oriented 개발유형으로, 체계적이고 일관성 있는 접근이 없다가 1994년 Transit-Village Act 도입으로 제도적 장치가 마련되었다.

캘리포니아 주의 TOD는 정기 및 셔틀버스 노선, 중량 및 경량전철, 지역 간 철도 등의 다양한 교통수단에 의해 운영된다. 토지이용방식도 도시외곽 신규개발Green Fields, 재개발Brown Fields, 기존 시가지 충진개발지역Urban Infill 등 다양하게 채택하고 다양한 입지에 TOD를 건설했다. TOD 참가자는 개인개발업자, 대중교통공사, 비영리기관, 재개발공사, 지방정부, 민·관 협동기관이며, 정부보조금 및 순수 민간자본 등 재원조달방식을 취하고 있다.

TOD의 성공사례로서 산호세 지역의 오론과 치노위스를 연결하는 경전철역 주변 TOD사례는 240대의 주차공간과 탁아소를 설치하여 반경 10마일 이내의 주민들이 Park and Ride를 이용하여 전철을 통해 통근했다. 역주변에는 3천만 달러를 투입한 고밀도 아파트를 건설하여 저소득층 주민들을 위한 거주지로 제공했다.

앰트랙Amtrak 기차가 통과하는 샌프란시스코 에머리역 주변 TOD 개발은 샌프란시스코시, 앰트랙, 그리고 건설회사 워어햄이 2억 달러를 투입하여 기차역, 3층의 스테이션 플라자, 55만 평방피트 규모의 주상복합 건물, 타운홈 150세대와 노인주택을 함께 건설했다.

- Sacramento Regional Transit: 초기에 TOD에 대한 명확한 개념 없이 경전철LRT(Light Rail Transit)을 운행하다가, P. Calthorpe의 TOD 지침서에 의거하여 역근처의 토지이용 밀도를 상향 조정했다.
- R. Street Corridor Plan: 역사 및 교통축에 최소밀도를 적용했고, 1998년 이후 역주변의 토지이용계획과 Zoning을 변경하여 Transit-Supportive Land Uses로 전환했다.
- San Francisco Bay Area: 1990년에 지자체 연합체에서 대중교통축에 새로운 주거지구를 건설하여 역사 주변에 주택과 직장을 유도하여 Bay Area의 교통정체와 주택부족 문제를 해결했다.
- 1998-2003년 동안 연방정부로부터 5,400만 달러를 보조받아 Transportation for Livable CommunityTLC를 추진하며, 역사주변 고밀개발 시 보조하는 Housing Incentive ProgramHIP를 추진하고 있다.
- San Diego : 1992년에 TOD Design Guidelines를 채택, Transit Overlay Zone을 통해 주차장을 감축하고 대중교통서비스를 향상시켰다.

연방대중교통청FTA(Federal Transit Administration)에서 TOD가 포함된 철도계획에 우선적으로 재정지원을 하여 정부보조를 얻기 위해서는 TOD에 관심을 갖게 유도했다. 캘리포니아의 경우, TOD의 개념이 각계에 침투하여 사업추진에 필요한 재원조달의 어려움이 해소되었다. TOD의 개발에 있어 문제가 되는 것은 전철역의 개발비용, 주차장 및 주상복합건물의 건설 등 높은 투자비용에 비해 수익성이 아직 검증되지 않았다는 점이다. 투자재원을 지원하기 위해 캘리포니아 주 정부는 공채발행, 저소득층의 주택건설예산, 교통개선 지원자금 등 다양한 재원을 마련하고 있다.

지방정부와 교통공사의 역할에 있어 TOD와 관련하여 캘리포니아주의 각 기관 역할은 교통공사의 경우 교육, 재원조달, 홍보, 용지제공 등을 담당한다. 지방정부는 Zoning과 종합개발권한, 토지이용권한 보유를, 금융기관은 재원조달을 담당하며 사업시행자는 민간개발업체가 맡고 있다. 도입효과로는 캘리포니아주 TOD는 자동차 중심의 도시교통체계로 인한 저밀도, 확산적 개발에 따른 문제점을 해소하고 주택공급도 원활하게 달성할 수 있었다. TOD 도입이 지역사회의 의사와 맞물리면서, 캘리포니아에서 '교통 도시'들이 만들어 가고 삶의 질도 향상되고 있다.

캘리포니아 교통국에서는 TOD 개발지역 거주자들의 연평균 자동차 주행시간이 타지역 주민들보다 20~40% 이상 줄었다고 추정했다. TOD 개발 지역에 거주하면 자동차 연료비 및 차량유지비가 연간 4,000달러 이상 절약되어 거주자들은 '입지효율적 주택저당 대출'의 혜택을 받을 수 있다. 캘리포니아에서 실제 역세권 주변 주택가격은 단독주택의 경우 5,000~9,000달러의 프리미엄이 붙고 임대료도 높다. 그것은 대중교통으로 인해 이동성이 보장되고 보행 인구가 많아 비교적 안전하기 때문이다.

미국 포틀랜드시 TOD 도입

포틀랜드의 TOD는 1995년 12월 '2040 지역성장전략Regional Growth Management(2004)'에서 제시한 도시성장구역 내에서 대중교통 중심의 고밀개발을 유도하는 실천계획 프로그램의 일환으로 도입되었다. 기본 개념은 기성시가지 개발을 통해 도시외곽의 확산을 방지하고 도시내부의 밀도를 증가시키는 것이다. 핵심전략들은 교통시설주변의 밀도 증가, 재개발과 기성시가지 개발, 비승용 통행수단의 이용유도, 토지이용 목표와 방향에 적합한 교통기반시설의 투자 등이며, TOD 프로그램은 전략의 구체적 실행계획이다.

포틀랜드 TOD는 고밀 주거개발 및 복합용도 개발, 대중교통과 물리·기능적 연계개발을 유도하기 위한 민·관 파트너쉽 형성, 낮은 주차비율과 고밀도 교외지역 건물유형 개발, 승용차 이용의 억제와 역세권지역 대중교통과 보행 활성화, 2040 지역성장전략을 지원하기 위한 역세권의 예산 집중지원을 목표로 하고 있다. 포틀랜드 TOD 프로그램의 주요 내용들은 다음과 같이 다양하다.

- 토지가 개발되기 이전 TOD의 밀도, 설계에 대한 규제사항
- 재정분석, 설계개요, 허가요구조건 등을 담은 예비계획서
- 개발의 공정한 참여기회를 제공하기 위한 제안서
- TOD 부지의 판매, 임차에 따른 공익보호 개발동의서
- 대중교통시스템과 TOD 부지를 연계하는 시설역사의 공동이용에 관한 사항
- 밀도, 도시특성, 경제성 제고를 위한 지상 및 지하권 사항

추진절차에 있어 포틀랜드의 TOD는 대중교통시스템의 효율성을 증진시키기 위해 공공부문과 민간부문의 협력개발 형태로 추진되고 TOD 프로그램의 예산은 토지매입에 사용된다. 매입된 토지는 계획에 의해 분할된 다음 TOD 개념으로 개발되거나 적절한 위치에 도로, 광장, 공공시설 등을 지방정부에게 제공하는 민간 개발업자에게 매각된다. 이때 특정한 TOD 개발을 위해 필요한 비용은 토지가격에서 감한다. 토지매각으로 생긴 수익은 다른 TOD 프로젝트에 재투자된다. 관련 계획 및 규칙에는 하기 사항들을 확인할 수 있다.

- 지역교통계획Regional Transportation Plan : 이것은 연방교통기금을 받기 위해 Metro에서 수립하는 교통계획으로서, 과거와 미래의 교통시스템을 평가하여 교통투자 우선순위를 결정한다.
- 지역교통계획: 경량전철LRT 건설지원과 비승용통행의 유도, 다목적 역세권 개발계획 등이 포함되며 TOD 프로그램을 통해 교통투자를 지원한다.
- 경량철도 역세권계획: 지방정부에서 Westside와 Hilsboro LRT 프로젝트를 통해 역사에서 1.5마일 이내 지역을 대중교통 중심의 개발지역으로 지정하고 역세권 계획을 수립했다. TOD 프로그램은 역세권 계획을 활성화시킨다.
- 교통계획규칙TPR : 1991년 오리건주에서 채택했다. Metro에서 차량운행거리VMT를 20년 내에 10%, 30년 내에 20%를 줄이는 정책과 계획을 입안했고, 지방 정부에서 고밀도 복합용도 개발을 위해 토지이용계획, Zoning, 대지분할 등 관련제도를 수정했다.
- Orenco Station: LRT MAX 역사 주변에 대중교통과 보행자 중심의 TOD 개발에 대한 가장 대표적인 사례이다. 부지면적 199.5에이커(807천m^2)에 중심상업지역은 주거, 상업, 업무의 복합용도 건물로 건설했다. 주변지역은 1,800여 가구 아파트, 타운하우스, 단독주택을 배치했으며, 보행편의를 고려하여 도심부와 주거단지의 가로환경을 설계했다. Zoning Code의 개정, 복합용도의 개발, 고밀개발 등 복잡한 조정내용은 이해관계자 간 협의로 해결했다.
- Fariview Village: 승용차보다 대중교통, 보행자 중심의 설계원칙 하에 보행, 자전거, 오토바이 등의 접근성을 향상하는 가로설계를 채택하고 도심까지 버스와 LRT를 직결 운행했다.
- 중심지 보행거리 내에 쇼핑센터와 공공건물(시청, 도서관, 우체국

등)을 배치하고, 주변에 개별주거단지를 연결하는 네트워크를 구성했다. 가로활성화를 위한 가로 전면의 현관Porch배치 등 신도시주의, 신전통주의Neo-Traditionalism의 개념을 적용했다.

- 부지면적 95에이커(38만 5천m^2, 11만 6천 평)에 약 600세대의 가구를 수용했고, 상업용도로 13,935m^2, 업무용도로 6,503m^2 부지를 확대했다.

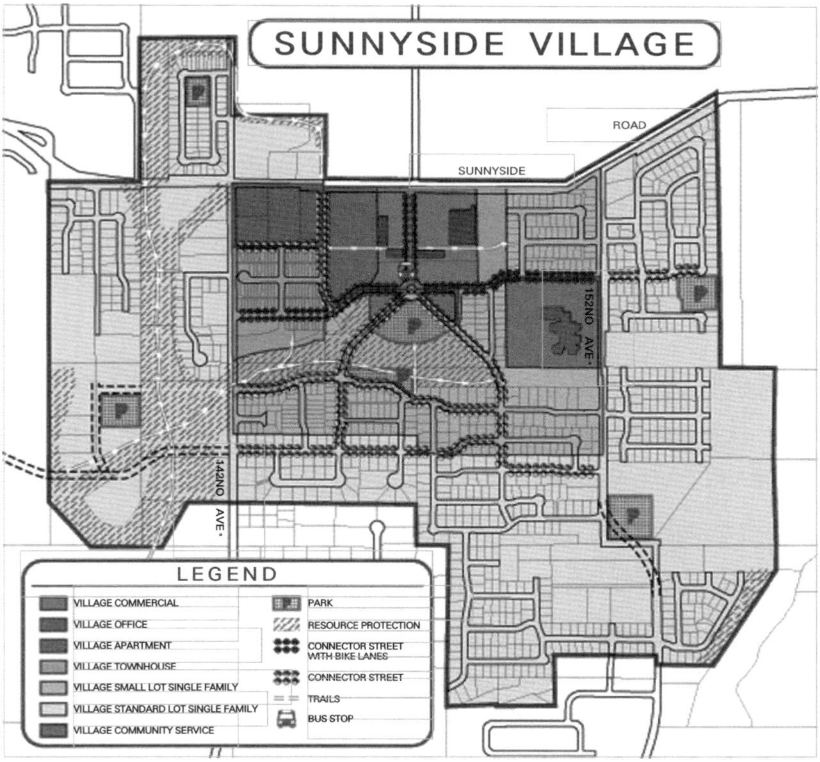

그림 7.1. 미국 포틀랜드시 TOD 도입 사례

자료 : 국토연구원(2003)

포틀랜드 TOD의 성공요인들은 대도시 지방정부Governance와 계획 집행, 주와 대도시권 차원의 도시성장제한경계선UGB 정책실행, 공격적 계획집행, 주차상한제 및 교통정온화Traffic Calming 등 요인들에 의해 성공했다.

미국 TOD 활성화 사례

미국, 일본에서는 TOD 도시개발을 유도하기 위하여 중앙 및 지방 정부 차원에서 다양한 형태의 직·간접 지원책을 마련했다. 한국은 실제 지원을 위한 유도기법의 적용 노력이 거의 없다. TOD를 유도하기 위한 미국사례를 대별하면, 재정 및 금융지원책, 토지관련 지원책, 토지이용규제 지원책, 기반시설 건설보조를 통한 지원책, 개발절차 간소화 등을 통한 지원책들이 존재한다.

미국 TOD 유도기법 사례

미국에서는 대중교통지향적 도시개발을 유도하기 위하여 세제감면, 각종 보조금의 활용, 세입담보금융TIF(Tax Increment Financing), 편익담보채권BAB(Benefit Assessment Bond), 입지효율주택저당대출LEM(Location-Efficient Mortgage) 등 다양한 재정지원수단을 마련하여 TOD형 도시개발을 촉진한다. TOD 활성화를 위한 마국의 토지관련 유도기법들은 토지합병Land Assembly, 토지교환Land Swaps, 토지은행제도Land Banking, 개발권 매도 또는 임대Sale or Lease of Development Rights 등이 있다.

토지이용 규제계획 차원에서의 TOD를 용이하게 하는 기법으로는 다양한 용도지역제Zoning, 계획적 도시개발Planned Urban Development, 개발권 양도Transfer of Development Rights, 구체적 개발계획Specific Plans,

장기계획차원 TOD계획 고려 등이 있다. 보완적인 기반시설 건설지원책으로 보도, 지하공동구, 공용주차장 등의 보완적 기반시설을 정부의 보조금을 이용하여 공적으로 개입하여 개발업자의 기반시설 비용부담을 경감시켜서 TOD형 도시개발을 유도한다.

비금융·비토지이용 관련 지원책으로서는 개발절차의 간소화 및 일원화 Streamlining Development Review, 재개발 활성화 정책Remediation, 자원공유Resource Sharing, 공공기관의 입지Siting of Government Facilities, 교통수요관리정책Transportation Demand Management 등이 있다.

알링턴 TOD 성공사례

TOD가 1980년대 이후로 개념을 구체화하면서 계획·정책적 측면에서 중요한 주체로 부상했다. 동경 철도역 중심의 지역복합개발의 사례를 제시하면서 TOD가 오래전부터 일본이 추진하여 온 민간중심 대중교통지향적 도시개발이다. 마찬가지로 1970년대 초 미국 알링턴 카운티의 Bull's Eye 도시개발 구상은 오늘날의 TOD 개념과 유사하다.

국내에서 오늘날 TOD 개념과 매우 유사한 도시개발전략을 1980년에 제안한 사례가 있다. 역세권 개발을 통한 서울의 다핵화 전략으로 Rosario 구상을 제안하면서 보행권내에서 도시철도역 중심의 고밀도 복합적 토지이용을 유도함으로써 교통혼잡 등 사회적 문제를 미연에 방지할 수 있다고 제안했다. 이들 두 도시개발 구상안 모두 TOD라는 대중교통지향적 도시개발전략이 개념적으로 등장하기 이전의 구상안으로 공통점이 있다. 두 구상안 모두 오늘날의 TOD 개념과 매우 유사한 도시개발 유도방안을 담고 있어 선구적인 개념이라 할 수 있다.

그러나 알링턴 카운티의 Bull's Eye라는 TOD 구상안은 1970년대 초반 이후 지난 30여 년 동안 계획적·정책적 측면에서 이를 구체화하고 일관되게 추진했다. 반면에, 국내의 Rosario 구상안은 계획·정책적 측면에서 단편적인 일회성의 시도에 머물렀다. 이로 인하여 전자 사례는 승용차의 이용 저감과 대중교통지향적 도시개발을 성공적으로 유도하면서 미국 및 기타 TOD의 개념을 구현하려는 도시들의 모범사례로 인용되고 있다. 그러나, 후자의 경우에는 실현되지 않은 역세권 중심의 도시개발 구상안으로 전락하고 말았다.

따라서 알링턴 카운티의 Bull's Eye 구상안이 실현되게 된 배경과 과정에 대한 교훈을 도출해야 한다. 이것은 향후 대중교통지향적 도시개발로 지속가능한 도시발전을 창출하려는 지방자치단체들이 정책전략을 수립하는 데 기여한다. 알링턴 카운티 TOD정책 배경을 파악하면, 미국 버지니아주 알링턴 카운티는 행정수도인 워싱턴 대도시권의 내부시가지Inner City에 속하며, Potmac강 서부지역에서 Columbia 특별지구와 인접한다.

약 26miles²의 행정구역 면적에 20만 명의 거주인구와 20.6만 명의 고용인구로 형성되어 있다. 1970년대 이전까지 고속도로의 건설과 자동차 대중화로 인하여 지역경제가 지속적으로 침체하고 있었다. 알링턴 카운티의 인구성장을 워싱턴 대도시권 지역과 비교하면, 1970년대와 1980년대에 이전의 인구는 정체 내지는 감소하여 왔다. 이러한 인구성장의 감소는 고속도로의 건설과 자동차가 대량생산되어 대중화되기 시작하면서 교외지역에서 저밀도의 양호한 주택단지가 건설되었기 때문이다.

결과적으로 알링턴 카운티는 저밀도의 단독주택 거주 성향에 따라 시가지 공동화가 진행되기 시작했다. 지역경제의 침체와 시가지 공동화가 시작된 1960년대 후반에 지역경제의 활성화를 위하여 작성된 백서White Paper가 카운티 당국에 의하여 제출되었다. 백서에는 Bull's Eye

라는 구상안이 포함되어 있었다. 구상은 워싱턴 도심으로부터 건설되는 5개의 지하철역을 중심으로 반경 1/4 mile내에 고밀도의 복합적 토지이용을 유도하면서, 대중교통의 이용자에게 지역경제를 활성화하기 위한 목적을 두고 있었다.

알링턴 카운티는 Bull's Eye 구상안을 토대로 공동화되고 있는 기성시가지의 재개발을 역세권 중심으로 추진하기 위하여 토지이용계획General Land Use Plan을 수정했다. 그리고 5개의 역세권에 대한 구체적인 개발지침을 담고 있는 부문계획Sector Plan을 수립하여 추진하고 있다.

건축인허가 과정에서 토지이용계획과 부문계획의 주요 계획 내용과의 정합성을 검토함으로써 계획의 일관성을 유지하여 오고 있다. 역세권 중심의 고밀 복합개발 및 보행친화적 도시설계를 유도하고자 하는 토지이용계획은 5개역의 기능별 차별화를 유도하고 있다. 알링턴 사례는 Rosslyn역에서 Ballston역까지 구상되기 때문에 Rosslyn-Ballston Metro Corridor라고 불린다.

알링턴 카운티의 TOD 정책효과를 보면, 알링턴 카운티의 1970년대 침체된 인구-지역경제는 1970년대 후반 지하철 건설과 함께 TOD 형태의 역세권을 개발하면서 급속하게 성장했다. Rosslyn-Ballston Metro Corridor의 인구 및 지역경제 성장을 보여주는 단적인 사례를 제시할 수 있다. 1970년대와 2005년을 비교할 경우, 인구와 고용이 각각 약 2.4배와 3.2배의 성장했다.

1970년대 이후 추진된 역세권 중심의 재개발로 인한 인구 및 고용 성장은 대중교통의 이용을 활성화시키고 승용차의 이용을 감소시키고 있다. 지하철역 중심으로 고밀도 복합적 토지이용의 개발정책은 지하철 이용자수를 증가시키고 도보통행량을 증대시켰다. 통근수단 분담률을 역세권 중심의 R-B Metro Corridor와 다른 지역과 비교하면 승용차의 수단분담률이 낮고 대중교통 이용률이 상당히 높다. 알링턴 카운티가 1970년대부터 추진한 Rosslyn-Ballston Metro Corridor TOD의 성공배경은 세 가지로 살펴볼 수 있다.

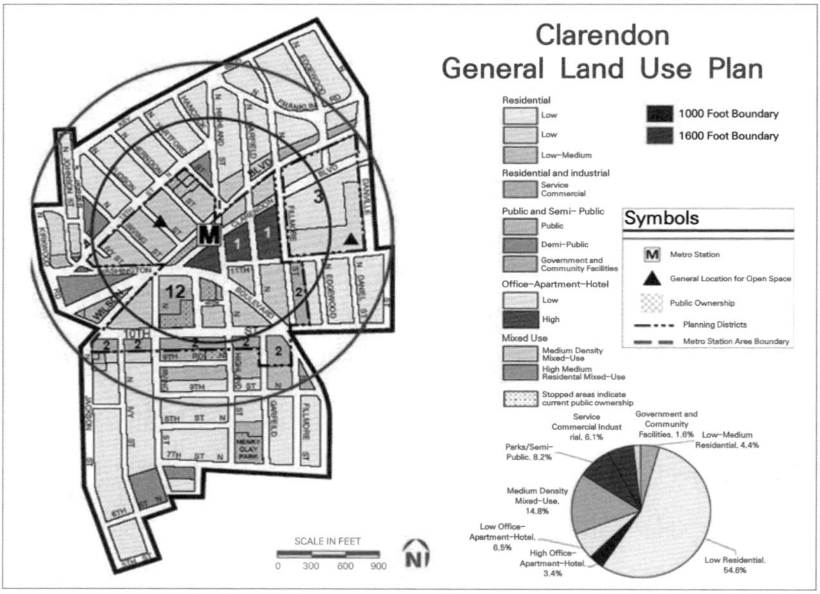

그림 7.2. 미국 알링톤 역세권 TOD 적용

자료 : 고주영(2015)

■ 일관된 계획원칙 적용

Bull's Eye 구상안이 1960년대 후반에 제안되고, 1970년대 후반에 Orange Metro Line이 개통되면서 알링턴 카운티는 도시철도역 중심의 고밀의 복합적 개발을 유도했다. 그 외 지역은 자연환경 보존과 양호한 저밀 중심의 주거환경을 보전하고자 노력했다.

철도역을 중심으로 반경 1/4 mile 내에서 고밀도 개발이 가능한 정책을 경주했고, 철도역중심 개발과 그 주변지역의 환경보전이라는 정책적 결과를 보여주고 있다. 복합적 토지이용을 유도하기 위하여 알링턴 카운티는 정책 목표를 주거 대 비주거의 세입기반을 50% 대 50%로 설정했다.

■ 계획체계의 정합성

역세권 중심으로 고밀의 복합토지이용을 유도하기 위하여 토지이용계획, 부문계획, 기능별 계획, 획지계획간 개발지침의 일관성 및 정합성을 꾸준히 견지했다. 이를 통하여 지역경제를 활성화시키고 대중교통 및 녹색교통의 이용을 촉진하는 지속가능한 정주환경을 구축하게 되었다.

토지이용계획에서 고밀도 복합토지이용의 개발위치를 지정한 후, 역세권별 개발목표를 설정하고 역세권 내 고밀개발에 대한 용도상향조정Up-Zoning하는 내용을 담고 있다. 용도상향조정은 개발심의위원회가 개별허가 이전까지 상향 조정되기 이전의 개발밀도를 적용하여 무분별한 고밀개발에 따른 문제점을 사전에 방지한다. 역세권 개발목표를 동일하게 설정하지 않고, 지역적 특성을 고려하여 행정기능 중심, 업무중심 및 상업중심의 역세권 등 도시의 기능별 차이에 따른 개발목표를 수립하였다.

수립된 토지이용계획에 따라서 역세권별 부문계획을 수립하였으며, 이는 토지이용계획에 비하여 보다 구체적인 계획내용을 담고 있다. 이를 살펴보면, 역세권별로 의도하는 개선방향을 설정하고 기반시설 수요에 기반한 상가 및 공원의 위치와 함께 보행동선 등 구체적인 설계지침을 수립하여 정연한 개발을 하는 기반을 제공한다. 더불어 알링턴 카운티는 전면 재개발 형식이 아닌 점진적 재개발을 유도했다. 개별 건축물의 신·증축 인허가 시 토지이용계획과 부문계획에 부합할 경우에 개발밀도 상향조정의 인센티브를 적용하며, 이에 부합되지 않을 경우에 일반적인 개발 인허가 절차를 따르도록 했다.

한편 주택과 업무시설 증가에 대한 정책효과를 결과적으로 유도하였으나, 상대적으로 상업시설의 성장이 저조함에 다라 상업계획Retail Plan을 수립하여 추진한다. 1990년대 이후 저소득층 주택의 건설이 미국의 중요정책 이슈로 대두됨에 따라 저소득층 주택건설계획Affordable Housing Plan을 수립했다. 이러한 유형의 주택을 건설할 경우에는 부가적인 용적률 인센티브를 제공하여 이를 장려하고 있다.

■ **토지이용과 교통 간 긴밀 관계**

알링턴 카운티의 TOD 성공배경으로 토지이용과 교통과의 긴밀한 협력관계가 계획 당시부터 꾸준하게 추진되었다. 1960년대 중반 알링턴 카운티의 북부지역을 동서로 통과하는 8차로 고속도로(I-66)의 건설계획이 발표되었다. 이 계획은 알링턴 카운티와 워싱턴 대도시권 철도공사의 제안에 의하여 4차로 건설계획으로 축소하고 알링턴 카운티의 내부를 동서로 관통하는 지하철 건설을 추진하게 되었다.

지하철 건설계획과 함께 역세권 중심의 고밀도 복합토지이용을 유도하는 재개발을 추진하기 위하여 토지이용계획이 수정되었다. 이로써 토지이용과 교통과의 긴밀한 연계성 제고를 통하여 TOD가 성공하게 되는 주요 원동력을 작용하게 되었다. 1990년대 초반 수립된 교통수요관리TDM(Travel Demand Management) 정책은 알링턴 카운티가 추진하던 TOD 계획을 달성하기 위한 보완적인 전략이 되었다.

획지계획 인허가시 개발업자로 하여금 TDM Matrix를 작성하도록 해서 개발에 따른 통행발생을 대중교통으로 유도할 수 있는 기조를 마련한다. TDM Matrix는 승용차 공동이용제Carpooling, 주차수요관리, 통근버스 운행, 대중교통 이용보조 등 다양한 TDM 기법을 개발규모별 토지이용 용도별로 차별화하여 발생되는 교통량의 관리를 유도한다. 이와 같이 건설계획 초기부터 지금까지 교통과 토지이용과의 긴밀한 연계는 현재의 알링턴 카운티의 성공을 유도하는 중요한 요인이 되고 있다.

일본 TOD 적용사례

일본의 도시들은 철도 노선을 따라서 발전되었으며, 생활권 또한 철도역을 중심으로 형성되는 특징을 보인다. 일본의 도시개발 행위는 철도역사와의 관계 설정을 중요하게 다루어 왔으며, 도시개발 시 철도 역사 및 주변지역을 일체적으로 개발하는 방식을 채택하고 있다. 이를 구체화하기 위해 지난 1991년 10월「대도시지역에서의 택지개발 및 철도정비의 일체적 추진에 관한 특별조치법」(이하「택지·철도 일체화법」 또는「일체화법·택철법」)이 제정되었는데, 이는 택지개발과 도시철도 확충을 동시에 달성하고자 마련된 특별법이다. 이 법은 토키와신선인 츠쿠바익스프레스Tsukuba Expressd와 그 연변지역의 개발을 대상으로 적용되기 시작했다. 택지개발과 도시철도 확충을 일체적으로 추진하여 주택지의 교통불편을 해소, 철도 이용의 안정적인 수요 창출을 도모하고자 한 것이 특징이다.

일본의 철도 중심 개발방식은 원활한 교통환승 시스템을 확보하여 타 교통수단과의 입체적 연계방안을 꾀하고, 대중교통과 보행을 위주로 교통계획 수립을 유도하는 것이다. 특히, 신칸센 역세권 개발을 통해 도시에 상징적 의미를 부여하고, 기능의 복합화와 입체적 고도화를 도모함으로써 도시기능을 회복하고자 노력한다. 역세권 개발은 교통뿐만 아니라 지역경제와 사회 전반에 걸쳐 영향을 미친다, 이 때문에, 중앙정부와 지방자치단체 간 연계를 통해 역세권 발전방향을 모색하고 지구단위계획을 수립하는 노력이 중요하다.

구체적으로 철도역사와 주변 지역을 연계하여 종합개발하고, 철도 이용 증진을 위한 공공기반시설 및 서비스시설을 확충하여 토지이용 개선과 중심지기능 강화를 모색한다. 일본의 도시재생 추진사업은 도시구조와 환경·경제·사회 변화에 대응하고 풍요로운 도시생활과 경제활동을 실현하고자 시작되었다. 국가의 지방정부에 대한 보조제도를 확립하여 사례 분석을 도모했다.

도종합정비형 도시재생 종합정비사업은 도시재생 및 재건을 추진하기 위해 조사, 정비계획 수립, 도시기반 시설 등의 정비, 면적 정비 및 거점 형성 등에 관한 사업 등을 실시하는 것이다. 거점정비형 도시재생 종합정비사업은 기능적이고 매력 있는 도시거점의 형성을 위해 핵심사업의 지구계획 등을 검토하는 사업 및 조사를 실시하고 있다.

철도 중심 도시재생 추진사업

일본에서 대중교통중심형 도시공간 구조정책 중 일체화법에 의해 시행된 가장 대표적인 사례는 츠쿠바익스프레스 중심의 택지개발사업이다. 이 사업은 도쿄의 아키하바라와 이바라키현의 츠쿠바를 잇는 츠쿠바익스프레스TX(Tsukuba Express)를 건설하는 것이다. 사업은 기존의 2시간 거리를 40분으로 단축, 도쿄의 생활권을 확대함과 동시에 주변 토지를 환지방식으로 정비한 사업이다.「일체화법」은 대표적인 사례인 츠쿠바의 이름을 따 「츠쿠바익스프레스법」이라 불린다.

일체화법은 대규모 주택지 개발과 대규모 철도의 개발을 전제로 한다. 법은 철도정비와 철도역 주변개발을 종합적으로 진행하기 위하여 국가 및 지방자치단체가 연계하여 민간기업을 지원하며 관계된 도·현이 주체가 되어 국가 및 철도회사, 공사관계자들의 연계방식 등을 규정한다. 해당 도·현이 각각 기본계획을 수립하고 중점지역 및 특정지역을 지정한다. 지역의 지자체 및 구획정리사업자와 협의회를 설립하고 마을 만들기 및 철도정비에 필요한 협의를 충분히 해 나갈 것을 의무사항으로 정하고 있다.

철도건설에 소요되는 비용에 대해 국가 및 철도노선 주변의 지방자치단체가 철도사업자에 대해 적절한 재정지원을 하도록 규정하고 있다. 중점지역의 도시계획사업에서 시행되는 토지구획정리사업으로, 일체형 토지구획정리사업을 시행할 수 있도록 규정하고 있다. 이는 시행지구에 도시계획에서 정한 특정 철도시설의 구역을 포함한 경우, 용지를 확보하기 위해 해당 용지에 특정철도사업자, 지방공공단체, 도시기반정비공단 등의 공적주체가 소유한 택지를 집약 환지하는 것이 가능하다. 일체형 토지구획정리사업을 3단계로 구분하고 있다.[1]

- 1단계 : 철도노선계획에 따라 철도노선 및 철도역사, 철도시설이 배치될 부지를 계획함. 지방공동단체, 주택·도시정비공단, 철도사업자 등이 주택용지, 공익시설용지, 철도용지를 만들기 위해 지구내의 토지를 선매. 이때 선매하는 토지는 철도 노선이 지나는 경로뿐만 및 주변 일대를 포함
- 2단계 : 일체형 토지구획정리사업을 인가하며 토지이용을 결정함. 선매한 토지를 철도부설지 내부와 집약환지
- 3단계 : 철도정비와 공공시설 정비와 함께 건축물 건립 및 공공시설

1 경기개발연구원(2011).

정비 등 종합적 도시 만들기 시행

일본은 철도역의 주변개발을 통해 도시 성장 및 재생차원에서 철도 이용을 증대시키고자 다양한 정책을 수립하고 관련 제도를 마련했다. 철도와 도시개발 간의 연계를 위해 재정지원과 택지의 집약 환지, 국가와 지자체 협력체계 등 사업을 원활히 진행할 수 있도록 다양한 제도적 장치를 마련하고 있다. 일본사례와 같이 우리나라에서도 도시개발과 교통체계를 연계할 수 있는 제도적 지원방안이 요구된다. TOD형 철도역세권 및 도시개발을 위한 재정지원과 사업추진 가이드라인 등을 포함하여 통합적인 지원이 가능하도록 법·제도를 개선하는 것이 필요하다.

일본 TOD 추진사례

도심진입시 철도 수송분담률이 73%가 되는 사실만 보아도 가히 도쿄는 철도의 도시라고 말할 수 있다. 잘 발달된 철도망은 25개의 회사가 운영을 하고 있는데, 2004년 4월 1일부로, 영단지하철(營団地下鐵)이 반(半) 민영화 되면서, 공영철도는 도영지하철(都營地下鐵) 하나만 남게 되었다. 야마노테선(山手線)을 중심으로 그 내부는 영단(지금의 메트로)과 도영지하철이, 그리고 그 외부는 JR과 민간철도회사(이하 사철)들이 영업을 하고 있다.

민간철도회사들은 철도부지를 사들여 개발하는 방식으로, 철도뿐만 아니라, 택지개발 및 백화점개발, 버스 및 택시 사업권마저 갖고 있다. 이들의 수익구조를 보면 백화점 개발 및 택지개발에서 가장 큰 수익을 얻고 있는데, 이러한 수익구조로 인하여 철도회사의 철도역주변의 개발은 오래 전부터 철도회사들의 주력사업이었다. 거꾸로, 철도회사들이 다양한 사업에 참여할 수 있도록 사업권을 보장해 준 제도로 인해서, 민간철도회사들이 지속적으로 철도에 투자를 해올 수 있었던 배경이 되기도 했다.

일본의 도시개발에 있어서 큰 특징 중의 하나는 '용도규제가 피라미드적 성격을 갖는다'는 점이다. 즉, 상업용도로 지정되어 있는 지역에는 어떤 용도라도 다 허용이 된다. 즉, 주거지역이 용도지역의 피라미드의 가장 꼭대기에 자리하고 있어서 주거지역으로 지정된 지역에 타 용도는 허가가 안 되지만, 거꾸로 상업용도지역에는 주거가 허용이 된다. 용적률에 관하여도, 상업지역의 경우 용적률을 1,200% 정도로 허용하고 있으므로 상업용도로 지정된 역주변의 경우는, '용도 및 용적률의 제한이 없다'라고도 말할 수 있다.

일본 TOD 유형별 사례

엄밀하게 말하여 일본의 경우, 처음부터 TOD를 목적으로 한 도시개발 사례를 찾기는 쉽지 않다. 그러나 Peter Calthrope이 주창한 TOD 개념이 반영된 역세권 개발사례는 많은 편이다. 일본의 역세권 개발을 TOD 측면에서 분석하여 일본의 TOD 개발유형을 다음 다섯 가지로 구분하였다(박내선, 2004).

■ 민간철도회사의 교외개발

1930년대부터 도심부내의 인구증가 및 오피스 수요의 증가, 그리고 치솟는 토지가격으로 인한 주택난을 배경으로, 철도회사들은 교외의 주택지개발에 눈을 돌리기 시작했다. 일본인들의 꿈이라고 불리는 '단독주택에서의 평화로운 삶'은 더 이상 도쿄 내에서는 불가능해졌으므로, 철도회사들은 교외의 단독주택지를 개발하고 교외를 도심부와 철도로 잇는 방안을 착안, 실현시키기 시작했다.

토큐(東急), 오다큐(小田急) 등의 철도회사들은 덴엔초후(田園調布), 하치오지(八王子) 등의 대표적인 전원도시를 개발하면서 전원도시형 TOD 개발의 대표적인 사례가 되고 있다. 이들 전원도시는 철도이용을 전제로 하고 있기 때문에, 마을은 철도역을 중심으로 방사선으로 뻗게 되며, 역은 마을버스로 직접 연계되거나, 자동차로 연계되도록 설계되었다.

■ 공공의 교외개발

민간의 교외지 개발에 자극받아, 정부는 1965년 신주택시가지 개발사업을 시작했고 이에 의하여 타마(多摩) 신도시, 치바(千葉) 신도시, 코호쿠(港北) 신도시가 개발되었다. 여기서 그 중 규모가 가장 크고 가장 성공적이었다고 알려진 타마신도시는 도쿄 남서부쪽으로 25～40km 정도 떨어진 구릉지대에 조성되었는데, 계획인구 약 31만 명, 총면적 2,890 ha로 일본최대의 신도시이다. 도쿄도(東京都 : TMG)와 주택/도시정비공단(住宅·都市整備公団 : HUDC), 도쿄도주택공급공사(東京都住宅供給公社 : TMHSC)가 주체가 된 타마신도시 개발은 1970년 입주가 시작된 이래 1991년까지 약 21,500호의 주택이 공급되었으며 입주인구는 계획인구의 절반가량인 15만 명에 그쳤다.

타마신도시는 아직도 건설 중에 있으나, 이미 30여 년 전에 지어진 주택부분에 대해서는 재개발이 진행 중이다. 타마신도시의 경우, 케이오선(京王線)과 오다큐선(小田急線) 타마모노레일 등의 대중교통이 구축되어있으나, 민간철도회사들이 개발한 교외지역과는 달리, 도쿄도심과 상당히 떨어져 있어 도쿄도까지의 일반적인 통근은 많이 이루어지고 있지 않다. 역으로 이러한 지리적 격리성으로 인하여, 당초 계획 인구만큼의 입주가 이루어지지 않았다고도 볼 수 있다.

■ 터미널역의 복합개발

신주쿠(新宿), 이케부쿠로(池袋), 우에노(上野), 도쿄(東京), 시나가와(品川), 시부야(澁谷) 등 야마노테선 위에 있으면서 주요 환승센터 역할을 하는 터미널들은 교통의 요지이자 사철이 접근할 수 있는 가장 내부 포인트가 되므로(사철은 야마노테선 안쪽으로는 들어올 수 없도록 되어 있다) 자연히 집중적인 개발대상자가 되었다.

시설 면에서도 과부하가 걸리면서 노후화됨과 더불어 최근 재개발이 이루어지기 시작했는데, 우에노와 시나가와는 2003년에, 신주쿠와 도쿄역은 현재 공사 중, 시부야는 계획 중에 있다. 터미널역의 재개발은 역빌딩을 중심으로 한 복합기능을 부여한 고층의 고밀개발을 그 특징으로 하고 있는데, 역 위에 빌딩을 세워, 저층부에는 상업기능을, 그 위로는 각각 오피스, 호텔, 주거 기능을 넣는 것이 보편화되어 있다. 거대해진 건물의 연면적에 대응하여 건물을 통과하는 도로를 설치하거나, 주변건물들을 데크Deck 등으로 연결하여 하나의 거대한 건물군을 형성하도록 하는 것도 한 특징이다.

■ TOD 공공사업

1985년 7월 운송정책심의회에서 "도쿄권에 대한 고속철도를 중심으로 한 교통망의 정비에 관한 기본계획에 대하여"라는 이름으로 조반신선이 중요한 과제로 떠올랐다. 도쿄의 아키하바라와 북동쪽의 쯔쿠바를 연결하는 조반신선은 JR 조반선의 악명 높은 혼잡을 완화하고, 조반신선이 놓일 주변지역을 체계적으로 개발하려는 목적을 동시에 띠고 있다. 1989년 '대도시지역에 대한 택지개발 및 철도정비의 일체적 추진에 관한 특별조치법(이하 택철법이라 칭함)'을 제정, 이 법의 적용으로 조반신선프로젝트가 철도정비와 연선개발을 일체적으로 행하는 국가적 프로젝트가 되었다.

그 뒤인 1891년 3월, 조반신선 정비사업의 주체로 수도권신도시철도주식회사 MIR(Metropolitan Intercity Railway Company)가 설립되었다. 이 회사는 철도주변지역 개발과 관련된 지방자치단체들의 연합으로 구성되었다. 택철법으로 철도선 주변의 난개발을 막고 통합적이면서도 계획적으로 개발함과 동시에 철도이용객을 확보하여 철도회사의 안정경영을 실현시키도록 한다. 철도건설에 막대한 비용이 필요하므로 국가 및 철도주변의 지방자치제가 철도사업자에 대하여 적절한 재원지원조치를 하도록 규정하고 있다.

그림 7.3. 일본 역세권 TOD: 동경 시부사역 사례

자료 : 서민호 외 8인(2019)

■ 철도역 기반의 재래시장 존치

도쿄의 철도망과, 시장가의 관계는 철도노선에 직교하는 형태로 시장가가 형성되었음을 알 수 있다. 이들 중에는 신주쿠나 시부야처럼 대형 쇼핑몰이 자리잡은 곳도 있지만, 주변의 도로여건이 열악해서, 철도선에 절대적으로 의존해서 살아남은 재래시장도 상당수에 이른다.

일본의 TOD 활성화 사례

TOD와 관련된 일본의 사례는 교통결절점 개선사업, 철도건설과 택지개발 일체화 사업, 도시재생사업으로 분류할 수 있으며, 본 절에서는 그 제도의 등장배경, 주요내용, 추진효과를 살펴보았다.

■ 교통결절점 개선사업

일본 국토교통성은 교통결절점에서의 도로와 기타 교통시설과의 결절기능을 강화하고 이용자 관점에서 교통결절점을 개선하기 위하여 2001년「교통결절점 개선사업」을 제도화했다. 사업은 교통결절점에서 역주변의 불법주차, 역전광장의 용량부족, 역접근도로의 미정비 등 문제를 해결하고자 도로획지 이외의 공간 활용과 관련사업자의 일체적인 정비사업이 가능하도록 만든 사업이다. 일본의 교통결절점 개선사업은 국내 대중교통 결절점에서 교통시설 공급수준의 양과 질을 제고할 수 있는 시사점을 제공하였다.

대부분의 해외사례들이 접근성 제고를 위하여 주로 도시개발 및 도시설계 측면에서 TOD의 중요성을 살펴본다. 한편, 일본의 교통결절점 개선사업은 교통 측면에서 대중교통결절점을 중심으로 환승연계의 원활화를 추구하고 있다. 교통결절점은 상이한 교통수단 또는 동일한 교통수단을 상호 연결하는 환승시설로서 각종 교통흐름의 합류공간의 역할을 담당한다. 여기에는 철도역, 버스터미널, 보행로, 역광장, 교통광장 및 보도 등이 포함되었다.

교통결절점 개선사업의 대상은 교통결절점과 인접 시설을 말하며, Park & Ride 환승주차장 정비도 포함한다. 일본의 교통결절점 개선사업 대상은 대략 1일 승하차인원이 5,000인 이상의 교통결절점 관련시설이다. 주로,「철도사업법」에 의한 철도시설 및 화물정차장, 「궤도법」에 의한 궤도시설, 「자동차터미널법」에 기초한 버스터미널 등이 해당된다. 버스 운행편수가 100편 이상인 버스정류소, 고속버스정류소, 「해상운송법」에 의한 해상터미널, 공항여객 취급시설 등도 교통결절점 개선사업의 대상이 된다.

■ 교통결절점 개선사업 내용

교통결절점 개선사업의 대상으로 하는 시설정비는 광장, 보행자 및 자동차, 운행정보시설, 주차장 등으로 대별한다. 면적 측면에서의 무장애 보도의 확보, 쉬운 안내시설의 설치, 역자유로 정비, Park & Ride주차장 정비, 접근도로의 정비가 교통결절점 개선사업의 주요 내용이다. 광장관련 정비대상은 역전광장, 버스광장과 접근도로 정비도 포함된다. 광장 정비는 자동차의 안전과 보행자의 통행 안전을 확보하기 위한 것이며, 접근도로 정비는 원활한 환승과 연계를 도모하는 것이다. 환승연계를 위하여 필요한 도로 정비는 교통결절점으로부터 300m 내의 간선도로를 의미한다.

보행자 및 자동차 통로정비는 안전하고 쾌적한 보행공간 등을 네트워크 차원에서 확보하고, 기능을 강화하는 것이다. 교통연계 정보시설 정비는 안전하고 원활한 교통을 확보하기 위하여 도로정보 및 버스 등 대중교통 정보을 제공하는 정보안내판 등 교통연계정보시설의 정비를 의미한다. 교통결절점과 인접한 Park & Ride를 위한 공공주차장의 정비도 교통결절점 개선사업의 일환이다.

■ 교통결절점 개선사업의 주체 및 재정지원

교통결절점 개선사업의 시행주체는 중앙정부의 경우 도로관리청, 지방자치단체는 도도부현이다. 중앙정부차원에서 도로관리청이 시행주체가 되고, 국토교통성의 도로국 예산이 사업에 배당된다. 이것은 교통결절점 개선사업이 도로사업의 일부로 인식함에 따른 것이며, 예산은 도로정비특별회계에서 지원된다. 교통결절점이 주로 원활한 대중교통의 이용에 목적이 있음에도, 일본은 이례적으로 도로국이 교통결절점 개선사업을 수행한다. 교통결절점 개선사업의 재정지원비율은 시행주체, 도로 종류 및 사업내용에 따라 재정지원이 차별적이다.

중앙정부(도로관리청)가 시행주체이면서 사업구간 내 일반국도의 구간 및 Park & Ride 주차장 정비는 사업비의 1/2을, 기타의 사업은 2/3을 보조하며, 이외 도로의 경우에는 50%의 비율로 재정이 지원된다. 반면에 지방자치단체가 시행주체인 경우에 Park & Ride주차장 정비는 1/2, 나머지 사업은 사업비의 55%를 교통결절점 개선사업으로 지원한다. 교통결절점 개선사업제도가 도입된 이후 국토교통성 도로국의 예산 약 1.2% 정도가 매년 사업에 소요되었으며, 연평균 재정지원액은 710억 엔에 이르렀다.

■ 교통결절점 개선사업 정비사례와 기대효과

교통결절점 개선사업으로 상이한 교통수단을 상호 연계함으로써 다양한 교통수요에 대응하는 체계적인 교통서비스를 제공한다. 그리고,

기존 스톡활용도 제고 및 교통결절점에서 고령화사회에 대응한 무장애화를 구현하는 기대효과를 도입시에 기대했다. 예를 들면, 오다큐 고마에역 정비사업은 역전광장을 정비하여 버스정류장을 역전광장에 건설하여 철도와 버스 간 환승체계를 개선하고 있다. 버스정류소의 이설로 환승거리가 150m에서 10m로 단축되었으며, 버스정류장 셀터를 설치하여 기후에 관계없이 쾌적한 환승환경을 구축했다.

다른 예로, JR·토요하시역의 교통결절점 개선사업은 중앙정부의 환승연계, 보행자의 이동편리성, 그리고 무장애화의 종합적 개선사업이다. 구체적으로 보면, 보행데크를 설치하여 보행자를 자동차, 버스, 노면전차와 분리하여 보행자와 안전과 쾌적한 보행을 유도했다. 보행데크에서 버스정류장 셀터와의 단차 해소, 음성안내장치 및 에스컬레이트의 설치로 장애인의 이동권을 개선했다.

노면전차 승하차장의 역전광장 설치 및 버스정류장의 집약화를 도모하여 철도와 노면전차 및 버스 간 환승의 편리성을 가져왔다. 환승거리 단축, 보행자 안전확보 및 편리성 제고 등을 통하여 토모하시역 교통결절점 개선사업은 철도 및 궤도의 이용자의 증가를 가져왔다. 시행 전후와 비교하여 JR철도의 경우 8.2%, 노면전차의 경우 5.4%의 증가율을 보였다.

홍콩 TOD 적용사례

홍콩은 지형적으로 산지가 많고, 본토에 위치한 신계지의 많은 지역은 도로를 이용한 접근에 제약이 크다. 1950년대에 급속한 경제성장으로 인해 급증 인구를 수용하기 위해 신도시를 개발하기 시작했고, 초기에는 위성도시를 건설했다. 1970년대 이후 홍콩은 아시아의 지정학적 이점을 살려 중계항으로서의 금융, 서비스업 중심의 산업을 지속적으로 키워왔다. 그 이후 국제 금융 중심지로의 변화에 성공했고 이를 바탕으로 비약적인 발전을 거듭했다. 외부 유입에 의해 인구가 폭발적으로 증가함에 따라 주택공급을 위한 신도시 건설정책이 필수적이었다.

최초의 신도시는 Tsuen Wan과 Kwun Tong 지역에 건설되었으며, 홍콩섬에는 Wah Fu Estate를 시작으로 신도시가 건설되었다. 1960~1970년대를 거치면서 새로운 관점에서의 신도시 개발이 있었으며, Sha Tin, Tsuen Wan, Tuen Mun와 Tseung Kwan O를 포함한 총9개의 신도시가 생겨났다. 이는 철도를 중심으로 한 개발방식으로, 현재 홍콩의 도시개발방식의 주류에 이른다. 홍콩 내 신도시 개발은 급속한 경제성장에 의해 기존 도시가 인구를 충분히 수용하지 못한 문제를 해결하고자 시작되었다. 이 때문에 자족성을 가지지 못한 신도시는 다양한 문제점들을 야기했다.

신도시 지정지구 및 지구별 특징

홍콩의 신도시는 총9개로, 1960년~1994년에 걸쳐 지정되었다. 총9개의 신도시가 40년 이상 개발되었으며, 초기에 건설된 Tsuen Wan, Sha Tin, Tuen Mun은 이미 완공되었다. 최근에 건설된 신도시들은 Tseung Kwan O, Tin Shui Wai, Tung Chung 등이다.

홍콩 신도시사업은 지정시기에 따라 총 3단계에 걸쳐 진행되었다. 초기 신도시(Tsuen Wan, Sha Tin, Tuen Mun)들은 인구증가에 대처하기 위하여 지정되었다. 신계지역 서쪽, 북서쪽 농촌 배후지에 위치하며 완공되었다. 1970년대 중기의 신도시(Tai Po, Fanling-Sheung Shui, Yuen Lomg)들은 기존 도시형태가 아닌 새로운 형태의 건축물 배치가 특징이며 인구증가에 따라 지속적으로 확장되었다. 마지막에 건설된 신도시(Tseung Kwan O, Tin Shui Wai, Tung Chung)들은 홍콩의 신흥 주거지로 각광받고 있다. 초기·중기 신도시는 농촌과 공업 지역의 배후지 역할을 담당하여 주거지 중심 신도시가 건설되어왔다.

신도시가 위치한 New Territories의 인구를 보면, 2001년 3백 34만 3,046명에서 2011년 3백 69만 1,093명으로 10.4%가 증가했다. 이것은 가장 대표적 도시지역 Kowloon의 인구증가율 4.2%에 비해 2배 이상 높으며, 오히려 -4.8%의 인구감소가 있었던 Hong Kong Island에 비하면 엄청난 증가율이다. 초기 신도시가 위치한 3개 지구 평균 인구 증가율은 11.4%, 최근 건설된 신도시가 위치한 Islands 지구를 포함한 3개 지구는 최근 10년 동안 33.9%의 인구증가율를 기록했다. 최근에 지정된 Tung Chung 신도시가 위치한 Islands지구의 경우, 2001~2011년 동안 63.1%의 급격한 인구증가율을 보였다. New Territories의 인구밀도 증가율 역시 홍콩 평균 증가율 5%이상이며, 인구밀도의 급 증가세로 나타났다.

신도시지구 주거형태 구성을 보면, 공공임대주택Public Rental Housing 비중이 높고 상대적으로 자가Private Permanent Housing 비중이 낮다. 홍콩 전체에서 공공임대주택의 점유비는 30.4%인 반면, 신도시 점유비는 35.1%로 약5% 가량 높다. 신도시 중에서 공공임대주택 비중이 가장 높은 곳은 New Territories의 Tin Shui Wai 지구로, 전체의 59.46%를 차지했다. 가장 낮은 곳은 Yuen Long 지구로 공공임대주택의 비율이 13.65%였다. 홍콩 전체로 볼 때, 신도시를 제외한 New Territories의 공공임대주택 비율이 약 3%, 자가주택 비중이 88.4%인 것을 감안하면, 신도시 임대주택 비중은 매우 높았다.

대규모로 유입된 인구수용을 위해 건립된 신도시 특성상 공공임대 주택 및 보조금에 의해 주택 구입한 세대의 비중이 높높다. 결국 홍콩 내 타지역과 비교할 때, 상대적으로 낮은 수준의 주거환경이 조성되었다. 공공임대주택의 높은 점유비 이외에 신도시 주거환경이 매주 낮은 수준이다. 이것은 공공임대주택이 인구수용을 주목적으로 건설되었기 때문이며, 주거지 규모에 비해 사회기반시설 공급이 부족하였다.

가장 최근에 건립된 Tins Shui Wai 신도시의 경우 공공임대주택 비중이 거의 60%에 이른다. 이곳은 저소득층 거주 지역으로, 출퇴근시 승용차보다는 MTR 및 버스 등 대중교통수단을 대부분 이용한다. 그러나 홍콩 도심지 통행에 이용되는 대중교통체계는 그다지 효율적이지 못하다. 특히 소득층이 많은 Tins Shui Wai 및 Tuen Mun 등 신도시가 홍콩의 북·북서지역 등 외곽지역에 위치한 데 기인한다.

홍콩 신도시 사례의 문제점 및 시사점

■ 장거리 통학 문제

통학은 주거지와 동일 지역 내에서 이루어지나, 최근에 건설된 신도시 학생들은 기존의 도시로 장거리 통학하는 비중이 높았다. 주거지 학교로 통학하는 비율은 기존 도심의 경우 96.3%, 신도시는 63.3%에 불과했다. 이전에 건설된 기존 신도시Mature New Town는 81.8%로 기존 도심에 비해 지역 통학비율이 상당히 낮았다. 이는 신도시 건설이 주택 확보에만 중점을 두어 기반시설인 취학인구수에 비해 적게 건설되었기 때문이다.

■ 도시 건설의 자족성

자족성 확보의 척도로 직장 위치를 들 수 있다. 주거지와 동일한 지역 직장으로 출퇴근율이 높을수록 해당 지역 또는 도시는 자족성을 갖추었다. 신도시 출퇴근 통행패턴을 분석한 결과, 신도시의 경우 기존

도시에 비해 동일지역 출퇴근 비중이 매우 낮았다. 기존 도시에서 지역 출퇴근 통행비중이 90.9%로 매고, 신도시의 경우 13.6%, 기존 도시로 출퇴근 비중이 66.8%에 달했다. 즉, 주거지 건설에만 집중했던 신도시 정책에 따라 지역 내 기업유치가 소극적으로 이루어졌다.

홍콩 신도시에는 지속적으로 많은 인구가 유입되나, 인구수용에만 주안점을 두어 도시의 자족성이 부족한 실정이다. 주거지와 직장, 학교의 위치가 분리되어 장거리 통행을 유발하며 신도시 자체는 베드타운으로 변했다. 신도시에 공공임대주택 비중이 높아 저소득층이 다수 거주한다. 지구 내에 충분한 직장·학교 등 기반시설이 부족하여 기존의 도시로 장거리 통근·통학하는 통행행태가 나타났다.

승용차 이용이 적은 저소득층은 MTR을 비롯해 대중교통을 많이 이용하나, 대중교통 등 사회기반시설이 부족하다. 지리적으로 외곽지역에 건설된 신도시에서 기존도시로 이동에 장시간이 소요되어 무분별한 도시 확산이 드러났다. 홍콩 및 한국 신도시들은 비슷한 개념으로 개발된 면이 많다. 서울 외곽지역의 주거지구 개발 시 홍콩 사례의 시사점을 잘 검토해야 한다. 지구 내 다양한 업무교류, 문화, 학교시설을 갖추어 주중·주말 교차통행을 유도하고, 충분한 사회기반시설을 갖춘 자족성 도시의 발전방안을 마련해야 할 것이다.

브라질 TOD 적용사례

브라질 쿠리티바시 TOD 도입

브라질 쿠리티바시 전체 면적은 423km²이며, 쿠리티바 시내에 약 161만 명, 주변 대도시 지역에 약100만 명이 거주하여 쿠리티바 대도시권 인구는 약 260만 명에 이른다. 1969년 ‘Zoning법’을 개정으로 쿠리티바 시는 신주거지역과 업무지역을 설정하고 무분별한 도시성장을 억제했다. 2개의 주요한 구조축과 기본 선형도로망을 정립하고 녹지·산림 공원, 전통적 중심지에 보행공간계획을 수립했다.

토지이용의 밀도계획을 고려하여 구조축의 경우 필요한 도시기반시설과 통합 대중교통망체계를 수립했다. 도시계획연구소IPPUC에서 수립한 도시교통정책 기본방향으로 토지이용과 교통의 통합계획, 에너지와 환경, 교통과 통합계획, 서민중심의 고객 지향적 도시교통정책의 개발을 정립했다. 교통과 토지이용계획의 통합, 교통과 환경의 통합정책을 추진했다.

TOD의 주요 내용

쿠리티바시는 Zoning규제를 통해 주간선 교통축을 중심으로 기능별로 개발밀도를 조정했다. 주요 간선축을 따라 3개 존으로 구분하고, 3중 도로구조시스템을 구축하여 간선교통축에서 멀어질수록 개발밀도를 낮게 조정했다. 버스전용차로와 일반통행로 사이의 대중교통축 전면 블록에는 소매상·상업거주지 등 20층 이상 건축물을 배치하여 고밀도로 개발했다. 다음으로 중간 높이의 콘도미니엄과 8~12층의 아파트로 구성된 주거지역을 형성하고, 이들 건물들은 3~5층의 저층빌딩과 연결했다. 나머지 지역은 단층, 2층 및 단독주택의 주거단위로 이어졌다. 일부 신교통축 인접공간에 쿠리티바시가 직접 토지를 취득하여 저소득층을 위한 고밀도 주택단지를 개발했다.

1974년 중앙버스전용차로와 급행버스Express Bus 및 무료 환승이 가능한 분산형 교통터미널을 도입했다. 간선버스망(5개축 60 km)과 지선버스망을 통합한 통합버스체계를 확립했다. 5개의 주 교통축과 20개의 터미널을 통한 연계체계, 이것을 보완하는 지선버스Feeder Bus망은 쿠리티바 교통체계의 근간을 형성했다. 간선버스 노선망의 경우, 중앙에 버스전용차로를 만들고, 일반 승용차량의 진입을 완벽하게 통제하는 콘크리트 분리대를 설치했다. 보조적인 일반버스 전용차로는 시간대에 따라 변하는 가변차로제를 도입했고, 각 버스노선에 여러 가지 색깔로 구분된 버스를 운행했다. 급행노선을 따라 1.4∼2.0 km 간격으로 소형 및 중형 환승터미널을 설치하여 신문가판대, 공중전화, 우체국, 소규모 상업시설 등을 배치하며, 5개축 급행노선의 끝에 대형 환승터미널을 설치했다.

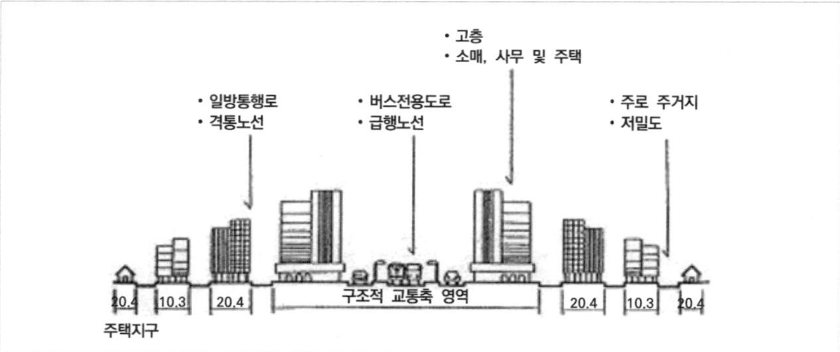

그림 7.4. 3중 도로를 따른 토지이용과 건축 밀도[2]

자료 : IPPUC(The Curitiba Research and Urban Planning Institution)[3]

221개의 '원통형정류장Tube Station'과 275명까지 태울 수 있는 '땅위로 달리는 지하철Above-Ground Subway'로 불리는 '3연절 굴절버스'를 도입하여 버스용량과 쾌적성을 지하철 수준으로 높혔다. 원통형정류장에 요금선불방식Pay Before Ride을 도입하여 승차시간과 주행시간, 공회전

2 박용남(2000), p.59.

3 쿠리티바시 도시계획연구소(IPPUC).

시간을 단축했다. 같은 높이에서 승차하게 만들어 장애인 통행에 편의성을 도모했다.

표 7.1. 쿠리티바 시의 버스 종류 및 역할

버스종류	역 할
은색	• 직행버스, 2~3km마다 정차
붉은색	• 이중굴절버스, 400~500m마다 정차, 최대정원 270명
하늘색	• 지역 순환버스, 최대정원 80명
주황색	• 환승 터미널만 운행
노란색	• 보통버스, 주로 도시 외곽지역 운행, 터미널과 무관함
특별버스	• 장애아동 학교 통학용, 전화호출가능, 무료
마이크로버스	• 소형좌석버스, 시 중심지만 운영
관광버스	• 모든 관광지 운행
병원버스	• 환자 운송

그림 7.5. 브라질 쿠리티바 도심광장

자료 : 도시재생뉴딜 블로그(2019)

한 장의 승차권으로 연계이용이 가능하여 추가 요금을 내지 않고 환승이 가능하도록 이용자 입장에서의 편의를 제공했다. 대중교통공사URSB에서 버스와 택시 등 대중교통을 총괄하며, 정류장 개설, 신호체계 수립, 버스 배차시간 관리, 신규 버스노선 결정, 운전기사 교육 등을 담당했다. 시에서는 전용도로 등 도로정비와 정류장 개설, 신호체계의 수립 등에 투자하나 대중교통에 대한 직접적인 재정지원은 전혀 없다. 급행버스 노선을 통해 하루 평균 190만 통행을 소화하여 1일 교통량의 40%(출퇴근 교통량의 85%)를 담당한다. 버스 평균시속은 32 km로 일반버스(평균시속 20 km)와 비교하면 시민들의 교통시간을 1일 20만 시간이나 감축했다.

나아가, 대중교통체계를 토지이용과 결합하여 녹색교통체계를 구축했다. 도시의 중앙로와 문화재 보호구역에 '꽃의 거리Flower Street' 등 7개의 보행자 전용도로를 조성하여 하루 종일 사람들이 자유롭게 이동하는 도시문화 중심지를 조성했다. 교통혼잡과 소음이 감소된 도심에 꽃과 나무를 심었고, 많은 주요 가로에서 속도제한과 자동차 통행제한 조치를 실시하여, 초기에 언론과 상인의 반대에도 불구하고 이후 핵심 상권으로 부상했다.

체계적인 자전거 도로망 구축으로 170km가 넘는 자전거 도로가 쿠리티바 곳곳에 연결되었다. 자전거를 이용한 도심지내 출퇴근은 물론 주말에 레저를 위해서 쿠리티바 내 모든 공원과 완벽하게 연계되어 있다. 도로변에 일정 거리의 건축 후퇴선(6m)을 두며, 건폐율을 50% 이하로 하고 의무적으로 공간(사유지)을 녹지대로 조성했다. 브라질 쿠리티바시는 캐나다 오타와와 함께 버스 TOD의 대표적인 성공사례가 되었다. 급행버스시스템BRT(Bus Rapid Transit)은 새로운 교통기술로서 버스운행의 탄력성과 저비용 구조를 가지고 철도의 장점도 동시에 제공한다.

7.2. 유럽 TOD 적용사례

스웨덴 : Hammarby Sjöstad 지구

스웨덴 스톡홀롬에 위치한 Hammarby Sjöstad 지구는 도시충진형 재개발 지역이며, 철도서비스와 차량공유제, 자전거 공유제 등의 녹색교통체계와 녹색도시주의의 통합을 통하여 에너지 자급적 형태의 탄소제로 도시로서 성공한 사례이다. Hammarby Sjöstad는 스톡홀롬 도심으로부터 약3km 거리에 위치한 작은 도시로 당초 2004년 올림픽 유치를 위하여 올림픽 타운으로 개발계획이 수립되었으나, 올림픽 유치가 무산되었다.

Hammarby Sjöstad 개발계획은 계속적으로 추진되었고 1999년~2010년 동안 총130ha가 개발되었으며, 2017년까지 총 160ha에 이르는 면적에 개발이 진행되었다. Hammarby Sjöstad에는 총 11,000여 주택과 24,000명의 주민을 수용하도록 계획되었다. 차량 공유시스템, 자전거 공유시스템, 대중교통, 자전거 인프라 등을 포함하여 개발이 이루어졌고, 타도시보다 교통수단에 의한 배기가스 배출량이 낮게 나타났다. 현재 대중교통 수단분담률은 약 52%, 비동력 교통수단 분담률도 27%에 달하며, 차량 공유회원 비율도 18%에 이른다. 교통, 토지이용, 건축물, 에너지, 상수와 하수의 통합계획으로 현대적, 환경적으로 지속가능한 복합토지이용을 이루도록 설계되었다. Hammarby Sjöstad는 건물과 교통시스템 건설시 엄격한 환경 요구사항을 준수하며, 1990년대 전형적인 개발과 비교되는 친환경적인 도시개발을 추진했다.

Hammarby Sjöstad 개발계획은 토지 대부분을 시에서 구입하여 비교적 쉽게 진행되었고, 종합계획 입안~건설단계까지 모든 과정에서 시당국이 주도적 역할을 수행했다. 지속가능한 프로그램으로 오염제거Decontamination, Brownfield 토지의 사용, 대중교통 정보제공을 통한 차량이용 감소 정책이 시행되었다. 이에 따라 에너지 소비, 수질오염 등을 저감하고, 생애주기비용분석Life-cycle Cost Analysis을 통하여 건축물 설계와 교통기반시설에 대한 막대한 초기 투자비용을 정당화했다.

시는 Hammarby Sjöstad 지구를 12개의 근린구역으로 분리하고, 민간으로부터 상세한 스케치계획을 받아 설계를 완료했다. 시도시계획과 설계팀은 개발업자 및 건축가와 함께 각각의 근린단위 구역에 대하여 설계코드Design Code를 준비했다. 가구Block 단위의 건물 배치와 형태, 구조 등에 대한 전반적인 검토와 더불어 랜드마크와 공적공간 및 보행로에 대해서도 직접 관여하여 주도적으로 개발을 이끌었다.

Hammarby Sjöstad 개발계획의 가장 중요한 정책으로 지속적인 대중교통투자, 자전거·보행자 인프라 개선, 자전거 및 차량공유 시스템 확충, 주차제한 등을 들 수 있다. Hammarby Sjöstad 대중교통의 중심인 Tväbanan 경전철은 지구 내 4개 역을 통과하고, 매 7분 간격으로 운행되어 핵심 대중교통수단이 되고 있다. 2006년부터 시행된 스톡홀롬의 혼잡부과금 정책과 맞물리면서 Tväbanan 경전철의 1일 평균 탑승인원은 2003년 30,000명에서 2009년에는 50,000명 이상으로 증가했다. 스톡홀롬 도심까지 2개의 버스 노선과 2개의 수상 버스 노선을 운행하여 지구 내에서의 승용차 이용수요를 확실하게 감소시켰다.

Hammarby Sjöstad 지구설계계획의 한 목표는 건강 도시의 조성이다. 이를 위해서 지구 내 자전거 도로, 보행교량 등을 설치하는 등 보행친화적인 도시로 설계했다. 자전거 공유시스템을 구축하고 시전체에 85개 자전거 주차시설을 만들고 모든 건물에서 자전거의 주차보관이 가능하도록 했다. 자전거 공유시스템과 더불어 차량공유시스템을 구축하여 지구 내에서 37대의 차량을 공유차량으로 사용한다.

이 정책의 시행으로 Hammarby Sjöstad 지구에서 승용차 이용비중은 전체 통행의 10% 미만을 차지하며, 승용차 보유대수도 인당 0.21대로 획기적으로 감소했다. 에너지 측면에서 음식쓰레기 및 하수 슬러지의 바이오연료화와 난방에너지 활용, 가연쓰레기 활용으로 에너지를 재생하는 한편, 통합 난방과 전력시스템을 구축하여 에너지 효율을 높이고 있다.

에너지 저감형 건축설계와 이중유리 및 절연시설을 최대한으로 장착하도록 하는 정책도 에너지절감에 기여했다. 빗물 집하시설 및 최대 침투 지상공간의 확보, 토양여과장치 등을 활용하여 폭우에 대비했다. 녹지와 오픈스페이스 측면에서 정원, 공원, 운동장, 선형녹지 등을 조

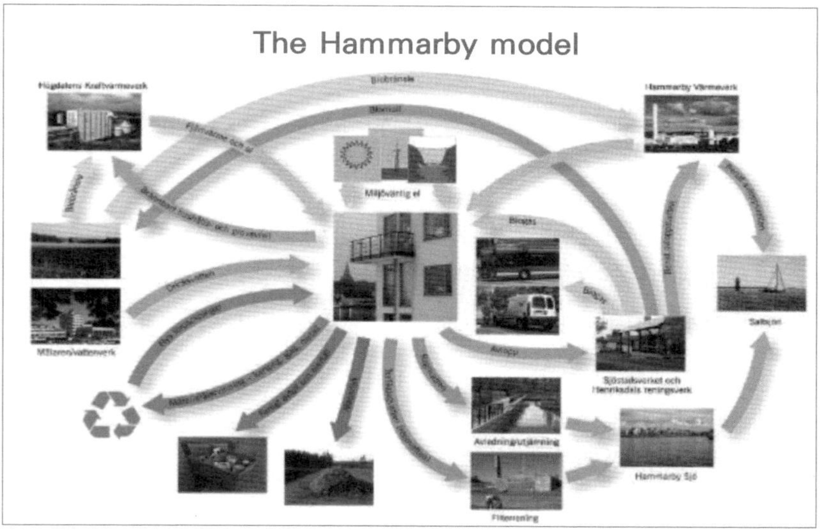

그림 7.6. 스웨덴 하마비 허스타드 TOD 모델

자료 : 디지털광진(https://www.gwangjin.com/)

성하며 현재 나무와 오픈스페이스를 보존하려고 했다. Hammarby Sjöstad 지구와 스톡홀름 중심 및 외곽 지역의 통행수단 분담률을 비교해 보면, 도심지역에 비해서는 승용차 수단분담률이 다소 높은 편이나, 외곽 지역과 비교해서는 상당히 낮은 분담률을 보이고 있다.

독일

Rieselfeld 지구

Rieselfeld는 Freiburg 서쪽에 위치한 도시로, 1994년 이래 생태적 주거단지로 조성되었다. Rieselfeld 지구는 Vauban 지구와 더불어 독일 Freiberg의 역사적인 대학도시로 꼽히며, 트램 네트워크를 활용해 도심지 접근이 용이하고 대중교통시스템이 잘 구축된 계획도시이다. Rieselfeld 지구는 주택공급 보다 기능 및 질적으로 우수한 주거환경을 공급하는 것이 목적이었다. Rieselfeld 지구계획에서 가장 드러난 특징은 철도를 우선적으로 설계했던 사항이다. 철도는 Rieselfeld 지구와 도심 간 연결기능을 수행하고 개발축을 형성했다.

Rieselfeld지구의 주요 정책은 Vauban지구의 정책과 공통점이 많다. 주요 교통정책에는 트램 중심의 대중교통체계 구축, 자전거 및 보행네트워크 형성, 자동차 공유시스템 운영 등이 있으며 세부 내용을 파악할 수 있다.

- 주요 도로 구간에 트램이 운영되며, 지구 내 3개역을 7분 간격으로 운행하고 도심 통행시간은 15～20분으로 부담이 없다.
- 광대한 자전거 및 보행네트워크가 형성되어 도심지 방향 자전거 통행이 가능하게 자전거 도로망을 만들었다.

- 무정지 표시지점은 '무조건 양보지역'으로 인식하도록 교육하며, 어린이를 우선 보호했다.
- 트램, 자전거, 보행자에게 통행우선권을 부여하고, 차량은 30km/h 이하의 속도로 통행 제한하고 차량통행을 제한하기 위해 좁은 폭의 가로망 위주로 설계했다.
- 편리한 자전거 및 보관시설을 설치하고 Park-and-Ride 시설을 구축했다.
- 자동차 공유시스템을 운영하여 녹색교통 측면에서 자동차 효율성을 제고했다.

Vauban 지구

Vauban 지구에는 저에너지 주택이 상당수 있으며, 지속가능한 지구 개발사업 중 가장 성공한 사례로 언급되었다. 지구는 Rieselfeld 지구 후에 개발되어서 엄격한 주차시설 제한규정으로 개발되었다. 개발계획을 상향식 접근방식으로 수립하여 개발업자와 거주민들이 직접 Vauban 지구 가로 및 획지 설계에 참여했다. 그 결과 지구 승용차 주차장이 주거지와 분리된 곳에 입지하고, Vauban은 Rieselfeld와 함께 TOD 중심 재개발을 이루어 성공사례이다.

Vauban 지구는 에너지 측면에서 효율적인 건물을 짓고, 철도 중심의 대중교통체계의 활성화로 처음부터 개발계획을 수립했다. 차량이용을 억제시키고 안전거리를 조성하기 위하여 주요 도로 구간을 'U자형'으로 설계했다. 모든 주택에 승용차가 직접 접근가능한 주법Baden Wuttermberg Land Law규정에도 불구하고 승용차이용이 타교통수단보다 불편하다는 원칙으로 설계되었다.

주차공간에 대한 이용가격을 토지가치와 건설비용을 기반으로 책정했다. 시규정에 따라 주차면이 없는 거리Parking-Free Street에 입지한 주택은 단지 경계부에 있는 공동주차장을 구입하여 사용한다. 주차요금을 지불하지 않는 거주민은 차량을 소유하지 않겠다는 법률선언에 사인을 해야 지구입주가 가능하다. 그러나 주법을 준수하기 위해 미래 주차수요를 감당할 수 있도록 일정 구획의 토지를 제척한다. 또한 3,500유로에 해당하는 펀드를 구입하고 차 없는 생활조합Association of Car-Free Living이 시스템을 운용하도록 한다.

Vauban 지구의 가장 큰 특징은 차량이 없는 거리를 조성하여 차량이용을 제한하고, 주거지와 주차장을 공간적으로 분리하여 기본적으로 차량이용이 불편한 데 있다. 한편 매력적인 대안은 철도 대중교통 시스템과 고품질의 비동력식 대중교통 인프라를 구축하여 대중교통 이용률을 크게 높였다. 주요 교통정책은 크게 경전철 중심의 대중교통체계 구축, 자전거 및 보행자 기반시설 구축, 주차 및 차량이용 제한을 두고 있다.

- 지구 내 3개 철도역을 7분 간격으로 경전철을 운행하며, 도심까지 10~15분 정도 걸려 부담감이 적다.
- 2개 버스노선으로 경전철과의 연계환승체계를 구축했다.
- 지역에 쉽게 접근가능한 자전거 및 보행자 전용도로를 설치하고, 도로와 중첩되지 않게 네트워크 구축으로 안전성을 높혔다.
- 높은 주차비용 부과, 건물 70%는 주차시설이 없으며 지구외곽에 주차공간을 제공하여 주차제한을 실시했다.
- 주요 도로구간 제한속도를 30 km/h 이하로 설정하고, 접근도로는 5 km/h 이하로 제한하여 차량통행을 제한했다.
- 도로망에 차량 통행이 어렵도록 차량이용에 불편함이 있게 설계했다.
- 주거지 2분 이내의 거리에 자전거 주차장을 설치하여 자전거 이용을 적극적으로 유도했다.

그림 7.7. 독일 Vauvan 지구 TOD 적용

자료 : 도시정보(2014.9)

영국

런던 Greenwich Millennium Village

Greenwich Millennium Village GMV는 주택, 공원, 교통 등을 포함하는 대규모 복합단지 개발사업으로, Greenwich 재생사업의 핵심 프로젝트이다. 도시재생 주거단지로서 환경보존, 저에너지 정책, 높은 수준의 건축물, 복합적인 토지이용 등을 포함하며, 보행자 중심의 도시개발이 이루어졌다.

GMV는 1999년에 건설이 시작되어 2002년에 1,095호 주거단위 1~2단계가 완성되었다. 이후 2014년까지 3~4단계 개발이 완료되면 총 3,700호 수용하는 주거단위가 완공된다. GMV도 다른 녹색 TOD 중심 도시개발 사례와 마찬가지로 주차제한, 자전거 및 보행환경 구축, 자동차 공유시스템을 도입하며 세부내용을 기술하였다.

- GMV 주차정책은 차량 의존도 감소정책으로 주택지에서 주차면을 분리하여 주차불편을 실감한다.
- 총 884면의 주차시설이 있고, 주차공간의 80%만 이용 가능하며, 주차장이 지구 가장자리에 있어 접근이 불편하다.
- 주차공간은 거주 단위별로 주차요금을 지불한다.
- 휴일기간 동안 비공식적으로 학교 주차공간을 사용하며, 추가로 거주민은 주차공간을 사용하지 않는 경우 이웃에게 빌려준다.
- GMV는 자전거 및 보행환경 네트워크 구축하고 지구 전체 자전거와 보행네트워크를 연결하고, 주변 개발지역과 연계한다.
- 자전거 보관시설은 모든 주택에 제공되며, 2～3대 자전거 보관정소를 마련한다.
- GMV 북쪽에 시내전차의 형태로 제공되는 두 대의 공유차량이 존재한다. John Harrison Way의 경계부근에 있으며 터널주차장이 구축되어 있다.
- 주요 대중교통정책으로 2개의 버스전용차로를 설치하여 마을을 통과하고, 버스전용차로는 Green 중앙분리대에 의하여 일반차로와 분리되었다.

그림 7.8. 영국 런던 Greenwich TOD 적용

자료: 도시정보(2014.9)

영국의 런던기본계획Greater London Authority (2001)

영국 런던기본계획은 대중교통의 접근성에 대한 종합적 분석결과를 반영하여 런던 대도시권의 TOD을 위한 실행계획을 수립했다.[4]

- 향후 10년 동안 중장기적 교통혼잡에 대응하여 대중교통수단을 제고한다.
- 토지이용계획과 경제, 재개발, 사회적 형평성, 환경 등 삶의 질과 관련된 핵심정책분야Key Policy Areas와 교통정책이 효과적으로 통합한다.
- 대중교통수단 개발에서 유발통행량을 수용하도록 계획 혹은 현재 대중교통서비스 지역에 주요 개발행위를 허가한다.

---

4 경기개발연구원(2001), p.112; Greater London Authority(2001).

- 교통시설투자 프로그램의 수립 및 교통관리 전략을 실행하기 위한 토지이용정책을 구축한다.
- 고밀도 통행을 유발하는 개발 또는 재개발은 대중교통수단으로 접근이 가능한 곳에 집중시킨다. 토지이용과 교통정책을 통합하여 TOD를 추진한 사례로는 싱가포르, 홍콩, 토론토, 밴쿠버, 보스턴 등이 있다.

표 7.3. 토지이용과 교통정책의 통합추진 사례

사 례	토지이용	교통정책
싱가포르, 홍콩	• 전철정차장 주변의 도시차원의 고밀 및 복합적 토지이용 • 차량에 의존하지 않는 교통수단 장려를 위한 토지이용	• 전철투자 확대 및 노선의 순환화 • 승용차도로시설 공급제한과 차량소유 및 주차요금 고비용화
토론토	• 지하철역 주변 TOD축 육성 • 경전철 및 노면전철 주변 고밀화	• 통근열차 확장 및 경전철 추가 • 신규 도로용량 제한 및 주차제한
밴쿠버	• 대중교통 및 보행노선 주변 복합 중밀도 개발 • Skytrain주변의 대중교통지향적 복합적 부도심 개발	• 광역버스노선 방사형 서비스 제공 및 교외 통근열차 확장 • 연료 부가세
보스턴	• 내부도시의 재도시화 • 공원신설 및 개선	• 도심부 재개발 시 철도노선 개설 및 대중교통 요금의 저렴화 • 방사형 도로확장 금지 및 연료세 부과 • 20년간 주차장 공급 동결

자료 : 경기개발연구원(2001)

유럽 녹색 TOD 시사점

TOD 정책은 도심지 및 도시 외곽지역과의 연계가 필요하며, TOD 연계 강화를 위해서는 도심과 도시 외곽지역을 연결하는 철도의 역할이 중요하다. 유럽의 도시개발은 대중교통체계를 중심으로 시행되고, 트램 등 철도로 도심과 외곽지역을 연계하고 있다. 이것은 수도권에서 광역철도 TOD 연계 강화 방안을 마련하는 데 시사점을 제공하였다.

유럽은 20세기를 맞이하면서 지속가능한 녹색도시를 구현하기 위해 노력했다. 이에 따라 다수의 주요도시에서 건축물과 교통, 환경, 토지이용 등의 모든 부분을 종합적으로 고려한 도시재생 개발사업이 진행되었다. 지속가능한 도시재생 개발사업의 중심에는 TOD 개념이 도입되었다. 이는 녹색도시를 구현하면서 교통혼잡 및 차량이용에 의한 오염물질 최소화를 가장 중요한 고려요소로 인식한 데 기인한다.

TOD 개념의 도입으로 유럽의 대표적 개발도시에서는 차량이용제한, 철도 중심 대중교통체계 확보, 자전거 및 보행체계 구축이라는 공통적인 정책을 시행했다. 차량통행 이용을 최소화하기 위해서 차량 동선체계를 불편하게 하는 동시에 자전거 및 보행 네트워크의 연결성 및 안전성은 높였다. 따라서 차량을 이용하지 않고 대중교통이나 자전거를 통해 도심으로의 접근이 용이하게 했다. 이는 TOD 중심의 녹색도시를 구현하는 데 있어서 가장 중요한 부분이라고 해석된다.

이처럼 녹색 TOD 도시개발이 성공적으로 이루어지기 위해서는 차량을 제외한 녹색교통수단의 접근성 및 이동성, 편의성 등이 확보되어야 한다. 녹색교통 수단 간 환승체계가 확보되는 동시에 차량이용을 위한 정책 및 시설, 주차시설 등에 대해서는 엄격한 제한이 필요하다. 유럽사례를 통해 철도가 도심과 도심, 도심과 외곽지역을 연결하는 중요한 역할을 하는 것을 확인할 수 있다.

7.3. 국내 TOD 적용사례

수도권 도시개발 실태

신도시가 건설된 성남시와 고양시에 택지가 대규모로 조성되었다. 경부축을 따라 수원시, 용인시, 평택시 및 화성시 등에 택지개발이 집중된 것으로 나타났다. 도시개발과 대중교통 역세권은 전철 등의 철도 관련 역세권의 공간적 분포를 나타낸 것으로 역세권은 GIS의 근접성 분석을 적용하여 반경 1km로 버퍼하여 설정했다. 설정된 역세권의 공간적 범위에 포함되는 택지개발지구의 인구를 추정했다.

역세권 범위 안에 포함되는 것으로 추정되는 택지개발지구의 인구는 약2백만 명으로 논의 대상 전체 택지개발지구의 총인구 7,383천 명의 약 26%를 차지한다. 택지개발지역의 역세권 포함 비율은 고양시 66%, 안양시 51%, 광명시 48%, 성남시 42%, 군포시 32%, 남양주시 29%, 동두천시 26%, 의정부시 17%, 부천시 17%, 수원시 14% 등 순서로 나타났다. 반면에 택지개발지역의 역세권에 미포함 시군들은 용인시, 구리시, 김포시, 오산시, 시흥시, 안성시, 의왕시, 광주시, 포천시와 하남시로 분석되었다.

경기도 택지개발지구의 예상인구의 74% 정도가 역세권 외부지역에 집중하며, 26% 정도 인구가 역세권과 근접하여 개발되고 있다. 그렇다고 74%의 일부 인구가 활성화된 버스 역세권과 근접하여 개발되었다고 보기 어렵다. 향후 계획된 전철, 지하철 노선이 많기 때문에 경기도 택지개발시 역세권에 체계적인 TOD를 적극적으로 추진할 필요가 있다.

역세권 TOD 추진

신도시 역세권 실태

신도시의 TOD도 문제가 있지만 역세권 개발 측면에서 양호한 상황이다. 실례로 도시개발 이후에 조성된 자전거도로와의 접속시설이 미비되어 있다. 역사와 자전거 전용도로와의 연결로가 불편하고, 자전거 전용도로와 연결된 보행로에는 자전거 통행을 가로막는 장애물(가로수, 가로등)이 돌출되어 자전거통행에 지장을 초래하고 있다.

각종 철도와 버스, 보행자 동선과 자전거도로망을 감안할 때 신도시에서 자전거도로와의 연계성이 부족한 것으로 드러났다. 역세권내의 자전거 전용도로에는 지하철 역사의 위치를 알리는 표지판이 전혀 없다. 지하철 역사와의 연결로가 불편해서 지하철역과 자전거 도로망 간 연계성 강화가 필요하였다.

구시가지 역세권 실태

■ 부천시 역세권 이용

부천시 역세권에는 상업시설, 업무시설, 주거, 공공시설물이 다양하게 입지하고 있다. 역세권 계획의 문제점으로 교외가 아닌 도시지역에 위치한 공장시설이 역세권에 여전히 위치하고 있다. 공장시설의 입지 실태로 TOD의 실천에는 장기간이 소요될 것이며, 역세권 토지이용도 역기능하게 된다.

■ 의정부시 역세권 이용

의정부역 민자역사 계획은 기존 역사보다 철도상부공간을 활용하고 역사 앞 광장 일부를 이용하는 것으로 수립되었다. 기존 광장이 협소하지만, 바로 인접한 미군부지와 연계된 토지이용계획이 없었다. 미군부지는 철도 관련 용지로서 여기에 TOD추진이 필요하다. 단순한 민자역사 건립은 승용차 중심의 교통체계를 강화하고 대중교통지향적 역세권 개발방향을 간과할 수 있다.

수도권 TOD 추진주체와 여건

수도권 TOD 추진주체

TOD 추진주체는 경기도의 시·군이나, TOD 추진을 위한 재정이 취약하여 국고, 도비 보조금 등 예산확보가 절실하다. 광역적인 TOD 전담 행정부서는 TOD의 추진력 제고와 책임성 확보를 위한 중요한 TOD 정책방향이다. 대부분 TOD 계획이 비법정계획인 장기발전계획에서 수립되었다. 이로 인해 상세한 실행계획이 수립되지 않고, 역세권 공간개발도 역세권 토지이용기능으로 한정되었다.

예컨대, 역세권 개발이 지식기반산업 또는 국제 금융업무 등의 기능을 수용하는 개발거점으로서의 계획된 곳이 없다. 역세권이 도시기능의 중심지 또는 구심점으로서의 역할을 수행할 수 있는 도시공간거점과 네트워크와의 관련성이 적다. TOD를 활성화시키고 공간거점으로서의 교통결절점을 강화하기 위해서 전철, 지하철, 철도, 간선급행버스BRT와 버스 등 주요 정차장을 대상으로 하는 TOD가 요구된다. 교통결절점과 자전거도로 또는 인라인스케이트 코스 등 위탁통행을 위한 그린웨이Greenway와 연계도 고려해야 한다.

수도권 TOD 여건전망

수도권에는 여전히 전철 또는 지하철 노선망이 장래 택지개발 등 다양한 개발수요를 충족시키기 위하여 계획 및 논의되고 있다. 계획 중인 전철, 철도 등의 노선망을 지리적으로 표기하여 노선의 교차점이 환승 등의 주요 역세권 기능을 담당한다. 역세권에 TOD를 추진할만한 후보지역을 추출하며 예상권역들은 10~20개소에 이른다. TOD를 예시적으로 표현하면 개발시스템으로서 일련의 TOD축이 조성되어 역세권 공간기능을 더욱 확충하게 된다.

수도권 TOD 종합

신도시지역

수도권 신시가지에서 TOD는 계획적으로 조성되고 있다. 신시가지에서 TOD는 양호한 편이지만, 주5일 근무제로 자전거 및 인라인스케이트 이용은 여가, 통행 목적 상 급증했다. 이에 따라 자전거 및 인라인스케이트 전용도로가 역세권 개발에 반영되고 계획적 연계가 필요하다. 따라서 TOD가 이루어지는 역세권에서 자전거 및 인라인 스케이트 전용도로가 표지판이 미비되어 있으므로 종합 설계와 역세권 활용 전략에 고려가 절실하다.

기성시가지

수도권 기성시가지에서 TOD가 간헐적으로 추진되고 있다. 수도권 차원의 종합계획 보다, 개별 필요에 따라 세부계획을 수립하고 추진했다. 일부 사업은 민간입지의 사업목표에 치중하여 개발계획의 종합성이 결여되어 있다. 기성시가지 역세권 이용의 문제점은 TOD에서 공장용도를 배제하지는 않지만, 공장시설이 역세권토지이용의 최적기능이 되지 못한다.

공장시설 존치가 문제되는 이유로 일반적으로 공장시설용지는 지가가 상승하면 매각하고 지가가 비교적 저렴한 외곽지역으로 이전하기 때문이다. 개발밀도로 용적률이 대체로 300%를 밑돌고 있는 것은 TOD의 잠재력을 갖고 있다. 민자유치를 위해서 TOD를 활용하려면, 역세권개발 종합계획이 중요하나, 역세권의 공공성을 잠식하는 광장기능을 과도하게 강조하는 역세권 개발계획은 검토되어야 한다.

수도권 TOD의 정책 및 정책방향

수도권 TOD 활성화 필요성

수도권에서 인구고밀지역인 서울인접지역, 도시와 농촌의 성격이 혼재된 도농통합 지역, 연안지역, 개발구제가 심한 자연보전지역 및 접경지역 등은 지역특성이 상이하므로 그 특성을 토대로 TOD가 수립되어야 한다. 정책 측면에서 TOD 기본계획, TOD 지침제정 등은 몇 개의 시·군을 한데 묶어 광역권 차원에서 TOD 정책이 정착되어야 한다.

수도권 TOD 정책목표와 방향

세계경제의 영향에 따라 유가 및 천연가스 급등으로 교통에너지의 효율적 이용을 도모하고 온실가스배출량 감축에 대비하기 위한 교통, 토지이용 등의 정책적 대응이 중요하다. 대중교통이 활성화되면, 승용차로부터 대중교통수단으로 더욱 많은 교통수요가 전환된다.

대중교통수단으로의 수요전환과 동시에 수도권의 공간구조를 재개편하는 공간개발 구상이 수도권 정비계획에서 필요하다. 수도권의 TOD 개발과 공간구조 재개편구상은 상호 연계성이 강하고 상생발전하는 향후 국토도시개발 정책목표이다. TOD의 대상지역인 역세권에 적합한 토지이용기능을 배치함으로써 직·주 간 접근성을 제고시키는 정책적 목표가 효율적이다.

■ **교통의정서 온실가스 배출량 감축 대비**

고유가 및 기후변화시대에 교통에너지 효율성을 높이기 위한 방안으로의 TOD는 대중교통 이용 편의와 접근성을 제고한다. 승용차 이용자의 집중 공간보다 승용차 이용자가 산개된 지역에서 대중교통 편의성과 접근성이 개선될 경우에 대중교통 이용객이 크게 증가한다. 이것은 교통에너지 절감과 교통혼잡 비용의 감소에 기여하는 효과가 있다.

TOD는 온실가스배출량 감축을 실천하는데 상당한 기여할 것이며, 온실가스 감축을 위한 교통분야의 중요한 대안이다. TOD가 대안으로 추진될 경우, 출근통행 감축과 유사한 수준인 19,000톤(2020년 기준)의 탄소가 감축될 수 있다. TOD는 수도권 온실가스배출량의 감축에 기여할 전망이므로 TOD의 활성화가 기대된다.

■ **수도권 체계적 공간정비**

수도권 내 공간구조를 개편하고 비효율적인 공간을 바로잡기 위해서는 공간체계 목표에 충실한 정책이 도시개발정책과 연계하여 실행되어야 한다. 수도권 난개발로 훼손된 공간체계성을 정립하기 위해서는 TOD 대상지역인 역세권의 합리적인 이용이 수도권 개발계획에서 중요한 고려요소가 된다.

수도권 공간거점은 다양한 계획요소로 설정되지만, TOD와 연계하여 설정될 수 있는 거점은 전철, 지하철, 경전철 등의 철도교통과 버스교통의 환승정차 공간인 역세권 개발이다. 역세권에 차량 승차, 환승 등의 역사기능 이외에도 역사 이용자 또는 지역주민 대상의 상업, 업무, 공공시설 등 토지이용기능을 복합적으로 배치하고 접근성을 개선해야 한다.

역세권 TOD를 촉진시키기 위해서 역세권 토지이용기능 또는 시설을 유인할 수 있는 인센티브제를 강구해야 한다. 유인책으로 기반시설의 우선 투자, 기반시설 부담금의 일정 감면 혹은 면제 등 개발정책 구상은 역세권 공간체계 개선에 기여할 수 있다. TOD를 위하여 Portland시는 역세권에는 기반시설 등의 우선투자와 함께 예산 일부를 지원하고 있다. 메릴랜드주는 주의 예산을 우선적으로 투자하는 PEA Priority Funding Area를 운영한다.

역세권 TOD의 구현이 TOD의 정책 목표가 전부 달성되는 것은 아니다. 수도권에서 가급적 직·주 간 통행을 감소하는 방향으로 토지이용기능이 분산되면 직·주 간 접근성은 향상된다. 통근통행을 줄이기 위한 직·주 근접보다, 단기에 실현가능한 직·주 간 접근성이 시급한 도시개발정책의 과제이다. 직·주 접근성 제고는 버스와 전철, 자전거 등 각종 교통수단을 효율적으로 처리하도록 설계하는 TOD로 달성될 수 있다. 많은 택지개발로 서울방향 승용차 출근비율이 높은 지역인 용인시, 광주시, 구리시, 남양주시, 하남시, 김포시에 버스 또는 지하철 등 TOD를 촉진 또는 활성화시키는 정책적 배려가 절실하다.

지역특성 감안 TOD 종합계획 추진

TOD가 인접지역의 토지이용과의 적정한 조화를 이루기 위해서는 수도권의 지역특성을 감안해야 한다. TOD 대상지역인 역세권이 위치한 토지이용 위상에 따라 도심 기능, 지구중심 기능, 교외지역의 근린주구 기능 등으로 분류하고 유치 대상인 합리적인 토지이용기능을 배치한다. 역세권의 위상에 따라 Netherland에서 추진하고 있는 ABC 정책과 같이 토지이용기능을 교통결절점인 역세권에 적합한 토지이용을 배분하고 유도하는 정책이 필요하다.

ABC 정책의 요지를 보면, 통행량을 많이 유발하는 업종·시설을 가급적 도심형 역세권에 배치한다. 화물 등 교통수요를 유발하는 업종·시설을 교통혼잡을 줄일 수 있는 교외형 역세권에 배치하여 일종의 온실가스배출량을 감소하는 친환경적 교통·토지이용정책이 되고 있다. 수도권의 지역특성을 감안한 TOD를 단편적으로 계획하기보다 종합계획에 담고 장기적으로 추진할 수 있는 TOD 전담기구가 필요하다. 이것은 교통정책과 토지이용정책이 서로 통합하는 결과를 동반할 것이다.

실제로 TOD는 대중교통정책과 토지이용정책이 서로 합치고 통합적인 안목이 요청되고 있다. 그런데도 대중교통인 전철의 운영주체와 철도의 운영주체로 서울시, 경기도, 해당 구·시·군, 서울지하철공사, 철도청 등 이해당사자가 다양하고 통합TOD 정책의 도출이 어렵다. 다양한 이해당사자를 조정하고 관련법규를 검토하여 행정절차를 단순화시키는 전담기구가 필요하다. TOD의 효율적 추진을 위한 문제점을 종합적으로 진단하고 이해당사자가 준수해야 할 지침의 수립 역할을 담당하는 주체가 될 수 있다. TOD는 장기적으로 관련 사업들이 유치되고 장시간의 시간이 소요되는 정책과제이다.

수도권 TOD 적용방향

각종 대중교통수단의 정차장, 역사 및 주변개발이 복합용도, 대중교통중심, 보행중심이며 지리적인 범위가 대중교통수단의 영향력에 따라 한정된다. 수도권에서는 이러한 TOD의 잠재적 가능성이 높아도 택지 개발지역의 약74% 정도는 TOD의 영향권에 포함되지 않는다. 그 동안 택지개발을 TOD와 공간거리를 중심으로 신시가지와 구시가지로 구분하여 TOD 실태를 살펴보았다.

신시가지에서 비교적 TOD가 상대적으로 추진되었다. 즉, 역세권개발 후 추진된 자전거 및 인라인 스케이트 전용도로가 표지판 미비 등 문제가 드러나 종합 설계가 결여되고 역세권의 잠재가치를 적극 활용하지 못하고 있다.

TOD는 기성시가지에서는 필요한 경우 간헐적으로 시행되었다. 수도권에서 종합적인 광역권계획 등의 수립을 통하여 TOD가 추진되지 않았다. 공공기능의 확충보다 간간히 수익성을 제고하는 민간사업으로서 추진하는 것은 우려스럽다. 기성시가지 역세권에 입지한 공장시설 사례를 보면, 역세권의 토지이용이 합리화되어 있지 않다. 대체로 저조한 밀도, 용적률을 볼 때 TOD의 잠재력이 과소 인식되거나 평가되고 있지 않다.

TOD의 잠재력으로 장차 수도권 내 택지개발은 2020년의 개발가용지 기준으로 13만 2천평 정도 추정되었다. 전철 등 철도 대상인 철도교통 결절점이 10~20여개 정도에 달할 것이다. 간선급행버스BRT 계획도 있어 철도와 버스의 TOD 대상으로 볼 수 있는 주요 교통결절점은 증가할 것이다. 장차 신규로 형성될 교통결절점에 TOD를 추진하고 활성화하기 위해서는 수도권 정책목표와 방향을 정립해야 한다. 광역적 추진주체가 종합적인 기본계획을 수립하고, 범부처 또는 이해당사자 간 다양한 이해관계를 반영시킬 수 있는 추진주체가 매우 요구된다.

수도권의 정책적 방향은 첫째, 고유가 시대에 교통에너지 효율성을 제고하고 교토의정서에서 합의한 온실가스 배출량의 감축에 대비해야 한다. 둘째, 공간체계성이 결핍된 수도권 공간을 체계적으로 정비해야 한다. 대중교통의 결절점인 역세권을 적극적으로 활용하는 것은 공간 체계성 확보에 중요한 매개체이다. 셋째, 직·주 간 통행을 감축시키기 위하여 직·주근접보다 단기에 실현가능한 직·주 간 접근성을 제고시키는 직·주접근성 제고정책을 우선 강구해야 한다.

TOD는 다양한 이해당사자나 다방면에 걸쳐 반영하는 종합계획적 접근 또는 추진이 필요하며, 이 기능을 담당할 전담조직이 요구된다. TOD에 대한 TOD 기본계획, 장래 개발의 가능성에 대비하기 위한 TOD 지침 등을 수립하는 경우에 TOD 기능에 충실한 도시개발정책을 실현할 수 있다.

요 약

1. TOD 적용사례에는 해외는 미국, 일본, 홍콩, 브라질 국가를 중심으로, 유럽은 스웨텐, 독일과 영국 등에 적용된 사례를 검토하여 향후 한국 적응과 실행을 위한 정책적 시사점을 강구하는 것이 중요하다.
2. 미국의 TOD적용사례는 대중교통시설을 중심으로 고밀 및 혼합개발을 유도하며, 최상의 보행환경을 조성하고 민·관 공동개발 방식을 통해 대중교통시설 및 자산을 복합적으로 개발하는 데 있다.
3. 일본의 사례에서는 도시개발 시 철도 역사 및 주변지역을 일체적으로 개발하는 방식을 채택하고 있다. 그 특징을 보면, 택지개발과 도시철도 확충을 일체적으로 추진하여 주택지의 교통불편 해소와 철도 이용의 안정적인 수요 창출을 도모하는 것이다.

요 약

4. 유럽의 도시개발은 대중교통체계를 중심으로 이루어지고 있으며, 트램 등의 철도를 이용하여 도심과 외곽지역을 연계하는 정책을 추구하고 있어 수도권 광역철도 TOD 연계 강화 방안을 마련할 필요가 있다.
5. 국내 사례에서는 수도권을 중심으로 TOD 적용가능성을 파악하여 제시했다. 수도권은 TOD를 활성화시키고 공간거점으로서의 교통결절점(Traffic Node)을 네트워크화시키기 위해서는 전철, 지하철, 철도, 간선급행버스(BRT) 및 버스 등의 주요 정차장을 대상으로 하는 TOD가 미흡하다. 따라서 이러한 점을 고려하여 수도권의 TOD 적용방향과 여건 전망에 대해 중점적으로 살펴본다.

중요개념

미국 TOD 사례	일본 TOD 사례	홍콩 TOD 사례
브라질 TOD 사례	스웨덴 TOD 사례	독일 TOD 사례
영국 TOD 사례	유럽 녹색 TOD	수도권 개발실태
역세권 TOD 추진	수도권 TOD 추진	수도권 TOD 여건
수도권 TOD 정책	수도권 TOD 적응	

연습문제

1. 미국에서의 TOD를 적요하기 위한 목표에는 개념은 무엇이 있는가?
2. 미국 포틀랜드 TOD 프로그램의 주요내용이 무엇이 있는지 기술하시오.
3. 일본의 TOD 개발유형을 다섯 가지로 구분하여 제시하시오.
4. 홍콩의 TOD 적용사례의 배경에 대해 설명하시오.
5. 브라질의 TOD 적용사례에 대한 배경과 TOD의 주요내용에 대해 언급하시오.
6. 영국의 대표적인 사례의 하나인 Greenwich Millennium Village에 대해 간략하게 제시하고, 이에 대한 구체적인 내용은 무엇입니까?
7. 유럽의 TOD 개발의 시사점들은 어떻게 되어 있는가?
8. 한국 수도권의 TOD 적용사례에 대한 실태와 여건을 간략하게 제시하고, TOD 정책방향 및 향후 적응방향을 설명하시오.

대중교통과 걷고 싶은 도시

부산의 인구는 1995년 이후 최근까지 거의 27년간 감소하고 있다. 물론 인구 감소의 원인은 지역경제 쇠퇴에 따른 결과다. 하지만 부산은 계속된 인구 감소에도 불구하고 불필요한 교통량은 오히려 증가했다. 그 결과 일인당 자동차 주행거리 증가, 차량 정체, 대기오염 및 탄소 배출량 증가 등 부산의 삶의 질은 악화하였으며, 인재 유치에서도 부산은 경쟁력을 갖추기 힘든 상황이다.

그런데도 지방정부는 중앙의 도움에만 목을 맨다. 부산은 신공항 건설, 북항 재개발, 엑스포 유치 등 국책 개발 사업 등을 통해 지역을 일으키려고 한다. 이러한 현실이 슬픈 건 "부산의 부흥을 위해 우리 스스로 계획할 힘이 없는 건 아닌가?" 하는 의문이 든다는 것이다. 개화 당시 외세에 대응하기 위해 스스로 개혁에 앞장서야 한다고 주장했던 자강론(自强論)의 정신이 다시금 떠오른다. 외세에 의한 외부로부터의 수동적 개혁이 지속할 수 있지 않았듯, 도시 스스로 개혁을 통해 실질적 역할을 할 수 없다면 중앙의 도움도 무용지물이다. 도시 내부 개혁을 위해 무엇이 필요한지 끊임없이 고민하면서 도시를 변화·발전시켜 나가야 할 시점이다.

최근 대중교통 지향형 도시개발 방식인 'TOD(Transit Oriented Development)'가 주목받고 있다. 부산처럼 지난 30년 동안 외곽 확산이 진행돼 직장과 주거지가 극심하게 분리된 지역에서는 더욱 TOD형 도시로의 변화가 절실하다. 기장 오시리아 관광단지 개발에서 보듯이 '개발 따로, 교통 따로'의 외곽 확산 개발은 이러한 문제점을 전형적으로 보여 준다. 기성 시가지에서는 기껏해야 역세권의 부동산 가치를 이용하려는 대형 블록 중심의 대규모 아파트 단지가 도시 곳곳에 들어서 오히려 도시 내 섬(Island)으로 기능하고 있다. 심지어 보행권을 방해하면서 통과 보행을 막고 있는 지역도 상당수 발생하고 있다. 이에 대응하기 위해서는 불필요한 자동차 통행량을 줄이고, 도시를 걷고 싶게 만드는 대중교통 중심형 도시개발인 TOD 방식을 전면 도입할 필요가 있다.

1990년대 미국 도시계획가인 캘도프에 의해 제시된 TOD 방식은 사실 새로운 개념은 아니다. 이미 100년 전 미국의 페리는 '근린주구(Neighborhood Unit)' 방식의 마을 단위 개발, 즉 초등학교 중심의 5~10분 도보권을 중심으로 공공시설을 적절히 배치하는 도시계획 생활권 개념을 제시했다. 이러한 생활권을 통해 주민 생활의 안전성, 편리성, 쾌적성을 확보함은 물론 주민 상호 간 사회적 교류도 촉진할 수 있다고 보았다. 현대에 와서 왜 이런 생활권 개념과 TOD 방식이 다시 부각되는가? 이는 자동차 중심 도시개발 방식의 부작용에 그 원인이 있다. 자동차 중심 도시에는 거리의 연결성이 끊어지는 '쿨데삭(Cul-De-Sac)' 방식의 주거지 개발, 도보로 걸을 수 없는 슈퍼 블록식 단지 개발, 대중교통이 제공되지 않는 자동차 중심의 교통 정책이 뒤따른다.

이런 방식의 개발이 지속되면 사람 중심의 생활권, 즉 걸을 수 있는 마을은 없어지고 도시의 쾌적성과 안전성은 떨어진다. 자동차 중심의 개발 방식에 대항하기 위해 캘도프는 페리의 근린주구 개념에 영감을 얻어 철도와 같은 대중교통으로 이를 연결하는 TOD 방식을 제안했다. 하나의 역세권에는 도보권을 중심으로 주거, 직장, 상업, 공원·녹지 등이 밀접히 배치되고 설계된다. 이렇게 함으로써 지역 간 불필요한 교통 발생을 줄이면서 하나의 생활권에서는 걸을 수 있는 도시가 된다. 실제로 이에 기반해 미국 포틀랜드시, 덴버시 등 다수의 지역에서 TOD 개발이 현실화하고 있다.

TOD의 성공 조건 중 하나가 높은 인구밀도에 있다는 점은 우리나라 도시에도 적용할 수 있는 가능성을 엿보게 한다. 부산은 지하철역 중심의 역세권 개발을 추진할만한 물적 토대가 충분하다. 지역생활권에 기반한 교통체계를 정비해 지하철, 버스, 자전거를 종합적으로 이용할 수 있는 복합환승센터를 생활권 중심으로 만들어 연결하면 TOD형 개발의 성공 가능성을 더욱 높일 수 있다. 나아가 신공항, 신항, 북항 등의 국가 거점과 부산·울산·경남의 산업혁신 거점을 잇는 메가시티 철도망 구축 때 철도역 주변을 중심으로 TOD 방식을 계획하는 것도 고려해 볼 만하다.

TOD 방식의 도시개발은 최근 부산시에서 중점적으로 추진하겠다고 밝힌 '15분 도시'와 본질에서 다르지 않다. TOD형 도시개발로 부산을 걷고 싶은 도시로 만드는 일이 15분 도시 실현으로 가는 길이다. 이러한 정책이 지역을 살기 좋은 도시로 만드는 일로, 진정 부산을 자강(自强)으로 이끄는 요인 중 하나가 될 것이다.

부산일보(2022.4.26)

제8장

TOD 유사정책 및 사례

8.1. TOD 논의 배경
8.2. TOD 유사 정책
8.3. 역세권 개발사례

TOD는 고밀화, 토지이용의 복합화, 도보 및 자전거의 접근성을 높여 녹색교통 및 대중교통 중심의 이용을 촉진함에 반하여 역세권 도시개발은 주로 토지이용 고밀개발이라는 측면만 고려하고 있다. 이와 관련한 TOD논의에 대한 배경을 살펴보고 더불어 TOD와 유사한 정책들을 파악한다. TOD의 주요 공간대상인 역세권 개발사례를 살펴본다.

8.1. TDO 논의 배경

TOD(대중교통지향적 도시개발)는 원래는 도시철도역 및 주요 버스정류장 등 다양한 대중교통 결절점을 중심으로 한 도시개발기법이다. 한국의 역세권 개발 RTOD(Rail Transit-Oriented Development)은 주로 도시철도역을 중심으로 한 고밀도 재개발 측면에서 TOD 중의 한 부분이다. 역세권 개발과 구분하여 버스중심 TOD는 BTODBus Transit-Oriented Development로 명명하며, RTOD를 포함한 다양한 대중교통지향적 도시개발을 뜻하는 TOD와 역세권 도시개발을 뜻하는 RTOD는 몇 가지 차이가 있다.

첫째, TOD는 다양하고 구체적인 개발지침을 제시한다. 하지만, 서울시 등 대도시 역세권 개발은 구체적인 세부지침이 잘 갖추어 있지 않다. 예를 들어, TOD는 고밀화, 토지이용의 복합화, 도보 및 자전거의 접근성을 제고하는 도시설계의 세부지침을 통하여 녹색교통 및 대중교통 위주의 이용을 촉진한다. 이에 비해 역세권 도시개발은 주로 토지이용 특히, 고밀개발 측면만 강조하여 토지이용과 교통 간 연관성을 상대적으로 소홀하게 다룬다.

둘째, 역세권 도시개발은 지하철 등의 도시철도가 토지이용의 고밀화 및 복합화, 교통수단의 전환을 보다 용이하게 유도한다. 이것은 버스중심의 대중교통지향적 도시개발 BTOD에 비하여 그 파급효과가 높다. 서울시의 경우 현재 9개 도시철도 노선과 함께 광역철도 및 일반철도의 노선이 다양하게 분포되어 대중교통 수송분담률이 높다. 그래서 주요 철도역을 중심으로 TOD 계획기법을 적용할 필요가 있다.

셋째, 서울시 역세권 도시개발은 기성 시가지 재개발을 통하여 고밀도의 토지이용을 유도한다. 그러나 TOD는 재개발과 신개발을 모두 포함하여 역세권 도시개발과 차이가 있다. TOD는 다양한 유형으로 분류하며, 서울역세권 도시개발은 개발방식 차원에서 재개발형 TOD에 해당된다. 서구에서 TOD 개념이 등장하던 시기인 1980년대 초반 이후 서울시는 역세권 도시개발 개념을 도입하여 도시재개발을 대중교통 위주로 유도하려고 노력했다. 1980년에 강병기는 '2000년대 서울대도시의 개발전략' 보고서에서 지하철 역세권을 중심으로 토지이용과 교통계획의 통합적 접근방안을 제시했다.

넷째, TOD는 금융 및 재정지원과 개발절차 간소화 등 다양한 유도기법을 적용하여 개발을 용이하게 만든다. 그러나 역세권 도시개발은 밀도의 상향조정이라는 단순한 유도기법을 적용한다.

8.2. TOD 유사 정책

압축도시Compact City

압축도시는 주거, 직장, 상업, 서비스 등 일상적인 도시기능들을 가급적 기성시가지 내부로 수용하여 상대적으로 밀집된 개발을 추구하는 도시이다. 이는 도시외곽의 신규개발로 인한 환경파괴를 초래하지 않으면서 토지자원 소비를 최소화시키고 접근성을 제고시켜 이동시간과 에너지를 절약하고 대기오염을 감소시킨다. 주거, 공업, 상업, 녹지 등으로 분리하고 있는 기존의 용도지역제Zoning와는 달리 각 기능들의 이동거리를 최소화할 수 있도록 일정 지역에 집중시키는 복합토지이용개발 Mixed Use Development 형태를 취하고 에너지 효율성이 높은 버스, 전철 등 대중교통수단을 효과적으로 연계한다.

따라서 압축도시 구조는 지속가능한 도시개발에 있어서 지속가능성의 원칙에 부합하는 이상적인 도시공간을 창출하기 위한 개발전략 또는 과정이다. 압축도시의 실천가능성에 대해 모호성을 주장하는 견해도 있고, 공간적인 집약도시의 조성이 가능하다는 의견도 존재한다.[1]

어반빌리지Urabn Village

어반빌리지는 미국에서 고밀도로 정비된 중심지를 육성하고 대중교통수단을 이용하여 모도시와 주변 중심지를 연결함으로써 교통 부하를 저감시키도록 개발된 자립형 도시이다. 압축도시는 대중교통 이용의 중요 결정요인인 인구밀도와 토지이용 형태 측면에서 여러 가지 특성을 갖고 있다.[2]

- 도심지 고밀의 토지이용 발생과 보행·자전거 통행 필수
- 사무실, 판매시설, 사업장, 공공시설이 주거지와 통합된 복합적 토지이용
- 도심지 근처에 철도 또는 경전철 연결, 차 없는 거리조성의 인간중심 도시개발
- 고용·교육 등 제외하고 지역 수요의 충족가능한 자족성 확보

1 Jenks, Mike et. al.(1996).
2 Newman & Jeffrey(1999).

신도시주의New Urbanism

신도시주의는 1980년대 미국에서 자동차 위주의 도시계획에 대한 반발로서 나타난 사람중심, 대중교통 중심의 도시환경을 조성하려는 도시개발방식이다.[3]

신전통개발Neo-Traditional Development

신전통개발Neo-Traditional Development은 교통과 토지이용이 종합적으로 연계되지 못하여 발생하는 문제를 치유하기 위해 새로이 도입된 개념으로 Cervero가 소개했다. 이는 고밀도 개발은 반드시 대중교통 서비스와 결합되어야 효율적이며, 고밀지구 거주자는 저밀지구 거주자에 비해 대중교통 이용률이 상대적으로 높고 이로 인해 교통혼잡을 완화한다는 개념이다.

교통·성장관리TGM

교통·성장관리TGM(Transportation and Growth Management) 제도는 1992년 오레곤주 교통부ODOT(Oregon Department of Transportation)와 토지보호개발부DLCD(Department of Land Conservation and Development)가 공동으로 수립한 이동성, 대기의 질, 지역사회의 설계 등에 대한 벤치마킹으로 주 전체의 교통계획과 토지이용계획을 통합하는 방안이다.[4]

TGM의 목적은 도시성장구역Urban Growth Boundary을 설정하여 도시의 외연적인 확산을 방지하는 제도로서, 도시계획 및 설계 시 교통계획과 성장관리의 연계를 통해 압축개발Compact Development, 보행과 자전

[3] 김성희 외(2001), p.297.

[4] 김광식(1999).

거 및 대중교통 친화적 계획을 촉진하는데 있다. TGM 사업은 주정부 일반회계와 연방정부의 ISTEA Intermodal Surface Transportation Efficiency Act에 의해 재정지원을 받는다.

스마트개발 Smart Development

스마트개발은 기존 부지 및 건물의 재이용과 압축이용을 통해 토지 자원의 효율적 이용을 도모하는 것이다. 이것은 혼합개발, 고밀개발, 압축개발, 보행·자전거 및 대중교통 친화적 개발을 추구하는 개발방식이다.

스마트개발은 기존 공공서비스를 충분히 이용할 수 있는 지역에 신규개발 중심지를 조성하고 상업, 교육, 여가, 주거 등 활동을 수용하는 복합용도 개발을 통해 차량 통행을 배제한다. 그리고 대중교통과 직접 연결망을 구축하여 쾌적한 생활공간을 조성한다.

TFD, TV, UO 및 E-TOD

TFD Transit-Focused Development는 전철역으로부터 도로, 자전거로 통행할 수 있는 거리 내에 상업, 업무 등의 복합용도 개발을 유도하여 자동차 통행을 제한하고 대중교통이용을 활성화하는 토지개발 방식이다.

TV Transit Village는 전철역과 상업중심지를 플라자로 형성하고, 이를 중심으로 400m 도보거리 내에 주택을 건설하여 복합적 토지이용을 도모하는 전철역촌이다. 여기에 주택, 사무실, 상가 등을 입주시켜 직주근접을 도모한다.

UO Urban Oasis는 TFD의 개념으로서 노외주차장을 보유한 고밀개발을 유도하고 전철역과 연계하여 무인전동차 Automatic People-Mover를

24시간 운행하는 개발방식이다.

E-TOD Extended Transit-Oriented Development는 주로 전철역을 중심으로 개발하는 TOD나 TV가 지역적으로 대도시에 적용하는 데 한계가 있다. 이러므로 지역범위를 넓혀 전철역으로부터 약 3 km 범위로 설정하고 신교통수단을 도입하여 지역 내에 자동차의 통행을 억제하는 개발방식이다.[5]

영국 LTP

영국정부는 1998년 '교통에 있어서의 새로운 거래 A New Deal for Transport : Better for Everyone'라는 정부백서를 통해 도시개발, 교통, 환경 등을 통합적으로 계획하여 교통혼잡과 교통공해를 최소화하기 위해 통합교통체계를 수립하도록 명기했다.

특히, 지방교통계획 LTP(Local Transport Plan)으로 기존 교통정책·사업계획을 대체하여 수립하고, 교통혼잡과 교통공해의 해소를 위해 통합교통정책 Integrated Transport Policy을 지방정부 수준에서 추진했다.

화란 ABC정책

화란 정부는 1988년 교통과 토지이용을 계획과정에 통합하도록 규정하는 ABC 정책을 채택했다. ABC 정책의 목적은 접근성과 이동성을 고려하여 시설 입지를 결정하고 토지이용, 교통과 환경의 통합을 제도화하는 것이다. 이를 통하여 2010년까지 통행증가율을 1988년의 1/2 수준 감소, 대중교통이용을 1988년의 2배 증가, 2000년까지 탄산가스 배출량의 1986년 수준 감소를 목표로 설정했다.

---

5 김광식(1999), pp.26-34.

ABC 정책은 주거지, 업무, 상업, 문화시설 등을 대중교통 접근성에 따라 근접시켜 불필요한 교통수요를 줄이고 교통에너지와 대기오염을 감소시킬 수 있는 도시구조를 유도하는 제도적 개발수단이다.

표 8.1. ABC 정책의 입지와 기능

입지 및 접근 특성			기업활동의 적합기능 및 특성
접근성	입지특성	접근수단 및 수요관리	
A	• 도심위치 철도역까지 1800m 초과하지 않음 • 대중교통, 자전거로 15분 이내 도달이 가능한 도심 위치 지구	• 전국을 연결하는 철도역 중심 대중교통 접근양호 • 주차면수 제한: 종사자 100명당 10면 • 승용차 분담률 20% 이내 제한 • 대중교통 이용중심	• 보행교통량 많은 업무, 공공행정, 서비스, 상업, 호텔, 대학, 및 문화시설, 의료기관 등 제한 • 종업자 밀도 높고, 방문자 많음 • 업무용자동차 및 화물의 반입 적음
B	• 시외연결 경전철, 버스터미널 중심 대중교통의 접근이 비교적 양호 지역 • 전철역, 터미널까지 도보로 800m를 초과하지 않고 대중교통수단 30분 이내 도달 가능 도심위치	• 대량의 운송수단, 간선 및 고속도로 이용편리 • 주차면수 제한: 종사자 100명당 20면 • 승용차 분담률 35% 이내 제한 • 승용차 및 대중교통 이용	• 자동차 이용 많은 업무시설, 자동차 임대업 시설, 도매상, 고용밀도가 높은 공업시설 등 제한 • 종업자밀도, 방문자, 자동차 의존도, 물류의 반출·입 중간 정도
C	• 도시 외곽의 고속도로 인터체인지 부근 위치	• 고속도로 및 간선도로의 이용 편리 • 대중교통수단 미연결 및 자동차 접근가능 • 승용차 중심	• 화물통행이 많은 공업시설, 도매상, 창고, 물류시설 등 시설입지 유도 • 종업 방문자 적음 • 화물·자동차 의존도 높음

자료: GTZ(2002)

역세권 개발

역세권은 역을 중심으로 다양한 상업 및 업무활동이 이루어지는 세력권을 의미하며, 역을 이용하는 주민의 거주지, 상업지, 교육시설의 범위를 나타낸다. 역세권개발은 교통 기차역이나 전철역 또는 주요 대중교통시설이 교차하는 지역을 중심으로 업무와 상업활동이 복합적으로 이루어지도록 종합적으로 개발하는 방식을 말한다.

역세권 개발은 TOD의 범주에 해당되는 것으로, 그 반경은 보행거리를 기준으로 1.5 km 정도이다. 역세권에는 상업시설이 집적하고 아파트 위주의 고층화를 이루고, 이를 통해 직주간의 통행거리를 단축시킨다.[6] 역세권 개발은 역이나 주요 버스정류장 중심의 대중교통지향형 복합적 개발인 TOD와는 다소 차이가 있다.

8.3. 역세권 개발사례

프랑스 : 릴역세권 개발

인구 110만 광역도시권을 형성하는 릴시는 TGV 유치를 도시개발의 원동력으로 하여 향후 유럽 단일시장에서 중심이 되겠다는 도시개발 전략을 세웠다. 그리고 시유지 50 ha와 국방부 소유 미개발토지 70 ha의 개발가능지에 대중교통시설의 연결점 기능을 충분히 수행하는 장점을 살려서 릴유럽 역세권을 개발했다.

인근 소도시들을 포함하여 인구 150만 광역도시권을 형성한 릴시는

6 경기개발연구원(2001).

TGV-NORD의 결절지이다. 또한 영불 해저터널, 북부 항구지역 여객과 상품시장의 관문 역할을 수행함에 따라 유럽 주요 도시에서 2시간 이내(350 km)에 접근이 가능해졌다. 이로 인해 유럽의 주요 도시인 파리, 런던, 브뤼셀, 암스텔담, 쾰른을 연결하게 되었다. 따라서 인구 1억 명을 보유한 유럽의 경제·산업활동의 핵심지로서 경제, 산업, 문화 등 국제교류에서 구심점 역할을 가능하게 했다.

유라릴EURALILE 역세권 사업의 주요 개발내용은 세 가지 핵심적인 지구로 분류된다. 첫째, 기존 릴-플랑드르 역과 신설되는 릴-유럽역 사이의 소위 '역삼각지대Le Ttriangle Desgares'라고 불리는 지구이다. 지구 내 유라릴 센터EURALILE CENTER는 복합상업지구·중심지역으로 하이퍼마켓, 130 부티크, 스포츠 센터, 극장, 레스토랑, 호텔 등 전체 프로젝트의 핵심이다. 둘째, 핵심지구는 신설된 역사 위에 세워지는 고층빌딩으로 이루어진 업무지구-역사상부에 20~25층 규모의 3개 빌딩군 World Trade Center(은행, 호텔)이 위치하고 주차시설은 약 6천대이다.

셋째, 사업은 회의장, 전시장, 공연장 등을 포함하는 컨벤션센터이다. 이들 핵심지구 외에 도시공원(10 ha)조성, 주차장 건설, 유럽도시·건축연맹Foundation Europeenne Delaville et de l'archtec-ture 빌딩의 신축도 사업에 포함된 내용이다.

릴역세권은 프랑스 대부분 지역이 기존 역사를 재개발한데 비해, 기존역 주변에 40 ha(약 12만평) 대지 위에 역을 신설하여 기존역과 신설역의 유기적인 기능을 활용하여 지역 중심지 역할을 담당한다. EURALILLE는 역사 이외에도 주변에 국제 비즈니스 센터, 호텔, 대규모 쇼핑센터, 주거지역 등이 포함된 복합적 역세권개발의 대표적 사례이다.

그림 8.1. 프랑스 릴역세권 모습

자료 : 구글

독일: 프랑크푸르트 중앙역

프랑크푸르트역은 유럽의 교통중심지로서 독일에서 가장 큰 고속철도ICE의 발착지이다. 역사 모양은 'ㄷ'자 형태로 건축물이 배치되며 내부에 철도승강대가 위치해 있다. 총 지상 3층과 지하 3층의 6층 건물로 역사건물이 각각의 편익시설을 포함하고 있다. 역사와 지역 간 동선을 보면, 역사 전면은 6차선, 좌우측 차선은 4~6차선의 도로로 구성되어 있다. 교통시설은 역사 전면광장을 중심으로 버스, 택시승강장, 주차장, 전차정거장이 위치하며 지상과 지하는 계단과 에스컬레이터로 연결되어 있다.

역세권을 살펴보면 주위 건물들은 6~7층의 석조 건물과 재개발로 신축된 고층 건물들이 조화를 이루고 있다. 건물의 주요 용도는 대부분

업무용 빌딩과 숙박용 호텔로 이루어져 있고, 이들 건물의 1층은 주로 음식점 및 상가로 활용된다.

철도 이용승객이 1일 110만 명 정도 되는 많은 인원을 수송하지만 S-Bahn(특급열차), U-Bahb(지하철) 및 지상전차, 버스 등 대중교통 시스템이 발달되어 교통시스템 간 원활한 환승이 용이하다. 프랑크푸르트시의 특징은 기존의 고건물을 보존하기 위해 역사 전면은 엄격히 개발을 금하고 있으며 일정거리를 사이에 두고 고층건물로 건설하도록 규제한다.

그림 8.2. 독일 프랑크푸르트 중앙역 전경

자료 : 위키피디아

※ 영국 : 밀턴케인스

밀턴케인스Milton Keynes는 런던의 확산인구를 수용하기 위해 런던 북서쪽 약 84 km 떨어진 버밍검과 런던의 중간지점에 세워진 신도시이다. 도시에는 국제규모의 호텔단지와 국제회의 센터가 입지하여 업무, 쇼핑, 여가 등의 복합적 기능을 수용하는 도심지구가 있다. 근린주구의 계획에 의해 규모 1 km × 1 km의 규모에 계층별로 근린분구를 구성하며 각각의 분구를 통해 사회계층의 혼합이라는 국가적인 오랜 계급의식을 타파하려고 한다. 도시 전체에 생산지구를 분산시켜 생산시설의 종류를 첨단사업 위주로 유지하고 있다.

주요 간선도로는 격자형 체계이며, 보행·자전거 전용도로Red Way를 통해 차량과 보행자를 분리하여 보호한다. 역과 지역 간 연계는 지하 1층에 선로가 놓여 있고, 이는 다른 지역 간 연결기능만을 위주로 하며, 역사 전면부 개발은 활성화되어 있지 않다.

밀턴케인스의 특징은 주로 첨단산업 및 비즈니스, 고부가가치 기술산업을 유치하는데 생산지구에 연구시설과 이를 지원하는 서비스 산업들도 같이 입주하는 특징이 있다. 자연조건을 최대한 활용한 개발로 인

그림 8.3. 영국 밀턴케인스 도시개발

자료 : 조선일보(2012.10.3.)

해 여가공간의 복합개발을 유도하고 있다. 밀턴케인스는 주거중심의 신도시가 아니라 업무, 상업, 공업, 주거기능이 복합된 형태로 개발된 신도시이며, 자족 기능을 수행하고 있다.

일본 : 마꾸하리 역세권 개발

마꾸하리 역세권은 동경에 집중된 업무 및 산업기능을 분산시키기 위하여 일극 집중의 공간구조에서 다핵·다권역의 구조로 공간구조 개편이 필요해서 착수되었다. 지바현의 산업구조 고도화와 지역경제 균형 발전을 위해 신산업 삼각 구상인 마꾸하리 신도심, 나리타 국제공항도시 및 조소우 신연구개발도시 등을 구상하여 마꾸하리 역세권이 개발되었다. 마꾸하리 역세권은 지바시 남서측 해안지대의 매립으로 조성된 신도시 계획면적 522.2 ha에, 총산업비 약 24조원 규모로 건설되었다.

기본 시설로는 일본 최대의 국제전시장과 이벤트홀 회의장을 중심으로 도심의 중핵시설이 계획되었고, 각종 뉴미디어 및 하이테크놀로지를 구상하여 연구개발기능을 갖춘 대형 복합인텔리전트빌딩 테크노가든이 들어섰다. 여기에 신도심의 심볼존 테마형 쇼핑센터, 기업, 위락시설 및 오피스로 구성된 타운센터, 외국자본 기업과 국제 기업이 집적되고 국제 비즈니스 교류존의 거점이 되는 대형 인텔리전트빌딩의 월드비즈니스 가든, 스포츠, 레크레이션 진흥의 중추를 담당하는 마린스타디움 등이 개발되었다.

고속전철과 도심의 중앙교통을 연결하여 동경까지 급행전철을 운행하여 도심지 접근성을 강화했다 보행자는 입체 데크를 이용하여 차량을 피해 건물별로 용이하게 접근하게 설계되었다. 마꾸하리 도시는 수도권 분산계획에 의해 의도적으로 개발된 업무핵심 도시로 업무, 국제전시, 주거가 혼합된 복합형태 개발 사업이다.

그림 8.4. 일본 마쿠하리역세권

자료 : 구글

일본 : 요코하마 미나또미라이

요코하마 미나또미라이는 요코하마시의 자립기반 강화를 위한 도시 조성의 중심적, 선도적 역할을 수행하기 위해 시작했다. 수도권의 적정한 발전을 도모하기 위한 정비사업이 필요하게 되자 요코하마역 주변 지구 사이 임해부에 계획면적 186 ha와 총사업비 약 15조원의 경비로 건설되었다.

면적 중 73ha는 매립지로서, 그 지역은 도시간선도로에 따라 선형으로 분산된 본사 기능이 집적된 질 높은 중심업무지구 비즈니스존, 미술관을 중심으로 카페테라스나 부티크 등 분화시설이 모인 프롬나드존, 호텔·쇼핑 등 어뮤즈먼트 시설, 국제교류시설 및 도심주택 등이 일체적으로 개발된 국제존, 오피스, 호텔 및 쇼핑 등 신도심 핵시설이 입지한 상업존, 부두 등 항만관련시설로 이루어진 항만시설존, 국제회의장, 전시장 등의 공적 시설 등이 입지한 워터프론트 존 등의 6개 존으로 구분되어 개발되었다.

요코하마시 특징은 도심활성화 사업의 하나로 부두시설을 타지역으로 이전한 재개발된 신시가지이며, 시민친수공간을 조성하고 국제교류와 항만 중추관리기능이 집단화되었다. 미라또미라이 21은 기존 역을 중심으로 한 컨벤션기능의 활성을 도모하기 위해 상업시설 및 업무시설을 개발하여 시너지 효과를 극대화했다.

그림 8.5. 일본 요코하마 미나또미라이

자료: 네이버

요 약

1. 대중교통지향적 도시개발(TOD)은 원래는 도시철도역뿐만 아니라 주요 버스정류장 등 다양한 대중교통결절점을 중심으로 도시개발기법으로 기능하고 있다.
2. TOD와 유사한 관련 개념 및 정책에는 압축도시, 어반빌리지, 신도시주의, 신전통개발, 교통·성장관리, 스마트개발, TFD/TV/UO/E-TOD, 영국 LTP, 화란 ABC정책 등이 있다.
3. 압축도시는 주거, 직장, 상업, 서비스 등 일상적인 도시기능들을 가급적 기성시가지 내부로 수용하여 상대적으로 밀집된 개발을 추구하는 도시이다.
4. 신전통개발(Neo-Traditional Development)은 교통과 토지이용이 종합적으로 연계되지 못하여 발생하는 문제를 치유하기 위해 새로이 도입된 개념이다.
5. ABC정책은 화란 정부가 1988년 교통과 토지이용을 계획과정에 통합하도록 규정한 도시개발정책이다. ABC정책의 목적은 접근성과 이동성을 고려하여 시설 입지를 결정하고 토지이용이나 교통, 환경의 통합을 제도화하는 것이다.
6. 역세권 개발사례로는 프랑스 릴역세권, 독일 프랑크푸르트 중앙역, 영국 밀턴케인스, 및 일본의 마꾸하리 역세권, 요코하마 미나또미라이 등을 들 수 있다.

중요개념

TOD 논의배경	TOD 유사정책	압축도시
어반빌리지	신도시주의	신전통개발
교통성장관리(TGM)	스마트개발	TFD, TV, UO 및 E-TOD
영국 LTP	화란 ABC정책	역세권 개발

연습문제

1. 우리나라 역세권 개발인 RTOD와 버스 중심의 BTOD는 본래 TOD와 어떤 차이점이 있는지 설명하시오.
2. TOD와 유사한 정책을 기술하고 이에 대해 구체적으로 설명하시오.
3. 압축도시(Compact city)에 대한 개념과 정책방향에 대해 기술하시오.
4. 어반빌리지(Urban Village)의 개념과 특성에 대해 아는 대로 말하시오.
5. 영국 LTP 출현 배경과 특성은 무엇입니까?
6. 화란 정부에서 채택한 네덜란드의 ABC정책에 대한 등장 배경과 방향에 대하여 서술하시오.
7. TOD 개념이 적용된 프랑스, 일본 및 독일 등의 역세권개발 사례를 1개 선정하여 설명하시오.

경기지역 도시개발사업 2,102만m^2(34개 지구) 규모추진

경기지역에서 추진 중인 도시개발사업이 총 2102만㎡(34개 지구) 규모에 사업비만 10조원에 이르는 것으로 나타났다. 27일 경기도에 따르면 올 6월말 기준으로 평택과 김포 등 도내 11개 시·군(고양·평택·의정부·시흥·김포·광명·광주·이천·의왕·여주·양평), 34개 지구에서 36만 여 명(13만7482세대) 수용 계획인 도시개발사업이 진행되고 있다.

평택에서는 모산·영신 등 총 9개 지구, 663만6916㎡(사업비 1조7112억원) 규모에서 사업이 추진되고 있다. 수용인구는 12만5494명(4만8163세대)이다.

평택시 동삭동 415-8 일원인 '모산·영신지구'(69만5896㎡, 6119세대)는 공정률 99%로 연내 입주가 시작된다. 또 다른 사업지구인 평택시 소사동 산36-1 일원의 '소사3지구'(20만7506㎡, 1573세대)는 87% 공정률을 보이고 있다. 총면적 279만2158㎡에 총세대수 1만9650호로 평택 사업지구 중 최대인 화양리 454-2 일원인 '화양지구'는 7% 공정률을 보이고 있다. 평택에 이어 공급물량이 많은 곳은 김포시로 풍무2지구 등 8개 지구, 381만5158㎡(사업비 3조1679억원) 규모로 사업이 진행되고 있다. 총세대수는 3만4448세대이다.

공정률 99%로 풍무동 284-8 일원에 위치한 '풍무2지구'는 총사업비 3870억원, 면적 71만934㎡ 규모에 5322세대가 입주하게 된다. 김포지역 최대 규모인 87만4344㎡의 '풍무역세권지구'는 사우동 486-2 일원에 조성되는 것으로, 사업비 9795억원에 총세대수는 6937호이다. 현재는 착공을 준비 중이다.

강원도와 인접한 양평에는 '삼산지구'(착공 준비 중, 233세대)와 '다문지구'(공정률 90%, 977세대) 2개 사업이 있고, 경기북부를 대표하는 의정부에도 '광역행정타운1구역지구'(개발계획 변경 중, 28세대)와 '녹양역세권지구'(공정률 90%, 2만 4251세대) 2개지구 사업이 있다. 이밖에 '고양 덕이지구'(환지처분 진행 중, 4979세대) '시흥 월곶역세권'(실시계획인가 변경 중, 2710세대) '광명 구름신지구'(보상 준비 중, 5050세대) '광주역세권지구'(환지처분 준비 중, 2303세대) '이천 무촌2지구'(실시계획인가 준비 중, 1956세대) '의왕 백운밸리지구'(공정률 99%, 4080세대) '여주 역세권지구'(공정률 85%, 2364세대) 등의 도시개발사업이 진행되고 있다.

한편 도시개발사업은 계획적으로 도시개발이 필요한 지역에 주거·상업·산업·유통·정보통신·문화 등 기능이 있는 단지 또는 시가지를 조성하기 위해 시행하는 사업이다. 공공기관이 주도하는 택지개발사업과 달리 주로 민간이 주도하고, '수용'이 아니라 '환지'(개발 예정지 안에 땅을 갖고 있는 소유자가 일부를 사업자에게 내주고 나머지를 본인 의사에 따라 개발하는 방식) 등으로 땅을 매입한다.

◆ 자료: news1(2022.11.27)

제9장

TOD의 미래정책 방향

한국 근본적인 도시개발의 실패사례를 진단해 보고, 새로운 도시개발에 대한 흐름에 대해 알아본다. 이를 바탕으로 미래 도시개발의 패러다임의 방향과 국제사회의 흐름 및 신기후체제에 대비한 도시대응체계에 관해 살펴본다.

9.1. 도시개발 도시계획 난제

※ 한국 도시개발의 실패

우리나라는 이미 도시개발에 있어서 몇 번의 실패를 경험했다. 특히 스프롤형Urban Sprawl 도시개발이 이루어지던 1990년대부터 개발되기 시작한 용인시, 성남시 등 수도권 몇몇 도시는 실패의 경험을 갖고 있다.

과거 경제개발계획으로 산업화가 되면서 도시 유입인구는 폭발적으로 늘어났고, 수요증가를 감당하기 위해서 기존 구도심의 재개발을 비롯한 택지개발을 통해 주택을 공급했다. 이 시기의 도시계획은 결과적으로 미래를 위한 계획을 보다 당시 인구유입을 감당하려는 것에 중점을 두었다. 결국 주택이 투기 대상으로 변질되어 지가가 크게 상승하고, 많은 인구를 대상으로 개발할 수 있는 공간이 부족해지면서 새로운 지역에 도시개발을 하게 되었다.

이렇게 개발된 1기 신도시들의 모습은 기존 서울 내부의 뉴타운과는 차이가 있었다. 건축물의 다양한 패턴과 도시설계 기법의 차별화를 시도하면서 전체적 도시 모습이 달라진 것이다. 그러나 새로 건설된 신도시마저 잠식시킨 투기자본의 욕구와 수익성을 맹목적으로 중시한 민간 건설업체는 1기 신도시의 도시기반시설에 무임승차하게 되었다. 이를 통하여 개발밀도를 최대한 높여 부동산 투기사업을 연장하려고 시도했으며, 그 결과 수지, 죽전 등 기생도시들이 나타났다.

도시계획의 난제, 예측

난개발의 문제가 있던 도시들과 그 밑바탕이 된 도시계획을 보면, 여러 가지 문제점들을 내포하고 있다. 도시계획은 기본적으로 미래를 전제로 하여 많은 예측방법이 있어도 모든 결과를 정확히 예측하는 것은 사실상 어렵다. 비교적 정확하게 해당 도시의 장래 상황들을 예측하여 그 사항들을 도시설계에 충분히 반영하더라도 전혀 예기치 못했던 일정 영역이 크게 작용할 수 있다.

일례로, 산업화로 인한 유입 인구를 수용하기 위해 도시 노동자 집단주택으로 주로 활용되던 외국 사례를 차용하여 추진했다. 초기 시민아파트단지 건설 의도가 주택 투기수단으로 바라보는 의식이 확산되고 와우아파트 붕괴사고도 경험했다. 이러한 사건들을 겪고 난 후에 변화를 느꼈고, 결국 이후 아파트들이 중산층 이상을 위한 고급 주택형태로 건설되었다.

급격하게 변화하는 현대사회에서 도시개발 문제의 초점을 과거 도시계획에 두어서는 안 된다. 현재 도시들을 어떻게 급변하는 현대 생활에 맞게 다시 재구성할 것인가에 초점을 맞추어야 한다. 여기에는 도시 내부의 뉴타운개발 및 재개발, 재건축 등 기존 도시지역의 리모델링은 물론 기업도시, 혁신도시 등 형태로 개발되는 신도시도 포함해야 한다.

9.2. 신도시개발 사조의 등장

과거 도시계획 및 교통에 있어서 자동차에 큰 비중을 두었다. 단기간에 산업화에 성공하여 소득이 크게 증가하고 사회경제적 활동이 증대됨에 따라 승용차 보급률과 이용률은 크게 늘어났다. 그러나 승용차 이용과 소유가 보편화되면서 새로운 도시문제가 초래되었다. 차량통행량 증가로 인해 도시 대기오염은 악화되고 이것은 생활환경의 질 저하 및 주택가 주차난를 양산했다.

이에 비해 도로용량은 한정되어 급증하는 차량통행량을 도시에서 수용하기에는 현실적인 한계에 부딪혔다. 이후 공영주차장의 건설, 지하주차장 확충, 차량연비 개선 및 연료절감, 도로망 확충 등을 통해서 도시교통문제를 해결하려고 시도했으나, 근본적인 개선책은 되지 못했다.

현재 전 세계가 환경 보존에 대한 필요성을 공감하고 지속가능한 개발에 동조하고 있다. 지속가능한 개발에 입각한 신이론과 사상들이 발표되며 이를 뒷받침할 만한 신기술들이 개발되고 있다. 이러한 기조 하에 도시계획 측면에서 신도시주의를 주목할 필요가 있다. 신도시주의는 산업화에 따른 무분별한 도시확장을 여러 가지 도시문제의 가장 큰 원인으로 보고 있다. 이러한 도시확산을 방지하기 위해 도심부 활성화, 보행친화형 개발, 공공공간 부활 등을 해결방법으로 제시하고 있다.

TOD의 등장

피터 칼솝Peter Calthorpe는 신도시주의를 실현하기 위한 구체적인 이론 중 하나로 TOD(대중교통지향적 도시개발)를 제안했다. TOD는 대중교통 서비스를 제공하는 역을 중심으로 보행거리 내에 주거, 상업, 직장과 공원, 그리고 공공시설까지 설치하며 보행자의 목적지 이동을 위해서 보행친화적 가로망을 형성한다. 주택의 유형과 밀도, 비용은 혼합 배치하고, 곳곳에 양질의 자연환경과 공지를 보전하며 건물배치 및 근린생활의 중심지로서 공공공간을 조성한다. 기존 근린지구 내에 대중교통노선에 따라 재개발을 촉진한다.

종합하면, 역사나 급행버스 정류장으로부터 보행과 자전거 통행이 가능한 거리 내에 상업 및 고용 중심지를 제공한다. 그 외곽에 공공공지, 주택 및 공공기관을 배치해서 차량 통행이 없이도 업무와 휴식, 여가생활을 가능하게 만든다.

이러한 조건들을 충족시키기 위해 대중교통 서비스를 제공할 수 있는 수준의 고밀도 유지가 요구된다. TOD개념의 적용대상 지역에는 노후건축물이 밀집하여 재개발이 필요한 지역, 지역변화와 기능이전으로 생긴 공지, 도시외곽 성장잠재력이 높은 신성장지역 등을 들 수 있다.

TOD적용의 과제

TOD를 적용하기에는 단순한 '역세권 개발'에 그칠 수 있다는 사실을 인식한다. 그러므로 보행거리 내에 주거, 상업, 직장, 공공시설 등의 배치로 대중교통 중심의 복합적 토지이용과 보행친화형 교통체계를 도모하는 본래 취지가 반영되어야 한다.

한국에서 부동산 가격은 아직도 하락하는 추세에도 여전히 가장 매력적인 재산증식 수단으로 인식되어 있다. 투기자본을 차단 및 경계하며 도시개발에서 TOD 원칙을 순수하게 반영하여 도시개발의 본래 목적을 되살려야 한다.

고밀도로 개발하게 될 중심지역의 방재에 대한 안전성을 확보하는 제도장치가 필요하다. 빈번한 차량통행을 제한하면서 소방차, 구급차와 같은 긴급 목적의 차량통행에 대한 대비책 마련이 절실하다. 긴급차량을 위한 도로 배치와 규모는 물론, TOD로 개발된 도심지 통행우선 차량도 논의해야 한다.

과거 도시계획에서 도로망 건설이 최우선적인 방책이었으나, TOD는 대중교통, 보행 및 자전거교통 등 녹색교통 위주로 도시가 계획된다. TOD가 적용된 도시개발은 과거 도시개발 모습과는 아주 다른 특징적인 도시공간이 되며, 승용차 통행의 불편함을 감수하게 될 것이다.

시민은 안전성, 편리성 및 쾌적성이 보장된 도시에서 살고 싶은 욕구가 존재한다. 그러므로 초기 생활습관을 바꾸는 불편함이 있어도 TOD형 도시개발을 선호할 것이다. 이것은 탄소배출권과 환경 보존 등을 강조하며 지속가능한 도시개발을 추진하는 현재 세계적인 추세와도 부합된다. 단지 과거 한국 도시개발의 특성과 객관적인 자료분석을 통하여 한국 도시개발에 맞는 TOD 적용방안을 먼저 강구해야 한다.

9.3. 신도시개발 패러다임

지속가능성

지속가능성Sustainability은 자연이 다양성과 생산성을 유지하고, 생태계를 균형있게 유지하며 기능하는지 연구하는 것이다. 과학기술의 발달로 인류가 자연을 착취하고 파괴한 역사가 지속되어 왔다. 이 때문에 지구의 자정 기능을 초과하여 이로 인한 여러 재해 및 생태계 파괴가 발생했다. 지속가능성 이슈는 인류가 재해 및 생태계 파괴에 맞서 우리를 둘러싼 자연환경과 어떻게 조화롭게 살아가고, 보호할 수 있는지에 대해 연구하면서 대두되었다.

'지속가능한 발전Sustainable Development' 용어는 1972년 로마클럽의 제1차 보고서인 ≪성장의 한계≫에서 환경과 개발에 관한 강한 우려를 표명하면서 처음 사용했다. 보고서에서는 처음으로 지구적 차원의 자원과 환경용량의 지속가능성에 대한 이슈가 제기되었다.

지속가능성은 1976년 '환경과 인간 정주에 대한 최초회의'인 하비타트Ⅰ, 1987년 열린 '환경과 개발에 관한 세계위원회WCED', 1992년 '리오 UN회의', 1996년 '이스탄불 하비타트Ⅱ' 등 국제회의를 거쳐 정교화 및 일반화되었다. 이 개념은 WCED가 1987년에 발표한 '우리의 미래Our Common Future' 보고서에서 공식화되었다. 보고서는 '미래세대가 그들의 필요를 충족시킬 수 있는 가능성을 손상하지 않는 범위에서 현재 세대의 필요를 충족시키는 개발'이라고 정의하여 '환경적으로 건전하고 지속가능한 개발'ESSD(Environmentally Sound and Sustainable Development)의 개념을 확립했다.

도시 분야에서는 1980년대부터 사회적 지속가능성에 대한 논의가 미국과 영국에서 표출되기 시작했다. 좁게는 경제의 지속가능성이지만, 국제연합 환경개발회의UNCED가 밝힌 개념은 경제뿐만 아니라 자연자원을 포함한 생태계 전체가 지속가능할 것을 요구하면서 환경적 지속가능성의 개념이 더해지면서 주목받았다. 이를 위한 세계전략으로는 성장의 회복과 질적 변화, 노동·식량·에너지 등의 충실, 인구의 지속가능한 수준의 유지, 자원의 기반과 기술의 진전 등을 들수 있다. 1992년 6월에 브라질 리우데자네이루에서 열린 국제연합 환경개발회의에서 채택된 '의제21'에서는 지속가능한 개발의 실천의 구체적 성격을 담았다.

지속가능성은 현세대와 미래세대의 삶의 질 향상을 위한 미래지향적 이념이다. 불가피한 기존 개발을 지속 가능한 측면으로 유도하며, 향후 경제발전 전략은 현재 세대와 미래세대가 공존할 수 있는 맥락에서 발전해야 한다. Jischa는 1998년, 지구의 지속가능성을 저해하는 위협 요인으로 세 가지인 인구의 폭발적 증가, 재생 불가능한 화석연료의 사용증가, 및 환경오염의 피해 증가를 언급했다.

지속가능개발의 원칙

제이콥스Jacobs는 1993년에 지속가능한 개발을 위한 3원칙을 제시했다. 첫째, 환경을 고려한 경제정책이 확립되어야 한다. 환경과 경제정책의 목표는 하나의 체계로서 동일 목표를 향하여 수립되어야 한다. 둘째, 지속가능성은 세대 간 환경 비용과 편익을 공평하게 분배시켜야 한다. 셋째, 개발은 단순한 성장을 의미하지 않고, 질적 성장과 양적 성장이 포함되어야 한다.

지속가능 도시계획

지속가능 도시계획은 공간적, 사회적, 경제적 형평성에 토대를 두고, 도시자원의 획득, 변환, 분배 및 처리에서 도시환경에 최소의 부담을 주어 계획하는 계획 철학이다. 이것은 지속가능한 도시발전을 위해 목표를 설정하고 대안을 평가하여 최적의 대안을 선택하는 계획과정이다. 또한 도시의 역사 문화를 포함하는 도시의 정체성을 인식하여 계획을 세우는 과정이며, 마지막으로 생물다양성과 자연생태계의 가치를 인식하고 보존하며 복원하는 계획과정을 뜻한다.

지속가능 도시는 대중교통 역세권 중심의 고밀개발과 복합용도 개발을 유도하고 혼합적 토지이용 장려한다. 지속가능 도시는 자동차보다 보행중심형 도시를 구축하고 여러 개의 도시핵Multi-Core에 분산된 압축도시이며 도시의 외면적 확장은 억제하고, 생태도시를 만들어 간다. 또한, 다양한 용도와 기능을 갖춘 도시공간이 구축되며 전통적 도시유산과 도시건축을 보존·복원하면서 토지이용과 교통의 통합적 계획으로 에너지 절약적인 도시를 추구해야 한다.

신도시계획 패러다임과 TOD형 도시개발

모더니즘 시대부터 신도시계획의 패러다임들이 등장하여 변화했다. 1902년 처음 등장한 전원도시에서부터 시작하여 1970년대 후반 압축도시, 1987년에 지속가능한 개발 개념이 대두되었다. 그 후 포스트모더니즘 시대로 전환되는 과정에서 압축도시 개념과 더불어 1980년대 후반 스마트성장, 신도시주의New Urbanism, 어반빌리지Urban Village 개념이 새롭게 등장했다.

압축도시Compact City

압축도시는 1970년대부터 논의되어 지속가능한 도시를 실현하기 위한 전략적 도시로 자리매김하고 있다. 초기 압축도시는 기존 도심 혹은 역세권과 같은 지역을 주거·상업·업무 등 복합용도로 고밀 개발하여 지역민의 사회·경제활동 집적화를 고려했다. 하지만 삶의 질 향상과 커뮤니티 위주의 개발 필요성이 부각되면서 최근에 자족성, 토지이용 효율화, 에너지 절약, 환경보전 등 가치들을 포함하는 압축도시로 전환되고 있다.

토마스Thomas와 커즌스Cousins는 '공간이용의 고도화, 토지이용의 고도화, 집중된 활동, 높은 밀도 등이 실현된 도시'를 압축도시로 정의했다. 뉴만Newman은 호주의 도시를 보다 컴팩트한 다핵도시로 만들고 고밀도·복합용도·연계성을 지진 압축도시의 교통 및 밀도에 주목했다. 국토연구원(2008)의 전국 시·군·구 온실가스 배출량 결과를 보면, 인구 50만명 이상 도시는 인구밀도가 높을수록 온실가스 배출량이 줄어들고, 인구 만명당 시가화 면적이 클수록 온실가스 배출량이 늘어난다고 분석했다.

대도시 경우는 고밀압축도시 조성이 온실가스 저감에 효과적이다. 따라서 무분별한 도시확산에 의한 환경오염과 에너지 고갈문제를 해결하고, 지속가능한 녹색국토로의 변화를 위해서는 자동차 중심형, 에너지 다소비형 도시공간을 대중교통과 보행을 우선하는 형태로 재편하여 에너지소비를 줄이고 기후변화에 대응하는 노력이 필요하다.

도시구조는 보도와 자전거를 중심으로 권역에서 생활서비스가 확보되어 자연과 공생하는 다중의 지역구조가 된다. 압축도시는 기존 도심이나 역세권 등 특정 지역에 주거·상업·업무 기능을 복합고밀로 개발하여 사람들의 사회·경제적 활동을 집중시키는 도시개발 방식이다. 결국 중심부의 밀도를 높이고 이동거리를 줄여 녹지공간의 훼손, 환경오염, 교통혼잡, 직주 원거리 등 문제를 개선할 수 있다. 대중교통 중심의 압축된 도시공간 조성을 위해서는 합리적인 대중교통정책과 함께 대중교통이용을 유도할 수 있는 제도적 장치가 필요하다.

기존 도시계획에 대중교통중심형 도시공간구조의 계획원칙을 반영하는 방안과 함께 새로운 지구지정을 통해 공간구조개편을 도모하는 방안이 검토되어야 한다. 에너지 효율이 가장 높은 지속가능한 압축도시를 확대 및 조성하기 위해서는 근린생활권으로 도시를 재구성해야 한다. 도보권 내에서 생활 필요시설 및 서비스들이 직장 인근에 배치되는 근린생활권 공간구조가 도시 기초단위가 될 수 있도록 도시계획과 설계가 수립되어야 한다. 압축도시를 건설하기 위해 주거, 상업 등이 혼합된 용도지역 지정이 가능하다.

압축도시 커뮤니티들은 높은 밀도, 높은 수준의 건축 공공 디자인, 다양한 계층 혼합, 보행중심 생활권, 대중교통·역세권 중심 생활권 형성, 직주근접 실현 등의 특징들을 갖고 있다. 압축도시의 공간 형태들은 복합용도, 다양한 건물공간, 장소성 공간의 보전, 공간적 경계 형성 등을 고려한다.

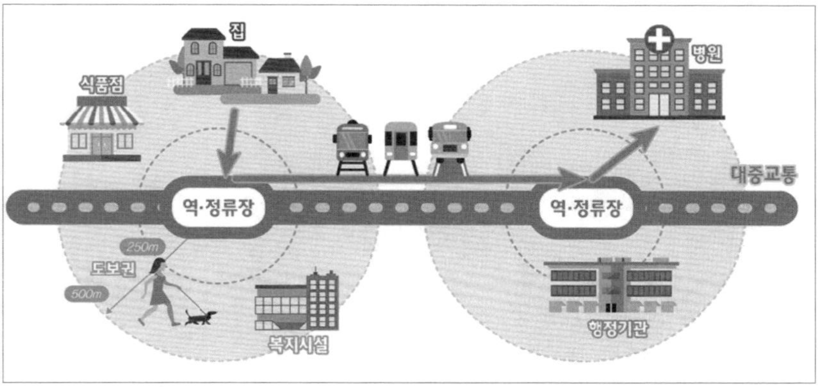

그림 9.1. 압축도시 조성도

자료 : 울산발전연구원(2018)

스마트성장Smart Growth

미국에서 2차 세계대전 이후 1960년대~1990년대 도시화와 도시의 외연적 확산은 도시의 무질서한 개발과 성장을 가져왔다. 이로 인해 차량매연은 도시 온난화에 큰 영향을 미쳤고, 도시의 교외화, 무계획적인 확산Sprawl은 동물의 서식지를 없애고 훼손시켰다. 스마트성장은 도시의 무질서한 확산과 개발로 인한 문제와 피해를 줄일 수 있는 대응방안이었다. 스마트성장에서 도시성장의 몇 가지 원칙을 제시하고 있는데 이들 원칙들은 무분별한 교외확산에 대한 치유방안들이다.

스마트성장은 압축 개발과 복합용도 개발을 근간으로 대중교통중심 개발에 지속가능한 토지이용 패턴을 구축해가는 도시개발방향이 원칙이다. 기존 도시를 대상으로 대중교통시설과 보행자, 그리고 주거·상업·소매업의 혼합토지이용을 계획의 기본적인 바탕으로 삼고 있다. 스마트성장은 녹지 등 환경성과 쾌적성이 높은 지구를 보전하는 정책을 장려한다.

그림 9.2. 스마트성장 개념도

자료 : 한국주택경제(2021)

스마트성장의 목표을 보면, 1990년대 중반 메릴랜드 주지사인 글렌드닝D. Glendning은 처음으로 스마트성장을 근린지구 보전프로그램Neighborhood Conservation Program에 주안점을 두었다.

- 미개발 자연을 보존하고 환경오염과 같은 부정적 외부효과는 적극적으로 규제한다.
- 계획된 지역의 개발사업의 인프라를 지원하고, 주정부 자원을 동원하여 근린지구보전책을 강구한다.
- 부적합한 토지이용이 가져오는 부정적 영향을 최소화한다.
- 토지이용 상호간의 상생효과를 초래하는 긍정적 토지이용의 영향은 최대화 한다.
- 공공지출 비용을 최소화시키고, 사회적 형평성을 극대화한다.

스마트성장의 원칙들은 근린지구의 보전, 혼합토지이용의 유도, 보행 중심 커뮤니티 구축, 다양한 대중교통서비스 제공, 공공재정비용의 최소화, 조밀한 근린지구 조성 등으로 제시되고 있다.

신도시주의New Urbanism

신도시주의New Urbanism는 도시의 사회문제가 무분별한 도시확산과 밀접한 관계가 있다고 본다. 이러한 사회문제를 해결하기 위해 도시개발에 대한 근본적 접근 방법의 전환이 필요하다는 인식으로부터 출발한 도시계획이론이다. 신도시주의는 1980년대 무분별한 도시확산으로 인한 문제점들을 해결하기 위한 대안으로서 미국에서 생겨난 새로운 도시계획의 신조류이다.

신도시주의 협회는 미국 개발원칙을 체계적으로 변화시키는 것을 목적으로 1993년 10월 버지니아주 알렉산드리아에서의 모임에서 비롯되었다. 이 단체는 서로 다른 분야의 설계전문가와 공공 및 민간의 정책 결정권자, 도시설계나 도시계획에 관심을 가지는 시민들의 연합체였다. 신도시주의 운동의 체계적인 전개를 위하여 공공정책, 개발행위, 도시계획과 설계를 이끌고자 하는 신도시주의 헌장(27개조)을 수립하여 기본원칙을 제시했다.

신도시주의 헌장에서는 크게 3가지의 권역(대도시권 및 시가지규모차원, 근린주구차원, 개별건축물차원)으로 나눠 접근한다. 기본 원칙사항으로서 근린주구는 용도와 인구에서 다양하고, 보행자와 대중교통이 커뮤니티 설계에서 중요하게 다루며 복합적 토지이용을 추구한다. 도시와 타운은 어디서든지 접근 가능하면서 물리적으로는 공공공간과 커뮤니티 시설에 의해 형태를 갖춘다. 도시 장소는 지역의 역사와 문화 등 지역적 특성과 관행을 존중하도록 강조하고 있다. 신도시주의는 기존 도시에 대한 반성을 통해 도시를 재구성, 인간과 환경 중심의 공간으로 되살리는 신운동이다.

그림 9.3. 신도시주의 개념도

자료: 서울특별시 도시계획국

어반빌리지Urban Village

어반빌리지는 지속가능한 규모에 다양한 계층의 사람들이 함께 거주하면서 다양한 용도와 유형의 커뮤니티가 혼합되어 있는 전원도시이다. 차량 없이 보행으로 도시생활이 가능하며, 계획의 입안에 있어 주민참가를 전제로 하는 지속가능한 환경을 실현하려고 한다. 어반빌리지 그룹이 1999년 제안한 도시마을Urban Village모형은 영국에서 기성시가지, 교외지역에 도시마을을 건설함으로써 기존의 전통적인 개발패턴의 폐해를 방지하고 신도시개발의 방향을 모색하려는 목적에서 시작했다. 사람들이 서로 사회적 교류가 가능한 하나의 커뮤니티를 형성할 수 있는 규모로 계획한다. 그리고 일상생활에 필요한 시설을 유치할 수 있는 정주 공간을 형성하고 도시 안에 '마을'을 만들고자 시도한다.

미국에서는 현대의 모더니즘에 대한 반향으로 내놓았던 대안으로서, 과거의 인간적인 혼합 용도를 지향하며 아름다운 경관을 지닌 주거환경을 구성하는 수단을 통칭해서 정의한다. 어반빌리지는 미국의 도시 성장관리정책의 하나로서 모도시Urban Center와 공공교통기관을 통해 유기적으로 연결되어 urban village라는 하나의 권역을 설정한다. 그 권역속에서 주거와 직장의 조화를 도모하고 또한 Village Core라 불리는 거점을 중심으로 각종 도시기능의 복합적인 집적을 도모하여 버스, 자전거, 보행으로 이동이 가능한 각각의 빌리지(권역)가 개성을 가지고 자립적으로 형성되도록 유도하는 지속가능한 개발의 개념이 녹아있는 주거지 개발모델이다.

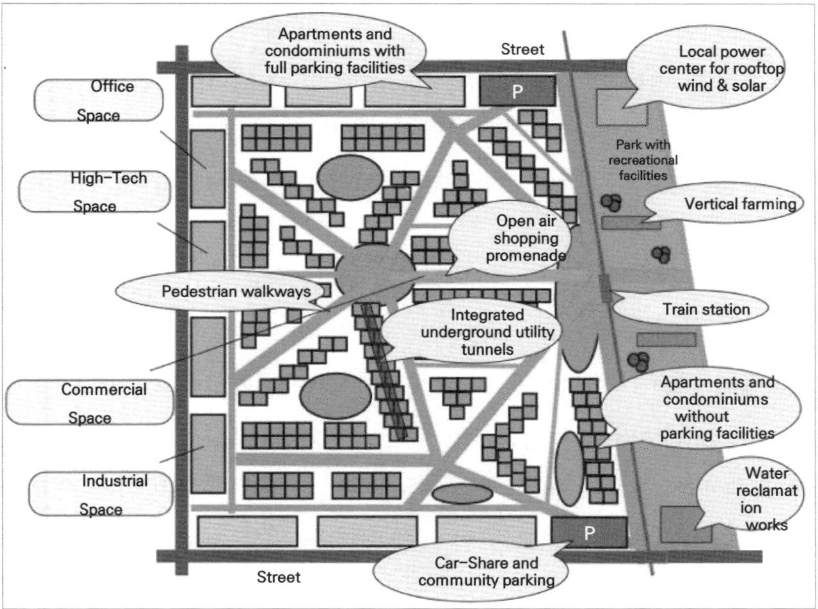

그림 9.4. 어반빌리지 개념도

자료 : Hollgent Urban Village (https://www.holigent.org/)

대중교통지향적 도시개발TOD

대중교통지향 도시개발TOD(Transit-Oriented Development)은 대중교통에 대한 접근성을 극대화하기 위해서 설계된 복합적인 용도의 주거 및 상업 지역 개발이며, 대중교통 이용자들의 편의성을 주목적으로 하는 도시개발이다. TOD는 도심 지역을 대중 교통 체계가 잘 정비된 대중교통 지향형 복합용도의 역 또는 정류장(철도역, 전철역, 버스정류장)과 센터를 보유하고 있는 고밀도 지역으로 정비하고 외곽 지역은 저밀도의 개발과 자연 생태 지역의 보전을 추구한다.

도시계획에서 대중교통의 지향거리는 공공교통 수단에서 도보로 이동가능한 거리에 있는 주거, 업무 및 여가 공간의 양을 최대화하는 도시개발유형이다. 이것은 승용차 사용을 줄이고 지속 가능한 도시 성장을 촉진하여 대중교통 이용객을 증대하는 것이 목표이다. TOD는 일반적으로 고밀도 인구지역 (기차역, 전철역 및 버스정류장)에 적용되며, 이를 통해 저밀도 지역이 지역에 전개된다. TOD는 일반적으로 블록 크기와 자동차 전용 면적을 줄임으로써 다른 지역보다 걷기 편하도록 설계되었다.

TOD는 미국 캘리포니아 출신의 건축가 Peter Calthorpe에 의해 처음으로 제시된 이론이다. 제2차 세계대전 이후 일본, 스웨덴, 프랑스 등지에서 만든 계획도시가 TOD이론의 성격을 갖고 있다. 이와 유사한 사례로 네덜란드의 매립지와 덴마크의 지역 평등을 추구한 도시외곽 개발사업을 들 수 있다. 현재 미국에서는 TOD에 기반한 철도교통 밀집도를 나타내는 기준으로 반 마일 반경의 원을 사용하는 등 대중교통지향 도시개발에 힘쓰고 있다.

TOD는 도시의 단위로 토지이용과 교통과의 연관성을 강조하면서 대중교통 밀집지역 중심의 복합적인 토지이용과 보행친화적인 도보 환경을 조성하여 무분별한 도시개발을 막고 개인교통수단의 통행패턴을 대중교통 및 녹색교통위주의 통행 패턴으로 유도하여 환경오염 및 소음공해를 감소시켜 시민의 편리한 사회생활을 도모하는 개발방식이다. 세계에서 TOD 정책을 바탕으로 만들어진 도시들은 남미 과테말라, 과테말라 시티, 브라질 쿠리티바, 북미에서 버지니아주의 알링턴 카운티, 캘리포니아주의 샌프란시스코만 지역 등이 있다.

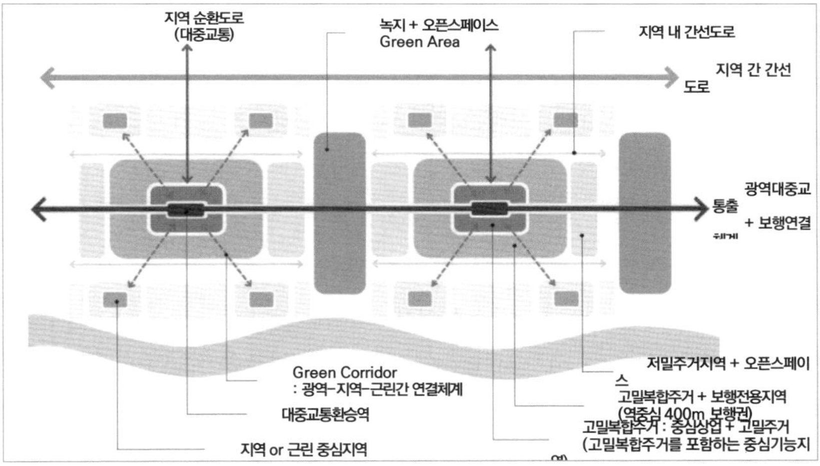

그림 9.5. TOD 개념도

자료 : 국토연구원

지속가능한 도시 의미

지속가능한 도시 개념

지속가능한 도시는 미래 세대가 동일한 경험을 할 수 있는 능력을 손상하지 않으면서 기존 인구에 대한 사회적, 경제적, 환경적 영향 및 탄력적인 서식지를 고려하여 설계된 생태도시이다. 지속가능 도시의 시민들은 에너지, 물, 음식, 폐기물, 열 생산량, 대기오염 – CO_2, 메탄 및 수질 오염의 최소화를 위해 헌신한다. Richard Register는 1987년 건강한 미래를 위한 도시건설에 'ecocity' 용어를 처음으로 만들었다.

지속가능한 도시에 어떠한 구성요소가 포함되며, 도시 패러다임이 무엇인지에 대한 완전한 정의는 없다. 일반적으로 지속가능한 도시는 미래 세대가 자신의 필요를 충족시킬 수 있는 능력을 희생시키지 않으면서 현재 요구를 충족시켜야 한다는 데 동의한다. 도시가 지속가능한 시도를 수행하는 방식에는 차이가 존재한다. 이상적으로, 지속가능한 도시는 생태학, 경제, 정치 및 문화의 네 가지 영역에서 영구적인 삶의 방식을 창출한다. 첫째, 지속가능한 도시는 주변 시골에 지속가능하게 의존하여 자생해야 한다. 둘째, 재생 가능한 에너지원으로 스스로 힘을 실어 나간다. 즉, 가장 작은 생태 발자국을 창출하면서 가장 적은 양의 오염을 달성하는 것이다. 모든 자원을 효율적으로 사용해서 도시의 전반적인 기후변화 영향을 최소화하도록 노력한다.

세계 인구의 50% 이상이 도시·지역에 거주하는 상황에서 대형공동체는 환경을 고려한 개발자에게 도전과 기회를 제공한다. 지속가능 도시의 목표를 보다 명확하게 정의하며 개선하는 것이 중요하다. 인간은 사회적 존재이며 사회적 연결을 촉진하는 도시 공간에서 발전한다. 도시연구 이론가 리차드 플로리다Richard Florida는 지속가능한 도시와 주정부의 사회적 영향에 초점을 맞추어 도시는 경쟁력 있는 비즈니스 환경 이상이 될 것을 강조했다. 이를 테면, 고밀도의 도시 조성은 사람이 번영할 수 있는 사회적 상호작용 및 조건을 위한 출구를 제공하며, 시민건강과 환경에 도움이 되어 대중교통 이용과 도보 및 자전거 통행을 장려한다.

지속가능한 도시는 도시 농업계획, 풍력 터빈, 태양에너지 사용, 하수로 만든 바이오 가스 등의 방식으로 실현되며 규모의 경제도 제공한다. 도시녹지 조성은 자연을 환기시키고 수면을 향상하며 열섬효과에 효과적으로 대응한다. 도시계획에 반영된 대중교통체계 및 보행 개선 대책은 차량배출향을 감소시켜 생활의 질 향상과 도시환경 개선에 기여한다. 지금까지 상기한 스마트성장, 신도시주의, 어반빌리지, 압축도시, 및 TOD(대중교통지향적 도시개발) 등은 지속가능한 도시개발을 위해 탄생한 패러다임이다.

지속가능한 도시 의미

지속가능한 도시의 의미를 경제적 측면에서 살펴볼 수 있다. 첫째, 소득의 증가와 소비패턴 변화에 따른 도시의 변화이다. 소득 증가가 미치는 소비패턴의 변화는 소비의 고급화, 국제화, 개성화, 다양화로 이어진다. 저소득층의 주거비용은 계속 증가하는 반면, 중간계층 이상은 그 반대로 양극화 현상이 나타날 수 있다. 둘째, 여가시간의 증가와 시설요소 증가이다. 수요증가와 함께 교통 여건을 고려할 때 여가공간을 생활공간과 일체화시킬 수 있는 다양한 방안이 요구된다.

한편 기술적인 시각에서 지속가능한 도시의 의미를 파악하고자 한다. 첫째, 교통시설에 따른 도시의 변화이다. 승용차 소유증가 및 도로교통의 악화와 토지이용의 영향에 따라 자동차 통행이 증대된다. 이로 인해 도로교통 혼잡이 악화될 전망으로 여가공간을 생활공간과 일체화시킬 수 있는 방안들이 강구된다. 둘째, 정보혁명이 수반하는 도시생활 패턴의 변화이다. 통신기술의 발달로 일상적인 교통수요 감소는 감소한다. 도심 입지를 선호했던 업무기능이 지가 부담과 쾌적한 환경을 선호하여 도시 외곽지역, 고속도로 및 철도역 인근으로 분산되어 재택근무가 용이한 여건이 조성될 수 있다. 셋째, 건축기술의 발달과 공간 이용의 변화이다. 건물의 초고층화 및 대규모화에 따라 복합용도의 도시공간 개발은 이동 공간의 단축, 에너지 절약, 직주근접의 편리성, 도심 공동화 방지 등의 효과가 있어 복합용도 도시개발이 보편화될 수 있다.

9.4. 국제사회 흐름과 미래 도시대응체계

지속가능 개발·기후변화와 국제사회 흐름

지속가능한 개발은 1987년 세계환경개발위원회WCED가 발표한 브룬트란트 보고서The Brundtland Report에서 시작되었다. 이후 1992년 리우환경회의에서 채택된 리우선언은 지속가능한 개발의 이념을 바탕으로 27개 원칙을 통해 지속가능한 개발의 기본적인 지침을 제시하고 '의제 21Agenda 21'을 채택했다. 2002년 요하네스버그 선언문에서 지속가능한 개발의 핵심 요소로 분배와 형평의 문제를 한층 더 강조하며 국제사회의 실천의지 및 지속가능한 개발에 대한 개념을 재확인했다. 이후 국제사회는 UNCSD, UNDP, UN Habitat를 중심으로 지속가능한 개발을 위하여 국제적인 노력을 경주하고 있다.

기후변화 이슈는 1970년대 두 차례의 오일쇼크로 에너지 문제가 부각되고 급격한 산업화과정에서 발생한 온실가스에 대한 세계적인 우려가 발생했다. 이로 인하여 1992년 리우환경회의에서 '유엔기후변화협약UNFCCC'이 체결되면서 기후변화에 대한 국제사회의 대응이 시작되었다. 1997년 제3차 기후변화협약 당사국 총회COP3에서 선진국의 온실가스 감축에 대한 구속력 있는 '교토의정서Kyoto Protocal'를 채택했다. 이것은 2005년 발효되어 37개 선진국들이 1990년 탄소배출량 대비 평균 5.2%를 2012년까지 감축하도록 설정했다.

2007년 '교토의정서'를 대체할 새로운 기후변화협약으로 '발리로드맵'이 제시되었다. 2009년 덴마크 코펜하겐 총회에서 '발리로드맵'이 결정되고 2013년 Post-2012로써 발효되어 발리로드맵에 따라 한국도 온실가스 감축 대상국으로 포함되어 있다.

국가비전인 '녹색성장'은 2005년 UN ESCAP9 회원국들의 논의 속에서 공식 사용되었다. 기후변화에 대응하기 위하여 아시아와 태평양 국가들에 보다 구체적인 방향을 제시한 것이다. UN ESCAP의 '녹색성장' 슬로건은 '모든 이의 복지를 위한 환경적으로 지속가능한 경제성장'이라고 정의하며 지속가능한 개발이 추구하는 가치인 사회, 경제, 환경적인 측면을 담고 있다.

그러나 2010년 제정된 '저탄소녹색성장기본법'에서 언급되고 있는 '녹색성장'의 의미는 경제·환경 측면만 언급하며 사회적인 의미가 빠져 있다. 국제 흐름속에서 합의된 가치가 아닌 개념을 국가적 비전으로 제시하여 하위제도 및 계획을 잘못된 방향으로 이끌 수 있다는 논란이 있었다.

'저탄소녹색성장기본법'을 제정하는 과정에 기존 '지속가능발전기본법'을 '지속가능발전법'으로 개정하고 여러 조항들을 삭제하여 법효력을 제거했다. 녹색성장 개념은 지속가능한 발전 개념보다 협소하여 지속가능한 발전을 구현할 수 없었다. '저탄소'에만 방점을 두는 것은 지속가능한 발전의 다양한 측면을 배제하는 것이다. '저탄소녹색성장기본법'이 나오기 이전에 한국도 다른 선진국과 같이 지속가능한 개발을 추구했다. 하지만, 기후변화 이슈가 대두되면서 다른 선진국들은 기존 지속가능한 개발을 최우선 목표로 유지하며 기후변화에 대응했다. 하지만, 한국은 지속가능한 개발을 저탄소 녹색성장이라는 개념에 포함시켜 다른 나라와 다른 입장을 취하고 있다.

'저탄소녹색성장기본법'은 제8조에 따라 다른 법률에 우선하며 법 제51조, 시행령 제40조에 따라 국토종합계획, 도종합계획, 지역발전5개년계획, 수도권정비계획 수립 시 녹색성장위원회의 의견을 들어야 한다고 명시되어 있다. 하지만, 기본법이 다른 법률의 상위법이 될 수 있다는 것은 헌법에 명시되어 있지 않다. 그 당위성을 찾기 힘들므로 '저탄소녹색성장기본법'이 도시관련 법률보다 상위법 지위를 갖는다고 해석할 수 없다. '저탄소녹색성장기본법' 제정으로 기존의 '국토기본법'의 일부 개편이 필요하다. 그러나 실제로 '국토기본법'에서는 녹색성장위원회의 의견을 들어야 한다는 조항이 명시되어 있지 않다.

신기후체제와 미래 도시대응체계

기후변화에 대한 자기적응적 도시Self-Adapting City 조성(2045년)이 필요하다. 이러한 도시의 구성요소들인 토지이용, 기반시설, 건축물과 시민 등이 유기적으로 연계되어 재해위험에 능동적으로 대응하도록 도시구조의 체질 개선이 요구된다. 이에 대한 대응방안은 기후변화 대응 도시계획의 활성화 및 지속가능성 확보이다.

- 도시기후변화 재해취약성 분석제도의 실효성을 확보하기 위하여 체계적인 평가, 검증, 모니터링 및 정보공유 지원체계 마련
- 지속적인 재해예방형 도시계획 선순환체계 마련을 위하여 인공지능 기반 재해예방 시나리오의 개발 및 기후변화 적응교육을 통한 인적 네트워크 구축
- 도시계획 이외 각종 개발사업 및 국가기반시설 설치 시 재해취약지역의 선제파악과 대응전략 수립의 제도화 도모

요 약

1. 우리나라 도시개발은 몇 번의 실패를 경험한 바 있다. 교외 스프롤(Urban Sprawl) 난개발이 이루어지던 1990년대부터 개발되기 시작한 용인, 성남 등 수도권 신도시는 그 실패의 경험을 가진 도시개발 사례이다.
2. 세계가 환경 보존에 대한 필요성에 공감하고 지속가능한 도시개발에 동조하고 있다. 지속가능한 개발에 입각한 새로운 이론과 사상들이 발표되어 이를 뒷받침할 만한 새로운 기술 또한 개발되고 있다.
3. 환경 보존의 필요성과 지속가능한 개발을 위한 정책으로 등장하게 된 TOD는 신도시주의를 실현하기 위한 구체적인 이론 중 하나로 대두되어 있다.
4. 지속가능성은 새로운 도시개발의 패러다임을 유도하며, 환경과 개발에 관한 강한 우려를 표명한다. 이를 통하여 지구 차원의 자원과 환경용량의 지속가능성에 대한 이슈가 제기되고 있다.
5. 지속가능한 도시계획은 공간적, 사회적, 경제적 형평성에 토대를 두고 도시자원의 획득, 변화, 분배 및 처리에서 도시환경에 최소의 부담을 주는 계획이다. 이러한 계획 철학으로 도시의 지속가능한 발전을 위한 목표를 설정하고 도시의 정체성을 인식하여 계획을 마련하는 과정이다.
6. 지속가능한 개발과 기후변화에 대한 국제사회의 흐름은 1987년 세계환경개발위원회(WCED)가 발표한 '브룬트란트 보고서'에서 시작했다. 이후 1992년 리우환경회의에서 채택된 리우선언은 지속가능한 개발의 이념을 바탕으로 27개의 원칙을 통해 지속가능한 개발의 기본적인 지침을 제시하고 의제21(Agenda 21)을 채택했다.

중요개념

도시개발 실패사례	도시계획 난제, 예측	TOD 등장
지속가능성	지속가능 개발원칙	지속가능 도시계획
신도시계획 패러다임	TOD형 도시개발	지속가능한 도시
기후변화	기후변화 국제사회	신기후체제
미래 도시대응체계		

연습문제

1. 우리나라 도시개발에 있어 실패를 경험한 도시를 진단해 보고 이를 통한 향후 합리적인 도시개발의 방향을 어떻게 전개시켜 나갈 것인가?
2. 환경 보존에 대한 필요성에 공감하고 지속가능한 개발에 동조하고 있는 상황에서 이에 요구되고 있는 정책방향은 무엇인가?
3. 새로운 도시개발의 패러다임을 이끌기 위한 일환으로 지속가능성이 제기되면서 이에 대한 미래의 정책방향은 어떻게 전개해 나갈 것인가?
4. 지속가능한 개발에 대한 원칙에는 세 가지가 있는데 이에 대해 구체적으로 설명하시오.
5. 지속가능한 도시계획을 위한 지속가능한 도시가 추구해야 할 목표들에 대해 기술하시오.
6. 지속가능한 개발과 기후변화에 대한 국제사회의 흐름을 인식하고, 이에 대한 선제적인 대처와 구체적인 전략을 어떻게 수립할 것인

부산시, 15분 도시·그린스마트도시 실현 위한 대중교통 미래상 제시

부산시는 '부산 대중교통 비전 2030'을 마련해 2030년까지 대중교통 친화형 15분 도시 조성, 데이터 기반 안전·편리한 대중교통, 친환경 교통체계 구축, 혁신적 스마트 교통환경 조성 등 4대 전략, 11개 과제를 추진한다고 23일 밝혔다.

'부산대중교통 비전 2030'은 급변하는 교통수요에 대응하기 위해 도보와 자전거·퍼스널모빌리티(PM)·대중교통·미래 모빌리티 등 다양한 교통수단을 통해 시민이 출발지에서 목적지까지 어디서나 편리하게 이동할 수 있도록 '일상이 편리하고, 쾌적한 스마트 교통도시'를 조성하는 전략이다.

이를 통해 2008년 이후 계속해서 40%대에 머물렀던 대중교통 수송분담률을 2030년까지 60%로 대폭 끌어올릴 계획이다.

◇ 전략 1: 대중교통 친화형 15분 도시 조성, 첫 번째 전략으로 촘촘한 대중교통망을 구축하고 대중교통을 비롯한 이동수단 간의 환승연계를 강화해 대중교통 친화형 15분 도시를 조성한다. 이를 토해 철도망 확충을 통한 효율적인 대중교통체계를 구축한다. 사상~하단선 등 건설 중인 도시철도는 적기에 개통하고 하단~녹산선, 씨베이파크(C-bay-Park)선, 노포~정관선, 강서선, 오시리아선은 행정절차 등을 획기적으로 단축해 2030년까지 구축한다. 부전~마산 복선전철, 부산~양산~울산 광역철도 등을 차질 없이 개통해 부울경 메가시티 교통수요에 대응하고 철도망 확충에 따른 교통수요·지형 변화와 15분 생활권 62곳의 특성을 반영한 빅데이터 기반의 버스노선 개편으로 대중교통 기반을 다진다.

두 번째 교통거점시설을 확대해 대중교통 이용률을 높인다. 북항재개발 2단계 부지, 범천동 철도차량정비단 이전적지 등 도시개발 지역에 복합환승센터, 도심스테이션(공영차고지) 등 교통거점시설을 우선 조성해 **대중교통 지향형 도시개발을 추진**한다. 세 번째로 개인형모빌리티(PM)와 연계해 대중교통 접근성을 강화한다.

공유모빌리티 운영 지구를 15분 생활권마다 1곳씩 설치하고 교통 결절점을 중심으로 대중교통과 최종목적지를 연결하는 라스트마일 모빌리티 인프라를 구축한다. 도심생활형 자전거도로를 66.37km 확충하고 부산형 공유전기자전거를 도입해 2024년부터 운영해 대중교통과의 연계성을 강화한다.

◇ 전략 2: 데이터 기반의 안전·편리한 대중교통 수요맞춤형 대중교통 서비스를 제공해 자가용보다 빠른 데이터 기반의 안전·편리한 대중교통을 조성한다. 먼저 대중교통 이용자를 배려하는 교통환경을 만든다. 교통약자를 위한 저상버스 보급률을 29%에서 89%까지 60%p 끌어올리고 무장애 버스정류장 30곳을 신규 설치한다. 산단 근로자·신도시 주민·관광객 등을 위해 이용자 수요를 빅데이터로 수집·분석해 시간·요일·계절별 수요맞춤형 버스 노선을 확대하고 내실 있는 중앙버스전용차로 운영으로 대중교통 정시성을 확보한다. 또 쾌적하고 안전한 승차환경을 조성한다.

노후 전동차 교체, 고객대기실 설치 등 도시철도 시설을 개선하고 안전사고를 예방하는 첨단안전장치를 모든 버스에 설치한다. 졸음운전 경고 등을 지원하는 운전자 지원시스템과 온열의자 등 다양한 편의시설로 구성된 스마트버스 쉘터도 도입한다. 대중교통 서비스 범위를 확대한다. 올해 하반기 수륙양용버스 운행을 시작으로 시민의 다양한 교통수요를 반영해 육상대중교통과 연계한 해상택시·해상버스 등 해상교통수단을 도입한다. 부울경 광역교통 수요 증가에 대응해 광역급행버스 운행을 부울경 특별지자체 출범 시기에 맞춰 추진한다.

◇ 전략 3: 친환경 교통체계 구축 탄소중립 사회로의 본격적 전환에 따라 친환경 교통체계를 구축해 친환경 교통문화 정착과 강력한 수요관리에 나선다. 교통수단·시설의 친환경성을 강화한다. 시내버스 대·폐차 시 전기·수소버스를 우선적으로 구입해 친환경차량 비율을 80% 이상으로 끌어올리고 도심형 친환경 교통수단인 트램을 도시철도망 구축계획 노선 외에도 부산에 적합한 다양한 노선을 지속적으로 발굴해 대중교통 소외지역을 최소화한다.

교통문화 선진도시를 시민과 함께 조성한다. 친절기사 추천이 가능한 모바일앱을 구축해 시민에 의한 친절 문화를 정착시키고 만 65세 이상 고령운전자 면허증 자진반납자에 대한 인센티브를 10만원에서 20만원으로 대폭 확대해 총 10만명을 지원한다.

이외에 불필요한 이동을 줄여 탄소중립 도시를 실현한다. 15분 도시 조성으로 편리한 도보환경을 조성하고 개인이동수단을 활성화해 교통유발 요인을 제거한다. 또한 승용차 수송분담률이 45%(2021년 기준 39.9%)를 넘으면 혼잡통행료를 부과하는 등 강력한 교통수요 대책도 검토·추진한다.

◇ 전략 4: 혁신적 스마트 교통환경 조성. 차세대 급행철도 도입과 자율주행자동차 상용화 등 첨단 교통기술을 활용한 혁신적 스마트 교통환경을 조성한다. 우선 다양한 미래 모빌리티를 도입한다. 2030부산세계박람회 개최와 가덕도신공항 개항에 맞춰 차세대 급행철도시스템인 어반루프를 2026년 착공, 2030년 준공한다. 이와 함께 부울경 대도심권의 교통 결절점을 연결하는 신교통수단인 '부산형 급행철도시스템(BuTX)'을 2026년 국가철도망 구축계획에 반영해 추진한다.

따라서 오시리아 관광단지와 에코델타시티 지역을 자율주행차 시범운행 지구로 지정·운영한다. 마지막으로 첨단기술을 활용한 스마트 교통시스템을 구축한다.

교통수단 간 실시간 정보 연계로 최적의 교통정보를 제공하는 부산형 마스(MaaS)를 에코델타 스마트시티 내에 시범 운영하고 2026년에는 시 전역으로 확대한다. 비접촉식 요금 결재시스템을 도입하고 스마트교차로와 긴급차량 우선신호체계를 확대 운영해 시민의 안전과 편의를 한층 강화시킨다. 시는 이번 '부산 대중교통 비전 2030'의 핵심 시책의 차질 없는 추진과 효율적인 실천을 위해 외부전문가를 영입해 교통정책연구실도 운영할 계획이다.

박형준 부산시장은 "'부산 대중교통 비전 2030'을 내실 있게 추진해 15분 도시와 그린스마트 도시를 실현하고 나아가 2030부산세계박람회와 가덕도신공항과 어울리는 미래 대중교통을 부산에서 선보일 수 있도록 하겠다"고 말했다.

◆ 자료: 스카이데일리(2022.8.23)

■ 참고문헌

- 강병기, 삶의 문화와 도시계획, 도서출판 나남, 1993.
- 구자훈, 녹색도시 조성을 위한 TOD기반의 추진전략, 제1회 건축도시담론 발표자료: 지속가능한 녹색도시와 건축의 접점, 2011, 1.20.
- 국가법령정보센터(법제처), 도시개발업무지침, 녹색도시개발 계획수립 및 평가기준, 2022.
- 고주영, 대중교통기반형 도시재생활성화를 위한 토지이용계획 수립방안, 교통기술과 정책, 제12권 4호, 2015.8, pp.48~57.
- 경기개발연구원, 교통에너지절약형 도시성장패턴 구축을 위한 토지이용전략, 2001.
- 국토교통부 훈령 제1126호, 저탄소 녹색도시 조성을 위한 도시·군계획수립 지침, 2018.
- 국토교통부고시 제2018-153호, 대규모 개발사업계획의 대중교통시설계획에 관한 기준, 2018.
- 국토연구원, 자원절약적 국토발전방안 연구, 2003.
- 김광식, 토지이용계획과 교통계획의 연계방안 연구, Working Paper, 국토연구원, 1999.
- 김광식, 대중교통중심 도시개발의 배경과 도입 필요성, 2004.
- 김동윤, 우리나라 신도시 개발의 평가 및 발전방향, 한국디지털 건축인테리어학회, 13(2), 2013.
- 김동호, 우리나라 신도시 개발 현황과 전망, 교통 통권73호, 한국교통연구원, 2004.
- 김성희·이창무·안건혁, 대중교통으로의 보행거리가 통행수단선택에 미치는 영향, 대한국토·도시계획학회 국토계획, 36(7), 2001.
- 김영환, 영국의 지속가능한 주거지 재생계획의 특성, 대한국토·도시계획학회, 국토계획 36(1), 2001.
- 김영환·최정우·오덕성, 성장관리형 도심재생의 기본전략 및 계획요소, 대한국토·도시계획학회, 국토계획38(3), 2003.
- 김현수, 2기 신도시 평가에 관한 연구, 한국지역개발학회, 19(4), 2007.
- 권성실·오덕성, 컴팩트 도시 계획요소 측면에서 본 산본 신도시 평가 고찰, 한국도시설계학회, 춘계학술발표대회 논문집, 2004.
- 권영종, 대중교통지향형 도시개발(TOD: Transit – Oriented Development)의 추진과제와 전략, 한국교통연구원, 2004.
- 권영종·오재학, 대중교통 지향형 도시개발과 교통체계 구축방안, 교통개발연구원, 2004.
- 녹색성장위원회, 녹색성장 국가전략, 2009.
- 뉴 어바니즘 협회(지은이), 안건혁·온영태(옮긴이), 뉴 어바니즘 헌장, 2009.
- 도시개발론(전정판), 대한국토·도시계획학회, 보성각, 2008.
- 대전발전연구원, 대전발전 FORUM, 통권 제16호 Winter, 2005.
- 대한국토·도시계획학회, 탄소중립 도시계획 추진방향, 도시정보 1월호, 2022.

- 마쓰나가 야스미쓰, 진영환·김진범·정윤희 옮김, 도시계획의 신조류, 국가균형발전위원회·국토연구원 공동기획, 한울아카데미, 2006.
- 명지대 부설 한국건축문화연구소, 제3기 지하철 기본계획수립, 1992.
- 매일경제(2005.5.17.) "건교부, 압축도시 개념 도입", 2005.
- 박내선, 동경의 TOD와 시사점, 교통개발연구원, 2004.
- 박세훈·박은관·조남건·이왕건·이진희, 대중교통중심형 도시공간구조 구축을 위한 도시계획과 교통계획의 연계방안 연구, 국토연구원, 2008.
- 박영춘·류중석, 뉴어바니즘 도시설계의 가능성과 한계성에 관한 연구, 대한건축학회논문집 계획계16(5), 2000.
- 박용남, 꿈의 도시, 꾸리찌바: 재미와 장난이 만든 생태도시 이야기,녹색평론사, 2009.
- 박지형, TOD 계획요소별 대중교통 이용효과 분석-서울시 역세권을 중심으로-, 한양대학교 대학원 박사학위논문, 2008.
- 박훈·정재용, 성장관리형 도심활성화 방안의 이론과 적용연구, 대한건축학회논문집, 27(8), 2011.
- 백경무, 대중교통위주의 개발계획에 관한 연구: TOD개념을 활용한 평가를 중심으로, 성균관대학교 대학원 박사학위논문, 2000.
- 서민호 외 8인, 에너지 절약형 도시구현을 위한 역세권 도시재생 활성화방안, 기본 19-35, 국토연구원, 2019.
- 성현곤·김영국·이주연, 수도권 광역철도와 TOD 연계 강화 전략, 한국교통연구원, 2012.
- 성현곤·박지형·김동준, 대중교통지향형 도시개발의 효과분석 및 유도기법 적용방안, 한국교통연구원, 2007.
- 성현곤 외 5인, 압축도시 중심의 미래도시 개발전략과 기본구상, 한국교통연구원, 2010.
- 울산발전연구원, 인구감소시대, 울산공간정책에 압축도시 개념 적용해야, UDI 이슈리포트 제165호, 2018.12.4.
- 윤정중 외 4인, 공생개념에 기반한 도시개발 방향 연구, LH 토지주택연구원, 2020.
- 윤정중 외 6인, 12기 신도시 종합평가 연구(Ⅰ)-신도시 건설의 영향-, 한국토지주택공사 토지주택연구원, 2021.
- 연합뉴스(2005.05.17.), 신도시-생활공간 조밀, 녹지 공간 확대, 2005.
- 이상준, 영국의 기후변화 대응 도시개발의 특성 연구-영국 에코타운 사례를 중심으로-, 서울시립대학교 대학원 석사학위논문, 2013.
- 이왕건, 2006, 스마트성장의 목표와 원리-한국의 시사점을 중심으로, 국토정책(Brief, 제103호).
- 전영배, 도시개발사업에서 입체환지방식 적용의 저해요인에 관한 연구, 서울시립대학교 도시과학대학원(부동산학과)석사학위논문, 2017.
- 정재용·오민준, 개발제한구역 내 도시의 지속가능한 개발을 위한 연구-지속가능한 컴팩트시티형 도시개발을 중심으로-, 한국산학기술학회논문지, 12(12), 2011.
- 조규만·조영태, 대중교통지향형 도시개발을 위한 계획요소 분석에 관한 연구, 한국도시행정학회 도시행정학보, 24(3), 2011.
- 차영화·김학열, 에너지 절약형 도시와 압축도시의 특성 비교, 대한국토·도시계획학회 정기학술대회 논문집, 2008.

- 최종문, 진주시의 TOD형 도시개발 전략에 관한 연구, 경상대학교 산업대학원 석사학위논문, 2009.
- 한상미, 지속가능한 도시개발 및 관리 평가지표 개발 및 적용에 관한 연구, 한양대학교 도시대학원 박사학위논문, 2019.
- 홍성표, 지하철 접근도를 고려한 서울 역세권의 토지이용특성과 지하철이용자와의 관계성 분석, 서울시립대학교 대학원 석사학위논문, 2009.
- 꾸리찌바 도시계획연구소(IPPUC, Instituto de Pesquisa e Planejamento Urbano de Curitiba, https://brunch.co.kr/@ecofox/8)
- Greater London Authority 2001(Draft), London Plan, wwwlondon.gov.uk, 2001.
- GTZ, Land Use Planning and Urban Transport, 2002.
- Peter Calthrope, The Next American Metropolis: Ecology, Community and the American Dream, Princeton Architectural Press, 1993.
- Thomson, J.M., Great Cities and their Traffic, London: Gollancz, 1997.

- 구글 https://www.google.co.kr/
- 국가교통데이터베이스 https://www.ktdb.go.kr/www/index.do
- 국가법령정보센터(법제처) https://www.law.go.kr/LSW/main.html
- 국토교통통계누리 https://stat.molit.go.kr/portal/main/portalMain.do
- 국토교통부>정책자료>정책정보 홈페이지 http://molit.go.kr/USR/policyData/m_34681/lst.jsp
- 국토연구원 https://www.krihs.re.kr/
- 경주시청 https://www.gyeongju.go.kr/open_content/ko/index.do
- 뉴스1 https://www.news1.kr/
- 네이버 https://www.naver.com/
- 대한국토도시계획학회 도시정보 https://www.auric.or.kr/
- 디지털광진 https://www.gwangjin.com/
- 서울도시연구 https://www.si.re.kr/node/52527
- 서울특별시 도시계획국 https://urban.seoul.go.kr/view/html/PMNU0000000000
- 울산발전연구원(울산연구원) https://www.uri.re.kr/
- 위키미디어커먼스 http://commons.wikimedia.org/wiki/Main_page
- 위키백과 https://ko.wikipedia.org/wiki/
- 조선일보 https://www.chosun.com/
- 한국교통연구원 https://www.koti.re.kr/index.do
- 한국주택경제 http://www.arunews.com/
- 3기 신도시 https://www.xn—3-3u6ey6lv7rsa.kr/kor/CMS/Contents/Contents.do?mCode=MN133
- Hollgent Urban Village (https://www.holigent.org/)
- https://www.wsp.com/ko-kr/services/transit-oriented-development-tod